将道

彭雪枫将军的戎马一生

侯玉强◎著

中国青年出版社

（京）新登字083号

图书在版编目（CIP）数据

将道:彭雪枫将军的戎马一生/侯玉强著. — 北京:中国青年出版社，2015.11
ISBN 978-7-5153-3885-9

Ⅰ．①将… Ⅱ．①侯… Ⅲ．①彭雪枫（1907～1944）— 传记 Ⅳ．①K825.2

中国版本图书馆CIP数据核字(2015)第238987号

出 版 发 行：中国青年出版社
社　　　　址：北京东四十二条21号
邮 政 编 码：100708
网　　　　址：www.cyp.com.cn
责 任 编 辑：沈谦 sq-bs@163.com
编 辑 电 话：(010) 57350383
门市部电话：(010) 57350370
印　　　　刷：三河市君旺印务有限公司
经　　　　销：新华书店

开　　　　本：700×1000　1/16
印　　　　张：22
插　　　　页：5
字　　　　数：400千字
版　　　　次：2015年11月北京第1版第1次印刷
定　　　　价：46.00元

本图书如有印装质量问题，请凭购书发票与质检部联系调换　联系电话：(010) 57350337

谨以此书——

　　献给为新中国建功立业的革命前辈！

　　献给一代名将彭雪枫！

　　献给那段风起云涌、波澜壮阔的红色历史！

——作者手记

目　录

将道

目录

将
道

目录

序一

缅怀先驱,守望理念

时逢抗日战争胜利 65 周年纪念,《将道》一书杀青付梓,红色文库又添力作,英雄壮歌新谱乐章,是谓适逢其时可喜可贺。

《将道》视野开阔,气势雄沉,全景介绍抗日名将彭雪枫将军灿然炫目的 37 年英雄轨迹。其于当今中国社会重铸民族魂魄,凝聚文化精神,弘扬爱国主义,守望崇高理念,走出价值误区无异于注入了一缕清风。引领我们共同回顾中华民族那百年苦斗的强国之梦……

1907 年 9 月 9 日,彭雪枫将军生于河南镇平七里庄一农民家庭。1944 年 9 月 11 日,捐躯河南夏邑八里庄抗日疆场,时年 37 岁。

将军原名修道,生逢满清崩塌在即,先睹列强凌侮,山河飘摇;又见民初乱局,混战连年。少年雪枫哀斯民倒悬,忧民族势危,素怀高远之志,长索救国途径。故自北平汇文中学求学之际即四处寻阅马列书籍与进步报刊,积极投身反帝爱国洪流。此间加入中国共产党,领导学生运动,并于 1928 年辍学民国大学,踏上职业革命家的漫漫征程。

将军的戎马生涯 1930 年起始于中央苏区红三军团。在长沙城垣、广昌山口、八角亭畔、五哨林间……名将之星耀然升起;在遵义城头、赤水两岸、金沙江畔、娄山关上、大渡浪间、雪山草地……长征虎将声名遐迩;在直罗古镇、黄河渡口、山城堡外、东进西征……靖廓三边威风八面。而后驻节三晋、举旗竹沟、挥师东下、雄踞淮北、纵横敌后、威振华中……日伪顽匪闻风胆落。

将军通史知兵文武兼备,儒雅博学从谏如流。作为坚定的革命家,将军理念坚定激情四射;作为成熟的政治家,将军雍容儒雅思辨睿智;作为卓越的军事家,将军足智多谋坚忍勇决;作为杰出的领导者,将军高瞻远瞩平易民主。将军是我党我军方圆可施的文武全才,上受中央倚重,下得将士拥戴,广为民众颂爱。

"出师未捷身先死,长使英雄泪满襟。"抗战奏凯在即,将军血溅沙场浩歌西去。英年早逝,未能亲睹其以血描染的宏图尽展,却为后世留下无穷无尽的精神财富。短促的 37 年英雄征程,将军为华夏民族重新崛起留下灿然生辉的人生轨迹。

先烈情思,潮汛年年。每逢九月,新四军四师暨淮北抗日根据地老同志暨下一代遥岑云天深处的巍巍丰碑,无限怀念敬爱的老师长彭雪枫将军。2007 年金秋,将军百年诞辰纪念之际,北京新四军研究会四师(淮北)分会受中共中央党史研究室委托,与中央电视台合作摄制的四集电视文献专题片《彭雪枫将军》,在中央电视台隆重播出。如今《将道》曲响,不独为抗战胜利 65 周年纪念献歌,更是向在民族危急时刻慷慨赴死的民族英雄们表达永恒的敬意。

作为新四军四师子弟,雪枫伯伯入云丰碑高山仰止,更兼二伯张爱萍和父亲张灿明与其长期并肩战友情深,故而不避僭越之嫌,斗胆应命撰文代序,以寄殷殷缅怀之情,并借此代表四师子弟昭告时空:雪枫不死,英名不朽,旗帜不倒,信念不移!

北京新四军暨华中抗日根据地研究会
四师(淮北)分会会长张淮流
2010 年 10 月 28 日于北京

序二

历三载艰辛，绘将军风采

坦率地说，我对彭雪枫将军知之不多。阅完玉强送来的长篇传记文学《将道》，难掩心中平静，让我重回共和国创建时期血雨腥风的年代，将星陨落八里庄，两淮人民欲断魂。史书华章，令人炫耀。应该说，在当今浩瀚如林的书海中，这是一本共和国盛世寻根、难掩惊奇、引人入胜的好书。即便玉强不嘱我作序，感情来了，我也会按捺不住对其书谈些个人的看法。

共和国如初升的朝阳，走过 60 年时空。60 年来，摆在案头的将帅传记眼花缭乱，但真正好读好看、令人耳目一新的传本，很难读到。要么是苦涩日记般的资料堆砌，要么是"高、大、全"式的教化，要么是文过饰非性的描写，文学与史料，文学与传记，像是两条道路上跑的驴子，总是磨合不在一条道上。我常想作家好比厨师，就像一个没有长进的一级厨师永远考取不了特级厨师。《将道》作品的出现，至少让人看到了这种"联姻"的曙光。我又常常把历史人物比作一张破损的老照片，真正好的传记文学，就是把一幅黑白照片还原成五彩缤纷的彩色照片。真正好的传记作家就是这种"还原大师"。实际这也应了文学原理——文学源于生活，高于生活。生活的真实并不等于艺术的真实。真正的艺术真实才是生活真实。我希望玉强沿着这条道走下去，尽管这条道上还布满很多荆棘、拦路石。

文贵于情。好的传记文学每个文字都是情感跳动的音符。好的段落都像抒情的诗。读玉强的《将道》，有一种音乐般的阅读快感，有一种精神上的愉悦，抑或说是感动，使我在享受艺术的同时，更得到知识面的拓宽、精神面的升华。《将道》这部作品有着厚重的道德力量，有着恢弘人间的正气，有着爱憎分明的情感，不但泼浓墨重彩，绘将军平生，更展现了共和国创建之艰辛,让人备感今日的繁华盛世来之不易。因此,我也急于向读者推荐,让更多的国人有这种感动和感悟。

文贵于魂。此书书写了传主的大爱,那便是大爱至上,以及传主与共和国休戚与共的情感,正如他的昔日战友吴芝圃,代表路西地委敬献的挽联上说的:"为国家,为民族,为共产主义,流最后一滴血,极目中原山河碎;恨日寇,恨汉奸,恨顽固分子,压胸前千种愤,放眼神州楚天哀。"这种令天地动容的大爱铸造了将军英雄的一生,也成了本书的书魂。而这种大爱并非无病呻吟,而是从小事入手,正如俄国的一位文学博士所说的——"在这个世界上并非每个人都生来长着胡须的"。

文贵于信。这也是我读《将道》的另一种感觉。此书的笔法,首先是史家的笔法。人物、事件、基本情节绝对忠于历史,有根据,有出处,是信史。这是难能可贵的。如果抛弃了可信,这将是传记文学的悲叹!本书作者做到了,并且做得较好。应该说,这部书较之先前的书在史与文的结合上迈上了一个台阶。

文贵于彩。尽管本书的文字叙事中还欠有细腻、幽默的乐趣,但口头化叙事、传统描写、古典文学根底还在。尽管有缺憾,文采亦然跃然纸上,还是好读好看的。

……

以上谈了很多,言无不尽。读者朋友们,快打开书吧,我想它不会让君失望的。

陈廷一
2010 年 1 月 1 日于北京云净斋
(作者系我国著名传记文学作家)

写在前面的话

敌人只能砍下我们的头颅，
决不能动摇我们的信仰！
因为我们信仰的主义，
乃是宇宙的真理！
为着共产主义牺牲，为着苏维埃流血，
那是我们十分情愿的啊！

——方志敏

初次接触这几句诗，还是"少年不知愁滋味"的少年时代，懵懂无知的我并未觉得它有多么高深的地方，甚至有点可笑。但当岁月的脚步匆匆而过，今天我已走过而立之年对人生的缤纷复杂有所领悟后，方觉它沉重而闪光的内涵。

信仰，对一个人来说，是多么重要啊！

共产主义，是那一代人的信仰。

1818 年 5 月一位出生在莱茵河畔的犹太裔人，用乌托邦的蓝图勾画了一个无处不均匀、无处不饱暖的大同世界，从此，它成为地球村亿万共产党人向往的殿堂。在古老的东方，从 1921 年到 1949 年这 28 年波澜壮阔的历史进程中，多少年轻的中国共产党人，抛头颅，洒热血，前仆后继，甚至献出了宝贵的生命，这是为什么呢？

共产主义之信仰也！

中国有句古话，叫"三十年河东，三十年河西"。历史的长河滚滚向前，无人能挡，岁月的无情与时代的变迁让人感慨，不胜欷歔。时光滑落到了21 世纪的今天，古老的华夏大地上，已发生了天翻地覆的变化，那么，处在物欲横流急速变化的旋涡中的 80 后、90 后的青年人,他们的信仰又是什么呢?

……

在笔者的故乡豫西南一带,那里也有一位家喻户晓、方志敏式的传奇人物——一位杰出的共产主义者——彭雪枫,虽然他离开这个世界有 65 个春秋了,但他的故事至今在南阳一带市井乡野流传,萦绕在故乡人的梦境里。

我是在小学时代就知道彭将军的故事的。

彭雪枫的故里与笔者的家乡相距不过 50 公里,是什么让这位"老乡"走上了一条布满荆棘而闪光的道路?他究竟图的什么?

闲暇之余,我常常想,以彭雪枫将军出生时的家庭条件,如果他待在家里,像千百年来中国传统农民一样,过着"日出而作,日落而息""三十亩地两头牛,老婆孩子热炕头"悠闲自在的日子,那么,今天,假如他长命百岁的话,他的人生将又是另一番图景:子孙满堂,颐养天年,享受着人间的天伦之乐。

但人生就是充满了戏剧性的变化。

——他走了另一条道路。

为什么?难道是"共产主义"这四个字了之的吗?

这成了我童年心中的谜。

也许,童年的记忆是深远的。心灵深处埋藏愈久,随着岁月的增长,它愈发强烈,让人魂不守舍。它像爬山虎一样紧紧地缠绕着我的心灵,升腾,诉说……似烟,似雾……多少年了,我说不清。闲暇之余快成了一块心病——我不能再等了。

——我决定提起笔来走一程。

我像一个嗡嗡旋转的陀螺,开始急速运转起来:买资料、四处采访……

我开始沿着将军走过的足迹,寻寻觅觅。

今日八里庄外景。

上穷碧落下黄泉。2008 年暮春的一天上午,我来到采访之旅的最后一站——将星陨落的地方——河南省夏邑县八里庄。

那是一个春风骀荡的上午,笔者在夏邑县民政局工会主席李毛权先生和商丘文联作家欧阳华女士的陪同下,前往彭雪枫将军纪念馆拜谒。

出县城 20 余里,就到了一个名叫八里庄的小村子。它的得名,是缘于八里庄离当地行政管辖地孔庄乡八里。

这是一望无垠的豫东平原上一个极其普通的庄子。青青的麦田，错落有致的房舍，鸡犬相闻，一派宁静悠闲的田园风光。

很难想象，眼前这个不起眼的小村子，竟是几十年前敌我厮杀、硝烟弥漫的战场，然而，"山不在高，有仙则名；水不在深，有龙则灵"。就是在这里，一代名将彭雪枫血染战袍，轰然倒下。从此，八里庄，这个默默无闻的小村庄走进了亿万人的心灵深处——开始名扬四海了。

终于来了。

我怀着虔诚的心情，走进村子中间的纪念馆大门，但见院子中间的甬道上，苍松翠柏之中，赫然矗立着一尊深褐色的花岗岩石基，石基上面安放着一尊雪白的半身石膏像，啊，彭雪枫将军！我暗暗地叫了一声，刹那间，空气凝滞了，我的脚步瞬间变得沉重起来。

八里庄彭雪枫塑像。

明媚的阳光里，"将军"面带笑意，眺望着远方，仿佛对远来的客人述说着什么，丝毫没有想象中叱咤风云的将军的威严，反倒给人以亲切平和之感。

……

我像一个丢失什么的孩童，在院子里四处拾寻着。李主席耐心地向我介绍着：殉国亭，停放遗体的教堂……驻足院中，望着眼前的一处处历史与现实融汇的场景，我的思绪开始翻飞。

凝眸间，时光开始倒流，历史在这里驻足，我仿佛回到了 64 年前的烽火硝烟中……

引　子

有的人活着,他已经死了;

有的人死了,他还活着。

——臧克家

魂断疆场,归去来兮

公元 1944 年 9 月 11 日,凌晨 6 时许,曙色熹微。

突然,一颗闪亮的流星,拖着长长的银光,在湛蓝的天宇画了个休止符,坠落在遥远的天际。

恰在此时,豫东,八里庄,在寨墙堑壕里指挥战斗的新四军第四师师长彭雪枫,突然被一颗呼啸而来的冷弹击中,身子摇晃了一下,旋即便倒下了。

……

师长走了,走得匆匆,来不及享受一下胜利的喜悦,来不及为身边的战友叮嘱一番。

英年 37 岁,正是生命辉光灿烂之时,却走完了叱咤风云的一生。

天亮了,在一座高大的教堂内,他,安然地躺在一张帆布软床上,嘴角微带遗憾,仿佛还在运筹帷幄。

师参谋长张震、政治部主任吴芝圃、警卫员等悲痛地围成一圈,泣声一片。

四师的健儿需要他啊!

……

一颗熠熠生辉、光芒夺目的将星陨落了。

一个饱读诗书、横戈马上的儒将闭上了眼睛。

一道气势雄浑、色彩壮丽的风景在华夏大地消失了。

匪夷所思的是,九月,在彭雪枫的生命中极不寻常。降生、别乡、入党、结婚、魂归大地,都是在九月,冥冥之中,难道这是彭雪枫的不解之谜?

一位哲人曾经讲过,在历史的长河中,要想成为一个伟人或者英雄,必须具备两个条件:一是历史的非常时期;二是个人的非凡才能。

而这两个条件,彭雪枫都拥有了。

彭雪枫降生的 1907 年,正是华夏大地满目疮痍的时刻,奄奄一息的清王朝,已病入膏肓,民主革命的波涛汹涌澎湃:

1907 年 2 月 13 日,著名维新人士康有为将保皇会改称"国民宪政会"。

1907 年 7 月 6 日,革命党人徐锡麟在安庆起义,吹响了革命党人前进的号角。

1907 年 7 月 15 日,清末志士秋瑾为推翻清王朝而英勇就义。

1907 年 12 月 2 日,伟大的民主主义者孙中山领导了镇南关起义。

……

老中国的儿女们,慢慢地睁开了双眼。

当彭雪枫懵懵懂懂的时候,满眼都是民族的积弱与国家的屈辱,之后的五四惊雷,辛亥巨变,军阀混战……灰暗的历史风雨,无情地吹打在彭雪枫童年的心灵里,影响着他对世界的看法。

家庭贫困,使他走出偏僻一隅的故乡,开始了生命轨迹的转弯。在天津、在北京,革命浪潮使他视野开阔了,入团、入党,苏区岁月,长征转移,西北统战,豫皖苏抗战……非常的历史际遇,为他施展人生抱负提供了广阔的舞台。

任何生命个体,偶然地来到人间时,身外环境都是先天存在的。而个体总是渺小的,正是这种风云跌宕的非常时期,才使渺小的个体投身到时代的洪流中去,从而改变了自己。

这就是所谓的"时势造英雄",或者说"乱世出英雄"。

同时,彭雪枫是一个聪明人。人的智商是有高低之分的。诺贝尔奖人人向往,但并不是每个人都能得到,除了后天的因素之外,先天的禀赋、天资极其重要,这是毋庸置疑的。

童年启蒙,少年发奋,育德求学,彭雪枫崭露头角、名列前茅,显出不凡的天分。

喜爱读书,是彭雪枫的人生亮点,特别是在洪泽湖畔他的"密室"里,他读了大量的中外名著。"腹有诗书气自华",书香的萦绕,使他妙笔生花、侃侃而谈。

侠骨柔肠。对爱人林颖的 80 余封信中,一位思想深刻、情感细腻的儒将形象跃然纸上,令人几许感动,几许景仰。

……

出众的才华,使他在将星如云、以农民为主体的军队中,脱颖而出。

古希腊哲学家赫拉克利特曾言:"性格决定命运。"

在生命的长河里,特别是人生命运的转折时期,总能看到每一个生命个体其性格的影子。彭雪枫是一个秉性要强的人,再加上远大的抱负,因此,在他的一生中,处处闪耀着锋芒。

这也是彭雪枫之所以成为英雄的另一注脚吧。

历史人物,后人自有定论。

1988 年,彭雪枫被确定为共和国 33 位军事家之一。

1997 年,彭雪枫诞辰 90 周年之际,党的总书记、中央军委主席江泽民同志,欣然提笔,写下"文武兼备一代英才,功垂祖国泽被长淮"的题词。

2005 年 9 月,在北京人民大会堂举行的纪念抗日战争胜利 60 周年的大会上,胡锦涛总书记在报告中郑重地提到八位抗日英雄的代表,而彭雪枫,就是其中的一位。

2008 年五一节,在北京一座古朴的公寓内,彭雪枫的昔日伴侣——林颖老人,愉快地接受了笔者的采访。

当笔者问到"倘若彭雪枫不牺牲的话,新中国成立后,该评为什么军衔?"时,老人微微一笑,脱口而出:"大将!"

"大将"已去,风范长存。历史华章,令人炫目。让我们共同走近彭雪枫,重温那段波澜壮阔、惊心动魄的峥嵘岁月,触摸传主那五彩斑斓、轰轰烈烈的传奇一生吧。

第一章　伏牛之子

人在他的历史中表现不出他自己，

他在历史中奋斗着露出头角。

——泰戈尔（印度）

钟灵毓秀的黄土地，哺育了一代代才俊

当初秋晨曦的第一缕微光轻轻唤醒中国腹地一个叫镇平的小城时，城南关街头一个十二三岁光景、衣衫褴褛的报童用沙哑的豫西南口音高声地喊着："卖报了，卖报了，《宛城报》，孙中山准备起义了——"

声音和着袅袅的淡蓝色炊烟，织成一条条美丽的飘带，轻轻地飘荡在小城的上空。

不久，幽深的小巷里传来早起的小贩的叫卖声：胡辣汤豆腐嗳——锅盔喽——熟悉的声音，像城中地主豪绅人家的闹钟——无论是烟雨蒙蒙的初春，还是风雪呼啸的寒冬——准时，亲切。

旋即，丝绸店铺掌柜厉声喊着伙计起床声，孩子的哭闹声，老人的咳嗽声，晨起外出的行人见面时的问候声，鸡鸣狗吠声……宛如一曲大合唱，奏响了黎明后的小城。

这是公元1907年9月9日镇平的早晨。

镇平，古称涅阳。春秋时，这里是楚国之地。楚文化既有黄河文明的爽健敦厚，又有长江文明的灵秀睿智，是黄河文明和长江文明的交汇处。摇曳多姿的楚文化，沐浴着岁月的风雨，已慢慢地浸淫到当地民间文化的血脉里。

司马迁在《货殖列传》中曾曰："楚人其俗剽轻，易发怒。"即是说，楚人不

善伪饰,不会遮掩。古老的流风遗泽,对童年彭雪枫性格的影响,是潜移默化的。

金朝正大三年(1226)置镇平县,著名诗人元好问为首位县令。当时金朝已临末期,危机四伏,镇平之名,"镇"加"平"字,有震慑和平定叛乱之意。

眺望西边、北边,是连绵起伏的八百里伏牛山。

伏牛山,秦岭的余脉,因它的海拔不太高,形状像耕牛的脊背而得名。

苍茫的大山像一个不朽的神话,给予周围村民无限的遐想。它美丽刚劲的影子,映在那一颗颗热诚朴实的山的儿女心海,铸就了他们质朴、坚强的性格。后来烧炭工出身、外号叫"徐老虎"的红军将领徐海东,率领红25军,经过浴血奋战,曾经从这里奔赴陕甘。

南边,是苍翠欲滴的桐柏山。

松树、梨树、杏树……春天花开时节,漫山遍野开满妖艳的鲜花,微风吹来,香飘万里。淮河的源头就在这里,潺潺溪流,汇集无数奔腾的小河,唱着欢快的歌,纵横驰骋在黄淮平原,最终投入东海的怀抱。它奔出大山之后,变得桀骜不驯,像野马一样,成了下游人的梦魇。新中国成立后,一代伟人感慨不已,发出了"一定要治理好淮河"地动山摇般的宏愿。

桐柏山,后来成了共产党人的福地,著名的刘邓大军挺进大别山后,共产党猛将李先念、王震曾率部活动于此。

小说《桐柏英雄》,描写的就是发生在这里的故事。20世纪七八十年代,一部著名的电影《小花》,就是根据同名小说改编而成的。剧中插曲《妹妹找哥泪花流》,美丽、细腻、深情而略带忧伤的缓缓曲调,犹如一片古铜色的风景,至今仍萦绕在人们的心头。

东边二十余公里处,是千年古城南阳。由于它位于伏牛山之南、汉水之北而得名。

南阳,同样以妇孺皆知的《三国演义》中,描写得有点像神的诸葛亮的一篇文章《出师表》的一句话而闻名天下:"臣本布衣,躬耕于南阳……"

春秋时,这里是楚国的地盘,楚王设宛邑,"宛城"之名,由此而来。到战国秦昭襄王三十五年(前272)"初置南阳郡"时,才开始使用"南阳"这个名字。

汉建安十二年(207),诸葛亮27岁,汉中山靖王的后代刘备带领他的两个拜把子兄弟——关羽、张飞,曾三次光临此地,留下三顾茅庐的佳话。从此,诸葛亮走出南阳,成就了一番伟业。

李白与友人曾游历南阳,后赋诗赞叹:"昔在南阳城,唯餐独山蕨。忆与崔宗之,白水弄素月。"

今天,在南阳西南的一片高地上,巍然耸立着汉民族智慧化身——诸葛亮隐居的茅庐,园内,翠柏苍劲,泉水叮咚。成为南阳旅游的"招牌性名片"。

在这片古老的热土上,诞生了汉民族的精英人物:百里奚、范蠡、张衡、刘秀、张仲景、诸葛亮、邓艾、范晔、庾信、岑参、冯友兰、彭雪枫、姚雪垠……犹如一颗颗璀璨的明星,在历史的夜空中熠熠生辉。

难道这真的是一方圣土?出生于南阳唐河县的近代著名哲学大家冯友兰先生,在他的书中给出了答案。

他指出,气候温和、土壤肥沃,保证了古人靠天吃饭,这是地利;淳朴的民风、儒家文化的流淌,"学而优则仕"观念的薪火相传,保证了古老的文明浸淫着这里的子孙,这是人和。

也算是对人才辈出的另一解释吧。

石榴红了,黎明时分,诞生于一个耕读世家

七里庄,位于镇平南面,因距县城七里而得名。

这个村子,有百十户人家。大部分人家姓彭,也有张、郭、李等杂姓。村上人自称是山西洪洞县大槐树下人的后代。(其实,今天的河南、山东、安徽等地的人们都不是本地的"土著人",都是大槐树下的外来移民。)

那是明朝初年,经历了元末农民战争之后,天下草木凋零,荒无人烟,特别是中原一带,积骸成丘,居民鲜少,一片凄惨的景象。朱元璋痛心疾首,决定从山西洪洞等地移民,于是就有了中原子孙的洪洞人自居的说法。

在七里庄一带,流传着这样一首歌谣:

问我老家在何处?
山西洪洞大槐树。
老家名字叫什么?
山西洪洞老鸹窝。

关于洪洞人迁移,还有一个传说。

洪洞县令奉旨令衙役张贴迁徙文告,可是,几天之后,毫无动静。"羁鸟恋旧林,池鱼思故渊""在家千日好,出门一日难""子不嫌母丑,狗不嫌家贫""一动不如一静",先贤的忠告,加上黄澄澄的土地馈赠的口粮,街坊邻居亲朋好友绵密的血脉人情,造成中国人特别是汉民族的保守心理。离开自己祖祖辈辈生养的地方,出外闯荡,谈何容易啊!

上司的督促让县令忧心忡忡，茶饭不思，一个幕僚眉头一皱，计上心来，悄悄地朝县令耳语一番，县令顿时大喜，命衙役敲锣打鼓，喝道："十日内，到洪洞城外西北角大槐树下的人家可以不迁，不去者迁！"不一会，城外那棵参天的大槐树下，云集了密密麻麻的洪洞父老，大家拖家带口，欣然前往，可是，有去无回，四面全是持刀的官府士兵，刀光闪闪，神情威严。

上当了！

官府用绳子给每人手腕上系一疙瘩。毒辣辣的太阳下，队伍前不见头，后不见尾，"哭声直上干云霄"。可是，途中"水火无情"，内急了怎么办？开始时，口无遮拦——"我要屙屎，我要尿尿"，当着大家的面，似乎不太文雅，于是就雅称"解手"，直到今天，这一称呼仍在沿用。

以农业为生的彭氏一支自洪洞来河南后，开始在南阳西南的邓州落脚，几经周折，后来辗转至镇平七里庄定居。村上人除了务农之外，农闲时分，还到镇平城内帮人做丝绸，挣些外快，补贴家用。

镇平绸质地韧如玉，条纹绵密、纤细、清晰，色彩鲜艳夺目，至清代时已名扬北方。全县几乎村村家家都有织机。

村上，家家房前屋后种满了榆树、槐树、杨树、苹果树……

小小的村庄，宛如平原大海里一座座小孤岛，岸然地、倔犟地、孤僻地站立着，从它怀抱里生长出来的人，也同它的个性一样。

花开花落，春去秋来。四季的轮回，衍生了与气候相对应的二十四节气，对于这里世代终岁劳碌的人们来说，自然是一种精神的放松与休息，地方与民族的文化传统也悄悄地溶解在各种半是祭祀、半是娱乐的活动中，潜移默化地滋润着一代又一代人的心灵。

一年夏天，曾有一位云游四方、光头如瓢的风水先生路过七里庄，在村头树荫下小憩时，看到村西南头有一蟒泉，溪水

彭雪枫出生地，原为草房。

淙淙,蜿蜒而去,像仙女的绫纱缠绕在村子的脖颈上。再瞭望远方,但见沃野无垠,郁郁葱葱。不禁赞叹:"此乃风水宝地也,七里庄必出武将、大官!"

预言果然成真。

1907年的9月9日(农历八月初二),凌晨时分,七里庄村西头彭汝澜老先生家,一个白胖的小子呱呱落地,来到人间。这一年是农历羊年。

"六德堂添娃啦!"

好消息不胫而走。憨厚朴实的乡亲们,三三两两,端着饭碗,抱着孩子,谈笑着,来到老先生家贺喜。

这是一座洁净的茅草房四合院。

门外,青青的竹林,亭亭玉立,像无数挺拔的士兵,守护着这家人。

院中蓊郁高大的槐树,仿佛是一把巨大的擎天伞,遮盖着左右房舍。金色的阳光透过圆圆的翠叶,轻轻地洒满院中,增添了几分诗情画意。枝杈间,唧唧喳喳的麻雀、喜鹊嬉戏着,歌唱着,仿佛为主人家的喜事祈祷祝福……

"咚咚咚……"一阵敲门声。

开门的是一位五十开外的长者,高挑个,精神矍铄,卧蚕眉间流露出一股儒雅之气,这是孩子的爷爷彭汝澜。

他是彭雪枫人生路上的第一个老师,对他的世界观、人生观有很大影响。彭雪枫后来在给林颖的信中提到,"他是一个颇有学问和道德修养的人"。

彭汝澜,生于1854年,秉承儒家的学养,知书达理,又有墨家的仙风,喜拳术。以为人正派、讲义气而闻名乡里。因他在同族辈分中排行第六,因此,家号取名为"六德堂"。

六德,源于西周大司徒制定的六项平民道德标准:智、圣、仁、义、忠、和。

走进堂屋,迎面的墙壁上,悬挂着长须飘飘、笑容可掬的孔子画像,两边悬挂着一副雄健敦厚的隶书对联:

厚德传家久
嗜书兴味长

"大伯,得请客啊!"
"准备起个啥名?"
"得准备喜面啊!"
……

在当地,有这样的风俗:谁家喜添新丁,三天后就要做上一大锅细软的鸡蛋面,俗称"吃喜面"。面条细长,象征着孩子将来长命、富贵。同时,表示一点意思:遇到喜事不忘乡亲,让大家也沾沾喜气。

襁褓中的婴儿,甜甜地睡着,仿佛在做一个美丽的梦。

"嗬,小脸蛋红胖,像个小苹果。"

"嫂子真有福,头生就是娃儿。"

……

彭雪枫的父亲彭延泰。

婆姨们喊喊喳喳,说着些吉利的话语。

彭雪枫的生母王氏,这年正好 25 岁,是七里庄南面大和营村的一佃户女儿,嫁给彭延泰后,先后生育四子,彭雪枫居长。

彭延泰,一个正直、忠厚的中国农民,与孩子的母亲同岁,略通文墨。有点经济头脑的他,农闲之余和兄长合伙在县城经营一家土杂商店,赚些外快。

此刻,他满脸红光,提着盛满落生的麦秸篮子,逢人就让。在古老的乡村,只有儿子才能继承家业,传宗接代,"不孝有三,无后为大"嘛。

"延泰,快去捉只老公鸡,拴到床腿上!"

"好,爹!"彭延泰飞快地跑到院子中,捉了一只正在啄食的全身火红的大公鸡。

据说,把公鸡拴在床腿上,是为了避邪,能保佑孩子将来鹏程万里。

这个孩子,取名叫彭修道,就是日后令敌人闻风丧胆的红军高级将领、抗日名将——彭雪枫。

少年聪慧,崭露头角,小伙伴们的"诸葛亮"

彭修道出生时,家中有良田二十多亩,属自耕农,在七里庄也算是"小康之家"。农忙之余,彭汝澜设帐授学,在周围小有名声。彭修道就是在这样的环境下,渐渐地长大了。

光阴荏苒,转眼间,彭修道已经 7 岁了。

1914 年隆冬的一个早晨,窗外飘起鹅毛大雪,大地白茫茫一片,凛冽的东北风像无数的小刀子,吹在脸上,生疼生疼的。

"隆——兴——修——道——"爷爷拉着长腔,急切地喊着。

隆兴是彭雪枫的乳名,有意思的是,它是"兴隆"一词的倒置。这是爷爷彭汝澜托附近"三关庙"道士按照生辰八字起的乳名。意思是希望孙辈的到来能给家里带来福音。

其实,在农村,像"兴""旺""材""富""福"之类的名字,像野草一样多,寄托着生活在这片黄土地上的苦难长辈对晚辈的希冀和祝福,即使在今天的农村,仍是如此。

同时,彭汝澜根据族家同辈孩子"修"字系列,学名叫修道。

刚刚醒来,脚头就不见爱孙,老先生慌了,一骨碌爬起来,披起衣服,奔到门外。

"人之初,性本善……"朗朗的读书声,清脆悦耳。原来,小修道早早起床,到院子中的丝瓜棚子下背书。

"爷爷,起来了,来考考我吧。"小修道扭过头来,大声地喊着,红扑扑的小脸蛋冻得像两个小苹果。

"回屋去! 冻着了!"彭汝澜瞪起眼睛。

"不哩,我还要练一下'扫堂腿'。"

老先生捋着胡子,微微点头,脸上露出一丝舒心的笑容。他看在眼里,喜在心上:由牙牙学语的稚童起,自己就亲手教孙子识文断字,《三字经》《百家姓》已背得滚瓜烂熟。《三国演义》中刘备、关羽、张飞桃园三结义,诸葛亮草船借箭,火烧博望,赵子龙大战长坂坡……他都能给小伙伴们讲出来。《水浒传》中武松打虎、林冲逼上梁山等主要人物故事也能如数家珍。特别是《说岳全转》中的岳飞,是他心目中最大的英雄……

彭雪枫故居外景。

"这是个聪明懂事的娃儿啊!"彭汝澜拍拍身上的雪花,自言自语地赞叹道。

田园的黄昏,是静柔的、默默的。

彭汝澜在蟒泉边的麦场里,还教隆兴练几招少林拳。那是老先生童年时,跟着一个路过此地化斋的少林和尚学的。

清朝末年,南阳、镇平一带,土匪猖獗,常常骚扰村庄,为了自保,彭汝澜常常在院中桑树下苦练。

彭修道大弟彭之久(解放战争期间曾任陈赓太岳兵团卫生部长,后壮烈牺牲),后来回忆道:

你为了保卫家乡,自幼即每日早晨随着七十多岁的老祖父,苦心练武。为了学骑马耍枪,曾因耍别人的马摔坏了胳膊,咬着牙不哭不叫。为了学快跑,裹铅丸,把腿肚蹬得像蜂窝一样,也不表示怕痛退缩。

在古老的中国,习武的风气是伴随着苦难和隐忍而流传的。特别是在兵荒马乱的年月,为了自卫,体格健壮和略通拳路的人,还容易受人尊重,彭汝澜就是这样的乡间老人。

因为有了这样习武的风气,所以,在彭修道的血脉里,流淌着尚武人家傲岸不屈的遗传基因。

春节过后,镇平的庙会热闹起来。

彭汝澜乐呵呵地带着孙子赶庙会去。走进人声鼎沸的会场,喷香的锅盔、圆圆的火烧、酸甜的胡辣汤,还有锣鼓喧天的狮子舞、花红柳绿的耍旱船、咿咿啊啊的曲子戏……小修道伏在爷爷肩上,眼花缭乱了,他好奇地指点着、张望着。

冬天的夜晚,在暖融融的火盆旁,彭修道听爷爷讲王莽撵刘秀、李自成破镇平、白朗义军战镇平……特别是岳飞的故事,对他影响极大。后来,在新四军游击支队豫皖苏首府新兴集,他修建了"精忠堂",堂的正中央还悬挂着一幅横匾,上面写着"还我河山"四个大字。他用岳飞当年激励部下的话,来鼓舞新四军战士。

老先生讲故事,说笑话,神色、手势、声音……与情感交织在一起,把一个个故事形象地、夸张地、鲜叶活枝地描绘出来,让小修道到了忘我的境界。

民间历史文化的浸润,像轻风细雨,抚慰着他幼小的心灵。

当然,童年最快乐的,还是和小伙伴们在一起做游戏。

儿童,天外来客,对大自然的花红柳绿有着成年人不及的敏感,他们天性是爱玩的。从生物学上讲男孩子生来就与女孩子是两个世界:男孩子爱玩枪,打仗(战争)、"捉特务",女孩子就喜欢"过家家"、跳绳之类的。一个是山,一个是水;一个阳刚,一个阴柔……

彭修道自幼聪慧,加上爷爷教的几招拳术,能文能武,让小伙伴佩服得五体投地。

暮春,月夜,大地笼罩在一片淡淡的雾纱中。

铁蛋、石头、喜才和外号叫"木瓜"的等十多个小伙伴,吃罢晚饭,带着自己的"武器",有的是泥枪,有的是木刀……相约来到村中一棵老槐树下。

"隆兴来了!"几个伙伴叽叽嘎嘎道。

"你们说今晚咋玩?"一见面,小修道攥着自己的木剑说道。

"你说吧。"石头不假思索地说。他们早已把彭修道当成了心中的"诸葛亮"。

"捉坏货!"小修道大声说。

于是,由铁蛋扮作坏货,先行一步,在村子里藏匿起来。过了七八分钟,在小修道的带领下,伙伴们开始四处寻找。

深蓝的夜空,黑魆魆的树影子,村外的虫鸣、蛙声和着麦苗的清香,随微风轻轻而来……静谧的夜晚,走路的沙沙声,仿佛是心在跳。

"那、那……地头……麦秸垛……有影子。"突然,喜才声音颤抖,手指着远处一座麦秸堆磕磕巴巴地说道。"不要怕,咱们人多,跟我来!"修道悄声道。大家毛着腰,窸窸窣窣地包抄过去,大家齐声喝道:"不许动!"仔细一看,原来是个吓唬鸟吃庄稼的草人。大家长长吁口气,一摸眉头,已经有点汗津津的了。"到庄南头小河看看!"修道命令道。穿过一片竹林,他们来到村边。"那坟里有……有……鬼……"木瓜战战兢兢,手指着十几米处,胆怯得说不出话来。

人群中开始有些骚动,有人带着哭腔说要回家,小修道眉头微微一皱,旋即,镇定地说:"咱们每人拿一瓦块,使劲扔过去!我说开始,大家一起扔。""准备!"话毕,一声带着哭腔的话语传过来:"是我,别扔了——""嗷——"一阵欢呼,十几个孩子的笑声响彻夜空……

在中国乡村,几千年来,对鬼的恐惧,宛如噩梦一样萦绕在大人小孩的心头,大人吓唬孩子时,常常说"鬼

蟒泉近景。

来了"。直到今天,这一心里的阴影仍积淀在汉民族的心理结构中。

门前如带的蟒泉,清秀的竹林,是彭修道童年最爱玩的地方。夏季涨水时,小鱼儿来回穿梭,彭修道和小伙伴挽起裤管,在水中戏耍。

伙伴们和小修道在一起,总是快乐的,捉鱼、烧地瓜、摔跤、拾柴火……田园牧歌式的生活,宛如陶渊明笔下的世外桃源,这对少年儿童的成长是有利的。

当然,少年是顽皮的,有时也会犯错误。有一次,彭修道和小伙伴打架,一气之下,"大开杀戒",用了武术套路,结果把对方打得鼻青脸肿,伙伴的家长找上门来,结果,彭修道被爷爷狠狠地揍了一顿。

2008 年初夏,笔者在七里庄采访时,听村人传言,彭雪枫童年时就是孩子王,做游戏时常扮演"诸葛亮"一类的角色。真乃少年非凡!

秋收的季节到了。

一袭黑长衫、气质儒雅的伯父彭延庆,从陈园回来了,陈园离七里庄五里地,彭延庆在那里当私塾先生。

彭延庆,字子善,1874 年出生,自幼随父读书,后毕业于政法学堂。为了谋生,先后在七里庄附近的草王庄、榆树庄、陈园等地的地主家当私塾先生。

一家人正在院子里剥黄澄澄、沉甸甸的包谷棒子。彭延庆笑呵呵地和父亲、弟弟寒暄了一阵,看到坐在身边机灵聪慧的侄子又长高了,高兴地说:"隆兴,最近跟爷爷又学些什么了,给伯背背!"

小修道放下手中的棒子,从容地站起来,昂首背道:

"毕竟西湖六月中,风光不与四时同,接天莲叶无穷碧,映日荷花别样红。"

"作者是谁?"延庆笑吟吟地看着爱侄。

"杨万里!"

"哪朝人?"

"宋朝!"

"哪个宋朝?"

"南宋!"

"好! 修道记性好,是块料,要不,跟着我去私塾读吧?"彭延庆一边赞叹着,一边扭过头来,用征询的目光望着父亲。

"中是中,就怕给你——"彭汝澜眉头紧锁,欲言又止。

"咱爹是怕给你添麻烦,况且,那都是主儿家的娃儿,咱这孩子能合群吗?"弟弟彭延泰直言快语,道出了父亲想说的话。

"没啥,就这样定了,晚上给修道收拾一下,明天就跟我到陈园去。"

到私塾读书,是童年彭修道人生的一个转折,从此,开始了他的蒙读时期。

在陈园私塾里,读书的孩子,大都是地主士绅家的子弟。小修道牢记家人的嘱托,不和主家孩子比吃穿。

光阴似箭,在不到三年时间里,他熟读了四书五经、《千家诗》《赤壁赋》《滕王阁序》《出师表》《陋室铭》等古代名著名篇。特别是岳飞的《满江红》,彭修道能倒背如流。传统文化的乳汁,滋润着他幼小的心灵,从此,打下了深厚的古文功底。

少年是多梦的季节。

一天晚上,彭修道做了一个奇怪的梦。他梦见自己披上银光闪闪的铠甲战袍,手执七八尺长的红缨枪,骑着一匹火红的战马,和仰慕已久的岳飞将军一起,在杀声震天、万马奔腾中,驰骋在黄河岸边,朝着金兀术的阵营冲杀过去,所到之处,金军人仰马翻,鬼哭狼嚎,最后,在欢呼声中凯旋而归。

"怒发冲冠,凭栏处,潇潇雨歇。抬望眼,仰天长啸,壮怀激烈……"

终于"见到"岳飞了!

弗洛伊德分析道,梦境总是心境的自然流露。每个人都有自己心中的偶像,每个偶像都有自己的拥趸。偶像的影响是巨大的,正像今天的年轻人,无法想象当年跟随毛泽东打天下的追随者的心情,虽然后来他在"文革"中犯了严重的错误,但那是后来。

1911 年,清王朝在革命党人的呐喊声中崩塌了,各地的旧私塾随之烟消云散,新式学校粉墨登场,内陆的小城镇平也兴起了洋学堂。

1916 年,在伯父的劝说下,彭修道考入县城仓房初级小学读书。

仓房学堂,位于县城的东边。这里原来是官府的仓库,清朝末年,改建为学堂。校门旁赫然立着一巨大牌匾,写着唐代文学家韩愈的名言——"业精于勤而荒于嬉,行成于思而毁于随"。

院内,参天的柳树虬枝、翁郁,下面立着孔子、孟子等教育家、思想家的塑像。

彭修道如羽翼渐丰的小鸟,开始向更高的天宇飞翔。由于基础扎实,悟性好,勤奋努力,每次考试,都名列前茅。

1919年春天,一个风和日丽的上午。

省城开封的一位教育督学莅临镇平,这位性格有点古怪的督学,听完仓房学堂的先生讲课后,径直来到三年级教室,他要考考一个名叫彭修道的学生,看看全县的校长、老师说的是真是假。

教室内,鸦雀无声,几十名学生,望着前呼后拥的一位面色严肃、满鬓白发的长者,目光聚在了一起。

"李白的《黄鹤楼送孟浩然之广陵》,谁来背一背?"督学温和地望着学生道。

教室内一片寂静。

"故人西辞黄鹤楼,烟花三月下扬州。孤帆远影碧空尽,唯见长江天际流。"前排的一位身着蓝丝绸褂子、胖胖身材、模样像地主家的娃儿,站起来,像和尚念经一样背了一阵。

"后两句是什么意思?"

"李白站在长江岸边,孟浩然的船在天边慢慢消失,长江水滚滚向前,流向远方。""蓝丝绸"面带微笑,一副充满信心的样子。

"非也!"督学遗憾地摇摇头。

接着,另一个学生也闹了笑话。

师生们面面相觑,教室内出现微微骚动。

"那是表面意思。真正的意思是,表达了李白与孟浩然的真挚友情。李白站在长江岸边,望啊望,小船由大到小,慢慢变成一个小点,消失在水天相接处,最后,李白望到的只是宽阔碧透的长江水,一直向前奔腾……"

大家用惊异的目光望去,原来是彭修道!

"好,说得好,真是名不虚传也!此生天资聪慧,必成大器,不才愿举荐彭修道同学入察院高小……"督学激动地跷起大拇指,连连赞叹。

教室内响起一阵热烈的掌声。

接着,督学又问了关于《论语》中的几句解释,满意地离去了。

彭修道被督学先生保举入学的消息像春风一样,吹遍了整个县城。

彭修道的解释,实际是悟出了中国古典诗歌的精髓——"诗家圣处,不离文字,不在文字"。即是说,作者要表达的意思,离不开文字这个载体,但文字的表面意思不是作者真正想要说的,而是表层背后暗藏的那个东西。

悟性、灵感,这些电光石火、来去无踪的东西,一是靠天赋,二是靠勤奋。

察院,位于城西北一隅,是明万历年间,知县梁必先建学的旧址。察院的性质，就像今天的政府招待所，是接待上级领导的，另一个用途，就是每隔一年在这里举行一次秀才考试。

就在彭修道摇头晃脑地沉浸在"五经四书"的世界中时，远在千里之外的北京城，发生了一件震惊中外的大事——五四运动爆发了！

1919 年 5 月 4 日，在古老的故都，数千名学生为了反对北洋政府签订的卖国条约《二十一条》，举行了声势浩大的游行示威。杨振声等北大学生愤怒地冲进赵家楼，火烧了卖国贼曹汝霖的公馆。他们的爱国热情点燃了工人、商人胸中的怒火，接着，这股浪潮波及了全国。

消息传到暮气沉沉的千年小城，人们觉醒了、沸腾了，街头巷尾，三三两两聚在一起，议论着时局的变化。

十几岁的少年郎，正是活泼、好动，做梦的年龄，对五彩的世界编织着一个个蔷薇色的憧憬。可是，面对突如其来的历史风云，少年彭修道开始朦朦胧胧地意识到，世界充满了艰辛与灾难。时代洪流的惊涛，让聪慧的彭修道骤然早熟起来。

初夏的一个黄昏，在小城的十字街头，贴了一幅漫画，画的是几个面目狰狞的日本鬼子兵张牙舞爪，在朝鲜平壤街道上烧杀抢掠的情景。

醒目的漫画，吸引了来往行人驻足观看，人们义愤填膺，正在这时，放学的彭修道路过这里，好奇心驱使着他看个究竟。

看到画中朝鲜人民痛哭流涕、鲜血流淌的悲惨命运，想到自懂事以来耳闻目睹的种种社会不公，彭修道内心的怒涛汹涌澎湃：天下为什么这么不公平？狗日的强盗凭什么？……

"乡亲们，打倒小日本！"也许是太气愤，彭修道不知哪来的勇气，攥起小拳头，痛快地喊了一声。

想不到的是，人群中有了响应："打倒小日本！打倒日本帝国主义！"

"打倒北洋卖

察院高小旧址。

国贼！"

围观的人们群情激奋，张张脸上洋溢着激动、昂扬的表情。

五四运动是中国的"文艺复兴"，是一次思想启蒙运动。康德云："启蒙运动是什么？人类摆脱自身的幼稚状态。"中西方文化开始交融、碰撞，无论是政治、文化，直到今天，它都是中国历史一道高高的分水岭。

五四运动给彭修道上了人生第一课，多年以后，他深情地回忆道："百年以来，在反对封建压迫和反对民族压迫的民主革命过程中，五四运动是最辉煌、最精彩的一页。"

"国家兴亡，匹夫有责。"少年彭修道常常面带忧色，用顾炎武的名言勉励自己。

国文课上，他向老师交了两篇得意之作——《李自成打粱寨》《和家姐谈"女子无才便是德"》。

前一篇文章中，他联想到小时候听爷爷讲闯王李自成率领义军，在镇平粱寨打土豪、分田地，受到老百姓欢迎的故事，结合五四运动，提出了只有推翻不平等的社会，穷人才有希望。后一篇文章，他以花木兰、穆桂英、李清照等为例，驳斥了女不如男的谬误观点。

深刻的立意、老辣的文笔，国文课上，老师赞不绝口：

"看看彭修道，好文章连篇，汝等要努力啊！"

不久，文章传遍全校。

光阴荏苒，察院求学的日子画上句号了。

余晖中，漫步在杨柳依依、花草芬芳的校园，想到朝夕相处的师友，彭修道心海涨潮了……

分别总是难过的。

两鬓苍苍、架着深度眼镜的国文刘老师，深情地对彭修道说："修道同学，察院两年，你才华横溢，为师已不能再满足你，你应到高一级学府继续深造！"

"老师，我不会忘记您的教诲！"在校门口，彭修道挥手与老师、同学们，在相互问候中依依惜别了。

路尽头，那带补丁的袖口随风飘起……

乌云遮蔽，疾恶如仇

1921 年的 9 月，北风呜咽，阴云低沉。

将
道

一天下午，七里庄南头的一片田野里，庄户人正忙着秋收，潮湿的黄土被翻出地面，一个个指头粗的地瓜痛苦地醒来，老黄牛无力地呻吟着……

坐在地头歇息的彭雪枫，毫无心情欣赏眼前这幅灾年"收获"图，只是任微风轻轻撩拨着凌乱的长发，木然地望向远方……正是花季年华的他，本应坐在学堂里朗朗读书，却因家庭经济拮据而失学，不得不帮着爷爷、父亲干起了农活。

"咱娃儿要是像主儿家的孩子有学上，该多好啊！"爷爷坐在彭修道身旁，忧心忡忡地叹息道。

"爷，你说，是啥造成我上不起学呢？"

彭汝澜轻轻地咳嗽了一声：

"人哪，生到这世上，自古以来，就有穷有富。有坐轿的，有抬轿的；有钱的吃香的喝辣的，没钱的就受冻挨饿，就别说上学了……世道不公平啊！"爷爷感慨地说着，慢慢地，混浊的眼睛有点湿润了。

彭雪枫眉头深锁，脑海翻滚，他想起白居易的《卖炭翁》中满面尘灰的烧炭翁，想起"十指不沾泥，鳞鳞居大厦"的诗句，想起"昨夜入城市，归来泪满巾，遍身罗绮者，不是养蚕人"的蚕妇，愤愤地说："爷，只有像陈胜、李闯王一样推翻这个不公道的社会，穷人才会翻身！"

"是啊，娃子……"爷爷面色凝重道。

失学是痛苦的，14岁的少年，慢慢地变得沉默了。敏感的心灵，正感受着时代风雨的洗礼，人生、命运、理想……

早晨，他像往常一样和爷爷习武，晚上在洋油灯下，翻看心爱的书籍。

树欲静而风不止。

外面的世界正是风起云涌，一个相貌堂堂的叫孙逸仙的广东人，目睹清王朝的腐败无能，弃医，依靠海外华侨的赞助，发动了一次次的起义：镇南关、黄花岗……终于，1911年在辛亥革命的呼声中将清王朝大厦埋葬，次年，中华民国建立。

可是，胜利的果实被袁世凯窃取了，这个天津小站练兵起家、红顶子染红了"戊戌六君子"鲜血的河南项城人，老婆就有九个。贪得无厌的是，做大总统还不过瘾，居然倒行逆施，在沆瀣一气的杨度等人筹划下，做了皇帝。不过，83天之后，便在一片唾骂声中呜呼哀哉了！

袁世凯，用历史的眼光看，戊戌告密，被后人骂为小人，那是道德的因素。在历史的夹缝中钻营，人格的缺失是个人的因素，关键是他拉了历史倒车，这是他载入耻辱柱的主要因素。

此后，北洋军作鸟兽散，北洋政府的曹锟、冯国璋、段祺瑞等依靠帝国主义的支持，轮流坐庄，一时间，华夏大地，乌烟瘴气。

上层与下层严重脱节，在政权更替的罅隙里，乡村宁静的气氛也被打破了。杆儿（豫西南的方言，土匪的意思）们乘机四起，烧杀抢掠，百姓鸡犬不宁。北面的鲁山、西面的西峡，山高谷深，草深林密，大杆儿、小杆儿盘踞此地，做起"山大王"，祸害四方。

自古以来，这就是一个游离于统治者与被统治者之间的特殊的群体。

有的与朝廷分庭抗礼，劫富济贫，如北宋的梁山好汉；

有的是官匪勾结，抢劫、虐杀百姓；

红军还被蒋介石政府视为共匪。

一个风高月黑的春夜。

劳累了一天的七里庄人，刚刚进入甜美的梦乡，忽然，村东头传来一声尖厉的高喊：

"杆儿来了——"顿时，枪声大作，鸡犬狂鸣，全村男女老少像潮水一般拥向村外的杨树林。

六德堂内也是一片慌乱，彭修道却勇敢地带领一家人来到村外的荆棘丛中，想到村中还有年老体弱的李奶奶、郭大爷，他又背着土枪回村了，直到老人安然无恙。

彭修道的大弟彭之久后来回忆道：

为了积极对土匪作战，他又号召村人买枪弹，在村口要道设置铁丝耙齿等许多障碍物，周围布置着小哨棚，前面也缚好铁丝网铃。他与大家一块儿巡着哨……

穷则思变。饱尝痛苦的庄户人开始联合起来，成立了一个个自卫组织——红枪会。侯集、草王庄、安子营……附近的村子都有红枪会的影子，他们宣传"吞符念咒，可避枪炮"，并在村里"广为设坛，练习红枪"，迷惑了不少村民。

这有点像华北平原的义和团，不过，前者主要对付土匪，后者对付鬼子。见多识广的爷爷和彭修道一样，都不信这些鬼话，劝说周围乡亲们，人哪有刀枪不入的呢？

一个深秋的早晨。

村民正在吃饭，一阵锣鼓喧闹声从村中传来，人们端着热腾腾的饭碗去看热闹。原来是几个峨冠博带一身红彤彤的红枪会头头在表演节目。为首的老者缓缓地走到前面，口吐狂言："老少爷们儿，只要入了红枪会，老天爷（玉皇大帝）会保佑你刀枪不入，不信试试！"说罢，让另一个随来者拿起一把刀向自己砍去，果然，老头儿声不发颤，面不改色。"咦，真神了！"人群中传出阵阵惊奇声。

彭修道也在人群中看热闹，他眉头微微皱起：

"真的这么神吗？我不信！"于是，他悄悄走到老者身后，猛地撩起老者的衣服，不禁大吃一惊，原来，里面裹了几层厚羊皮。

"快看，诓人的！"彭修道大声地喊道，人们惊愕地望去，刚才还信誓旦旦的老者，此刻像霜打的茄子，在众人的嘲笑声中，嘴里嘟囔着，灰溜溜地走了。

七里庄的声名，渐渐传播开来，杆儿和红枪会的人闻风不前了。

"爆竹声中一岁除"，空气中，噼噼啪啪的鞭炮声，响彻不休，中国民间传统节日——春节来了。

阴云密布的除夕黄昏，气氛显得有点沉闷、压抑。漫天的雪花在呼啸的寒风中飞舞着……

六德堂内，全家人围在一起包饺子。新年了，快乐是属于孩子的，两个弟弟嬉闹着，跑来跑去，可是爷爷、父亲却愁容满面。

原来，几年来因彭修道和弟弟上学，去年秋季，芝麻、黄豆被淹，母亲身体欠佳，无奈之下，借了刘姓地主的高利贷，至今快两年了，每到过节，总来催账，不知今年是否能顺利闯过这一关，正在父亲暗自庆幸时，一声"彭汝澜！过年了，还钱！"彻底击碎了片刻的希冀。

门外一个衣着光鲜、长着"山羊胡"的刘姓地主，带着几个狗腿子，高声地嚷嚷着。

院内寂寂无声。

叫声越来越高。没办法，王氏只好迈着小脚，颤颤巍巍地走到门外，满脸赔笑道：

"掌柜的，今年收成不好，娃儿又上学，过年的面也是借的，要不，过罢年，我送到您家去。"

"少来这一套，不要哭穷，今天拿不来，你们的年就休想过！""山羊胡"恶狠狠地威胁道，"说吧，是给还是不给？"

藏在门后的彭修道再也忍不住了，推开屋门，疾步来到"山羊胡"面前，举起九节鞭，甩了几下。

"小毛孩子,你……你……你想干什么?""山羊胡"被怒目而视的彭修道的气势,震慑住了,吓得脸色苍白,战战兢兢。

"不要欺人太甚,欠账还钱是天经地义,但也不能不让过年,你们的良心早就喂狗了,就知道要钱,再喊一声,我要你的狗命……"说罢,彭修道举起九节鞭,又挥舞了几下,"山羊胡"素闻六德堂彭修道的武艺,吓得屁滚尿流,跌跌撞撞地跑了。

初冬的一个上午,干枯的东北风在街上肆意地刮着,大街上热闹非凡:高声吆喝的货郎,热气腾腾的饭铺……小城一片繁华的景象。

彭修道拉着弟弟宝兴的手,兴奋地走在熙熙攘攘的人流中。

忽然,前面两层木楼飘着"王记玉铺"的旗子下,黑压压的人围成一片。

"走,过去看看!"走到跟前,只见一六十开外的老者,面对一位身着差役服饰的青年男子,双手不断作揖:"长官兄弟,看在乡情面上,你就给我吧,这可是我家的宝玉啊……"老人泪水涟涟,语声凄厉苍凉。

"此城归我管,爷爷我想拿就拿,老不死的,滚开!"差役粗声厉气,手拿着晶莹剔透的两块碧玉,一边谩骂,一边转身欲走。

"太不像话了!"

"光天化日之下,说抢就抢,没王法了!"

人群中愤愤一片,有的低声发几句牢骚,有的偷偷朝地上吐唾沫,有的攥紧拳头,腮帮子一鼓一鼓的……面对气势汹汹的无赖,人们只能忍气吞声。

"休走!"彭修道怒不可遏,大声喝道。

那差役扭头一看是一个管闲事的毛头小青年,鼻子里轻蔑地"哼"了一声,二话不说,握紧拳头,嘴里发出"啊啊……"的号叫声,像疯狗一般扑来,说时迟那时快,彭修道扎起马步,气运丹田,一个"李逵劈柴"的招式,将凶恶的差役旋风般击倒在地,然后骑在他身上,像武松降虎一般,左右开弓,抡拳就打。直到差役鼻青脸肿,连声求饶,交出玉石。

从此,彭修道的名字在小城再次刮起一阵旋风。

1921 年春天,南阳一带,久旱不雨,颗粒无收。可是,官府苛捐杂税照收不误。官逼民反,民不得不反。镇平城东小营一带的村民揭竿而起,拉起"杆子",他们浩浩荡荡,冲进县衙,打开粮仓,赈济灾民,自号"白僧道"。

一天中午,彭修道正和家人在门前吃饭,"白僧道"长长的队伍从村边经过,他们手拿锄头、镰刀、长矛,不时还劝说村民加入。

今日七里庄外景。

　　彭修道站在村口，不禁思绪翻滚：天下的穷人，只要团结起来，拧成一股绳，杀死贪官，就一定能过上好日子。要是像闯王李自成一样，那该多好啊！

　　哪里有压迫，哪里就有反抗，历史的脚步从来没有停止过。

　　中国历史上的乱世：春秋战国、历朝农民揭竿而起时、新旧政权交替之时。刀光剑影中，无数贪官污吏头颅落地。但正如元朝张养浩的小令："兴，百姓苦；亡，百姓苦。"战争的受害者，最终还是生命如草芥般卑贱的老百姓。

　　烽火四起的战争，从另一个角度说，是破坏。但旧的不去，新的不来。

　　黑格尔曾言："历史的前进，从来不是在温情的牧歌中进展，相反，它是践踏着千万具尸体而前行。"

　　无情的历史像一块磨刀石，考验了每一个生命个体。

第二章　恰同学少年

山河破碎风飘絮，身世浮沉雨打萍。

——文天祥

挥泪别乡，抵达天津，人生从这里转弯

1921 年初秋的一天上午，七里庄东岗。

几朵灰褐色的云，低低地在天空游走。路旁的庄稼地里，干黄的黄豆苗，枯萎地缩成一团，瘦骨嶙峋的高粱像病人似的，耷拉着脑袋，田野里一片枯黄。

坑凹不平的小路上，缓缓地走来几个大人和孩子的身影。

这是彭汝澜一家。

他们干什么去呢？

原来，这年春天，镇平一带，几个月滴雨未下。靠天收的村民，眼巴巴地看着自己的亲人一个个倒下，肝肠寸断，痛不欲生。

一时间，土匪乘机四起，民心惶惶。

正在这时，远在外地教书的彭延庆给家里来了一封信。"家书抵万金"，彭汝澜拆开信一看，不禁喜上眉梢。信中说，他已从河北省成安县携全家赴天津任职。得知老家一带适逢旱灾和修道失学在家的消息后，便修书一封，让侄子前去天津，谋个生路。

……

已是 67 岁的彭汝澜走在前面，佝偻着腰，走几步，喘一下。

"隆兴啊，到天津后，不要荒废学业，"爷爷重重地咳嗽一下，"进个学校读书是正事，不要怕吃苦。常言道：'吃得苦中苦，方为人上人哪！'"彭汝澜

语重心长。

　　"车上小偷多，要多长心。听你伯的话，闲时帮你伯多干点活，勤快点，不同在家。"彭延泰长长出口气，紧了紧肩上要送给儿子的小包袱。

　　母亲踮着小脚，颤颤巍巍的，走得很慢，年届四十的她，鬓角已爬满了银丝，岁月的洗礼使她早已失去年轻时的风韵。

　　"孩儿啊，从小没出过远门，路又远，外面又乱，你这一走，不知啥时候能回来……"说着说着，眼泪簌簌地落下来。

　　孩子是娘的心头肉啊！

　　"冷的热的，要学会照顾自己，啊！"母亲话刚一出口，泪水又淌了下来。

　　前面就是去南阳的小路了。

　　母亲抖抖地从夹衣中掏出一包沉甸甸的东西，外面裹了一蓝布花格方巾，小心地塞到修道的包袱中。

　　"这是你妈的嫁妆钱，舍不得花，加上家中织绸积攒的，共十五块银元。"父亲的语调深情而沉重。

　　两个弟弟拉着哥哥的手不放，依依不舍。

　　彭修道眼含热泪，缓缓接过沉甸甸的血汗钱，然后挎过父亲肩上母亲连夜赶做的新棉花裤子，心潮不禁慢慢地涨起来……

　　春日的早晨，彩霞满天，在蟒泉的竹林旁高声朗读《满江红》，爷爷站在一旁，捋着银须，颔首微笑……

　　夏日炎炎，一家人在爷爷的带领下，在湿热的田野里辛勤劳作……

　　秋夜，月上中天，万里如银，为省灯油，跑到院中读书……

　　冬日的晚上，漫漫长夜，一觉醒来后，只见昏暗的洋油灯下，劳累一天的母亲仍在纺线织绸……

　　儿时的伙伴，亲人的呵护，还有老槐树下那童年的梦想……十四年故乡一幕幕难以忘怀的情景，在眼前历历浮现……

　　正像诺贝尔文学奖获得者、法国诗人苏利·普吕多姆的一首诗描述的那样：

　　　天空不再像一张平滑的帷幕，
　　　叶儿不停地颤抖着飞舞飘落：
　　　树丛掩映的林中小径上，
　　　阳光的斑点已经黯然无光。
　　　……
　　　别了，生我养我的亲人！

别了，美丽可爱的故乡！

彭修道眼含热泪一步一回头，直到看不到爷爷、父母和弟弟的影子。从此以后，彭修道离开穷乡僻壤，来到浮躁繁华的都市，开始了他人生的新起点。

乡村、都市，两个文化背景迥异的地域，他，能适应吗？

秋老虎威力不减，乌发俊脸的彭修道，坐在车厢内用棉布衫衣角不停地扇着，那时，京汉铁路已经修通。这个 1825 年由英国人斯蒂芬孙发明的庞然大物，很快在全世界飞奔起来。

火车，是一道流动的风景和音乐。

火车内，是流动的社会，充满着喧哗与骚动。

车内闷热，污浊的气味熏得人喘不过气来。过道上站满了人：衣衫破旧、两鬓苍苍的老者，呼哧呼哧地喘着粗气。满脸汗渍、目光柔和的小脚女人，怀里抱着哇哇大哭的孩子，嘴中念念有词不停地哄着。袒胸赤膊的中年男子，咳嗽着，毫不犹豫地朝地板上吐着浓痰。

有站着的，有坐着的，有富人，有穷人……他想起辍学在家时，爷爷说过的话，心里涌起一阵阵悲愤：难道普天之下真的没有穷人的立足之地吗？

一个面容清瘦、架一副金丝边眼镜、模样像知识分子的人，手里捏着一张报纸，津津有味地读着什么。

他第一次听到了共产党、陈独秀的名字。原来，这年的七月份，开天辟地的中共"一大"在上海召开了。共产党，多么新鲜的名字，天下能共产吗？所有的穷人能吃饱饭不再挨饿吗？彭修道在车上一路琢磨着。

在徐州，一位肥头大耳的阔佬模样的人，叼着香烟，喷云吐雾，呛得一位老者脸红脖子粗，实在受不了了，嘟囔了一句，那阔佬伸手就是一记响亮的耳光。

路见不平，拔刀相助！彭修道怒火中烧，拨开人群，一拳将其打倒在地，狠狠地替乡下人出了口恶气，直到列车警走过来。

在路上，看到"黄河之水天上来"汹涌向前的黄河，看到一望无垠、坦荡如砥的华北大平原，郁郁葱葱、飞逝而过的村庄，他有些感慨：中华大地山川秀美，但帝国主义雾霭遮天，山河破碎，衣衫褴褛、拖家带口的灾民沿途乞讨，田野荒芜，他的心，被深深地刺痛了……

少年的心灵在成长，他觉醒了。

彭修道一路风尘,历时半个多月,终于到达天津。

天津,意为天子渡河的地方。明永乐初年,为明成祖朱棣所赐。它位于美丽的海河之畔、渤海之滨,以盐业发达而闻名。

扑面而来的都市繁华气息,让少年彭雪枫惊叹不已,只见湛蓝色的天空下,高大厚实的楼群,宽阔的黑油油的马路,熙来攘往的人流,只是汽车横冲直撞,喇叭声像吆喝……

大城市,仍是贫富不公的地方,彭修道心头涌起一阵阵悲愤。

昔日南开中学校门。

大侄子的到来,使伯父格外高兴,伯母、堂姐修英也很热情。几天后,经过奔走,彭修道到南开中学去当旁听生。

南开中学,是著名教育家张伯苓以欧美的风格创办的,以"允公允能"为校训,在北方,是一所名牌中学。

风格迥异的教学楼里,传来朗朗的读书声,绿草如茵的草坪上,足球飞来飞去,活泼可爱的少女,夹着书本匆匆而过……

彭修道用惊异的目光打量着这个崭新的世界,内心充满一阵阵冲动。

旁听的费用也不菲,时不多久,彭延庆家因经济拮据,彭修道不得不辍学了。好强的他,想起来时爷爷和父亲的嘱托,决定到外面找些事做,减轻伯伯一家的负担。

对于一个青春少年,有点残酷,可人生就是这样,无情的命运在折磨考验着他。"所谓自力更生,其中不知受了多少不堪的苦头。"彭修道后来回忆道。

就在这阴霾重重之际,命运的天空,突然射出灿烂的光芒。一天上午,族叔彭禹廷从外地来到天津。

彭禹廷,1893年出生,原名彭延忠,字锡田,自幼聪明好学,毕业于河南政法学院。辛亥革命后到北京师范大学学习,毕业后回南阳任教。1921年10月认识驻扎南阳的西北军第一师师长张静江,深受张的赏识,任命其为自己的秘书长,从此,踏上了军旅生涯。

此时,彭禹廷随部队刚到北京,因公务出差到天津,听说族兄彭延庆也在天津谋职,公事完毕,便顺道来探望一下,不料,在这里碰上二兄长延泰长子修道。

"几年不见,隆兴长这么高了!怎么样,家里还好吗?啥时来天津的?"彭禹廷军人作风,直来直去。

对于这位气宇轩昂、学问不浅、在南阳一带颇有声名的族叔,彭修道仰慕已久,今天在他乡相遇,心情格外激动。

"五叔好!"彭修道走上前去,微笑着鞠躬道,但最近的窘状使他欲言又止。

喝过一阵茶之后,彭延庆皱着眉头,把彭修道来天津的前前后后说了一遍。

彭雪枫族叔彭禹廷。

"哦,这兵荒马乱的年月,能出来就不容易,隆兴,你有什么打算?"彭禹廷放下茶杯,目光中透出一丝关切。

"男子汉大丈夫,穷则独善其身,达则兼善天下!我要像岳鹏举那样精忠报国,做一个对国家有用的人!"彭修道掷地有声。

彭延庆和彭禹廷相视一笑,被修道的志气和抱负所感染,流露出赞许的目光。

彭修道走过来,给二人又倒满了茶水。

"庆弟,这孩子有才气,又有志气,失学太可惜了,要不这样,西北军有子弟学校,让隆兴跟我到北京去上学,如何?"彭禹廷一边饮茶,一边用征询的语气问道。

"中是中,怕给你添太多麻烦。"彭延庆面带忧色。

"看看,见外了吧,我小时候汝澜六伯整天教我……不用客气了,明天就和我一起走。"彭禹廷爽快而坚定地说。

就这样,1922年底,彭修道随五叔彭禹廷进了北京城。

危难时刻,校长伸出援助之手

北京,一个文化底蕴厚重、战略地位极其重要的地方。

今天,房山区周口店的龙骨山,就有五十万年前原始人的足迹。公元前1000多年,有了文字记载,当时叫蓟,在今广安门附近,是周武王灭商后封其弟召公奭为燕国王时的都城。秦始皇统一六国后,是三十六郡之一广阳郡的治所,唐朝时叫幽州,元朝时称大都,明军进入大都,改称北平。明成祖朱棣即位后,始称北京。

从军事地理学角度看,北京,北靠天然屏障燕山和雄伟的万里长城,可防止北面来敌的攻袭;南视千里无垠的华北大平原,步兵、铁骑纵横驰骋;东靠大海,可居高临下,易守难攻。位置极其重要。元、明、清统治者定都于此,是统治者经过反复考虑的,是有一定道理的。

1928年6月北伐军进入北京,奉军退回东北,7月,蒋介石在西山碧云寺召开军事会议,内容之一,决定将北京改为北平,含有平定北方之意,炫耀他领导北伐的功绩。

正是在这座古城,少年彭修道的命运改变了。

彭修道来不及细细打量、品味这座闻名的古都,就以冯玉祥陆军第十一师官佐子弟的名义入学了。

冯玉祥,一个来自安徽底层的农家子弟。他原名冯善基,在11岁那年报名参军时,管带亲戚把他写为"冯玉祥"。冯玉祥一生笃信基督,号称"基督将军"。

"基督将军"的来历是这样的。

1913年,冯玉祥任团长时,背部长了一个疮,苦不堪言,后经一位信仰基督的朋友的介绍,邀请一位美国医生为其治疗。痊愈后,冯对基督产生了好感,在二人的劝说下,冯玉祥洗礼入教。

说起这位"基督将军",还有许多有趣的故事。

冯玉祥发迹后,还不会写字。每次

冯玉祥将军。

开支军饷，他只会写"冯玉祥"三个字，又怕勤务员其模仿笔迹，冒领军饷。他动了一下脑筋，在毛笔的笔芯里装上铁针，暗设机关。有一次，一笔十万元的款子对不上账，银行经理说，有您的签字领款条。冯玉祥双手举起纸条，对着灯光一照，大怒："这个签字是假的！"

原来，冯玉祥用毛笔签字，顿笔时用力下按笔杆，铁针将纸扎出一个个小孔，小孔透光，可辨别真假签字。模仿者最后死路一条。

冯玉祥去南京见蒋介石，大白天在总统府打着灯笼行走，讽刺国民党统治的黑暗。蒋介石请冯玉祥吃饭，冯玉祥只剥馒头皮吃，蒋问何故，冯说馒头瓢留给你的弟子吃。蒋问明白了原来黄埔军校毕业的军官不吃馒头皮，于是，老蒋专门下令，今后吃馒头必须连皮一起吃，否则枪毙。

……

这所学校是冯玉祥在湖南常德创办的。原名叫陆军第十六混成旅官佐子弟育德小学，那时，冯玉祥任十六旅旅长。

1921 年 8 月，冯部被扩编成第十一师，学校又改名为陆军第十一师官佐子弟育德小学。并于同年 11 月迁至北京崇文门一个叫方壶斋的地方。由于方壶斋地方较小，不久又迁到东直门南小街井儿胡同。办学规模不断扩大，1924 年 10 月又改称育德中学，迁至南苑团河。

团河是清代名苑"南海子"，皇家四大行宫之一，建于乾隆四十二年（1777），是清代皇帝打猎休息场所。院内古色古香，参天的柏树耸入云霄，蓊郁森然；红砖绿瓦，金碧辉煌；轩窗掩映，曲径通幽；小鸟啁啾，更添几分静谧。

校长是一位来自安徽合肥的人，名叫余心清（1898—1966）。他年轻英俊，风度儒雅，南京金陵神学院毕业，早年曾留学美国、德国等地。思想激进，信仰孙中山的"三民主义"，很受彭修道和同学们的喜欢。冯玉祥在其自传性回忆录《我的生活》中这样评价：

余为美国留学生，专攻教育，办事甚认真，极小之事亦不放过，故当时曾造就出不少的有为青年。

因此，他深受冯玉祥赏识。当上校长后，践行校训"勤工苦读"。

解放后，余心清曾任中央办公厅副主任，政务院机关事务管理局局长等要职，不幸的是，"文革"中遭迫害自杀。

"一、二、三、四……"每天黎明，当太阳刚刚露出笑脸的时候，一队队整齐的学生,身着统一配发的灰色军装,头戴大檐帽,神情严肃地在教官的指挥下,喊着口令,出操锻炼。

由于是西北军的子弟学校,所以学校实行军事化管理。

"上学如投军,吃粗粮,整天操练,哎,活受罪呀!"一天下午,下操后,一位吃得白白胖胖的学生发起了牢骚。

"现在受点罪,算什么,将来做大官,那罪才没白受呢!"一个矮胖墩儿得意地说。

……

彭修道也在人流中,听着同学们的七嘴八舌,晚上,他在日记中这样写道:"在故都学习,猛感不适,久之,方觉趣味:木工、篾艺、皮鞋等手工,于生存实乃本领,冯将军倡勤工,高明也。"

无心插柳柳成荫。

在育德学校学习的皮鞋工艺技术,在以后长征中和延安的艰苦岁月中,帮着战士打草鞋,渡过难关,真是"艺多不压身"啊。

在冯玉祥的践行下,育德中学开设《圣经》课,这部西方著名的宗教经典,以其博爱、忍耐、普度众生的馨香,熏陶着亿万颗向善的心。

它,成了学生的必修课,其中的《赞美歌》也是聚会时必唱之歌。培养学生"讲文明、讲礼貌、讲卫生、不打人、不骂人、不说谎"的美德。彭修道知道了,道士与道教,和尚、尼姑与佛教,耶稣与基督教,特别是十字架,还是挺新鲜的。

中国是一个没有国教的国家。大部分人没有宗教信仰。不信天不信地,不信过去不信未来,只重眼前。"有奶便是娘""信天信地不如信自己"等实用格言,在民间广为流传。

而佛教、伊斯兰教和基督教这三大宗教竟然都是舶来品!

人需要信仰,信仰如同椅子上的靠背。信仰是引导我们前行、抚慰我们心灵的精神家园,试想,一个没有信仰的个体、民族,将是一件多么悲哀的事啊!

鸦片战争的炮火,产生一个意想不到的后果:传教士四处开花,从沿海向大陆腹地开始走进中国家庭,在达官显贵和普通草民的饮食起居中,处处闪现着基督的影子。

宋美龄一生皈依基督,这位活了106岁的民国第一夫人,在临终前,谈起了自己高寿的秘诀:一是一生衣食无忧;二是有精神寄托。

被周恩来誉为"千古功臣"的张学良,在报国无门的忧愤中,最后也皈依基督,居然也活过百岁。

冯玉祥、林语堂……今天，包括总统在内的西方人，基督的影子已是他们血液中的一部分了。

的确，在喃喃自语的祈祷，双手合十的仪式中，这种有人格神的信仰，会使人的灵魂世界在痛苦、灾难和迷茫中多了一份慰藉、和谐，减少了内心的盲动和对社会规范的僭越。

近朱者赤，近墨者黑。这正是铸就一个人人生观、价值观的非常时期。育德中学军事化的生活，对后来的彭雪枫举止、性格的影响是不言而喻的。后来他从军衣着整洁，表情严肃，乃至批评人时的严厉，都会从这里找到一些蛛丝马迹。

课余去图书馆，《雨丝》《新青年》等刊物别具特色的封面设计，一下子就吸引住了他。他打开一看，不禁被耳目一新的内容所打动。

第一次知道了一位来自江南水乡绍兴，名叫鲁迅的作家。

他的现代白话文《阿Q正传》，文字新奇，结构独特，特别是主人公的"精神胜利法"，让彭修道在心灵的回音壁上久久回荡，深刻地感受到民族的劣根性，时代的沉闷与社会的压抑。

河北乐亭人、北大教授李大钊，是共产党的创始人之一。"试看将来的环球，必是赤旗的世界"的铮铮誓言，如咚咚战鼓敲响了

彭雪枫在育德中学读过的《新青年》杂志，从此，他开始接触马克思主义和进步思想。

育德中学时期的彭雪枫。

彭雪枫(右一)和育德中学同学合影。

彭修道沉睡的心灵。《共产党宣言》对将来的预言,更坚定了彭修道的信心。

还有号称"中国文艺复兴之父"的胡适。

他宛如一只辛勤的小蜜蜂,飞入了色彩斑斓、芬芳扑鼻的百花园……

阳春三月,桃花灼灼,杨柳依依。

一个星期天上午,修道领着弟弟彭修敏去看望忙公务的五叔。

沿街两旁,高大巍峨的城楼、古朴厚拙的城墙、小贩高声吆喝的叫卖声……繁华的市面,让熙来攘往的小脚女人和孩童们兴奋地指点着、谈论着……可是,一转弯,就让彭修道皱起了眉,只见城楼下一个个皮包骨头的黄包车夫拉着破旧的车子,从眼前缓缓而过,一个,两个,三个……

"哥哥! 看那个人!"彭修敏手指着前面几米外一个衣着破烂、面黄肌瘦,看样子只有十多岁的男孩,他正站在自己的车旁,呆呆失神……

彭修道心里一阵发紧,他拉着弟弟的手,走上前去。

"你是哪里人,小兄弟,为什么这么小就出来了?"

"家里穷,没办法。"

……

彭修道想到自己14岁那年辍学在家的经历。望着耸立在眼前的高楼大厦,阔佬们出出进进,彭修道咬咬牙关,把准备坐车的钱全部给了小车夫。

天有不测风云。

爱才的五叔因对彭修道偏爱了一些,婶子和姐姐有点吃醋了,五叔感到了极大的压力,为了息事,无奈之下,被迫中断了对彭修道的供给。

命运又一次考验年少的彭修道。远离家乡的他,失去了五叔的帮助,谁还能伸出援助之手呢? 他茫然了,暗暗地流下了伤心的泪水。

心理学家分析,人在三种情况下容易落泪:一是痛苦,二是受委屈,三是伤心。

"怎么了? 彭君,这几天看你上课无精打采的,眼睛红红的?"

"彭君,有什么困难,说出来,都是同学嘛!"

……

由于彭修道在学校成绩突出,为人仗义,威信极高,同学们亲切地叫他"彭君"。

彭修道垂下头,嗫嚅着把事情的来龙去脉说了一遍。

"嗨,这算什么,人非草木,孰能无情?古人还路见不平拔刀相助,何况咱们还是同学呢,今天你遇到了困难,大家帮一把,应该!"一传十,十传百,班级同学纷纷伸出援助之手。

富有爱心的余校长闻讯后,当即决定让彭修道课余到育德小学教课,每星期7小时,每月10块大洋。

就在这时,城内传来了令人兴奋的消息:曹锟、吴佩孚掌控的北京政府,被冯将军率军推翻了,失魂落魄的末代皇帝溥仪也被逐出皇宫。

消息传来,全校一片沸腾。

原来,在1924年9月直系军同张作霖的东北奉系军爆发了第二次战争。战争总是血腥的。富有正义感的冯将军不愿看到血流成河,遂率部从古北口、密云前线挥师京城,发动了政变。并把自己的军队改为革命军,以告别过去。

冯玉祥向远在广东的孙中山发出邀请。深谋远虑的逸仙先生,抱病再度出山。

1924年12月31日下午,北京。

凛冽的寒风越过燕山山脉,肆意地掴着行人的脸。铅云,在低低地徘徊着。街头人头攒动,军人、学生、工人、孩子……彩旗招展,欢呼声此起彼伏。来自各界的代表,手执自己的横幅大旗,层层叠叠,上面赫然写着:北京大学热烈欢迎逸仙先生!民国万岁!……

在火车站不远的前门大街,来自育德中学的代表队伍格外醒目,一丈有余的红布横幅上有一幅小小的白色耶稣像,下面写着:民主共和万岁!

中西合璧,令行人驻足。

彭修道也在队伍中。他,齐刷刷乌黑的短发,像野草刚刚冒出,显然是刮过光头不久,这和同学们没有两样。厚厚的黄色棉大衣,柿饼般大的纽扣,光亮如玉,这是西北军的军服。寒风中,英俊刚毅的脸上写满了激动、期待,口中不停地喊着……

一会儿孙先生就会出现在眼前,此刻,彭修道的内心开始翻滚起来:这个送清王朝入土的伟人,他的风采如何?他那扭转乾坤的巨手,还能挥去盘绕在穷人头上的乌云吗?

孙中山终于来了!

"五卅惨案"发生后,北京各界群众
走上街头,举行游行示威。

下午四时许,在护卫人员的簇拥下,孙中山在充满东方贤淑端庄气质的夫人宋庆龄女士的陪伴下,走出车站。

他一袭黑衣,脸色苍白,将近花甲之年的他,显得有气无力。目光缓缓地环视一下群情激昂的民众,挥一挥手,便钻进了黑色锃亮的轿车,在如山摇地动般的声浪中渐渐远去。

抵京后的孙中山,忙忙碌碌,却不幸于 1925 年 3 月 12 日,因肝癌在北京协和医院去世,享年 59 岁。弥留之际,他抱憾地留下"革命尚未成功,同志仍需努力"的不朽名言。

这位民国之父,以其屡败屡战的精神,感召着一批革命志士,终于颠覆了两千多年的帝制,这是他载入史册的最大功绩。

他提倡的民生(什么是民生? 民生就是人民的生活,社会的生存,国民的生计,群众的生命。——孙中山语),直到 21 世纪的今天,还是共产党人给人民谋福祉的理念。大小媒体,"民生"二字出现的频率最高。

噩耗传来,山河呜咽,举国同悲。育德中学的全体师生佩戴黑纱,深切哀悼。祸不单行。正当国人悲痛之时,震惊中外的"五卅惨案"发生了。

1925 年 5 月 30 日,上海工人、学生为抗议举行游行示威,遭到英帝国主义者的枪击,造成数十人伤亡。一石激起千层浪。愤怒的火焰迅速燃遍全国。中共立即号召上海举行工人罢工、学生罢课、商人罢市的"三罢"斗争,抗议帝国主义的野蛮行径。消息传到北京,在北大教授李大钊的组织下,20 万群众冒雨走上街头。

育德中学也不甘落后。成立学生会,一致推举彭修道为学生会会长。

他组织张维翰、牛连文、赵子众、郭英等同学早出晚归,到学校附近的团河、黄村张贴标语。雪白的纸上写满了愤怒的心声:

打倒反动军阀!

帝国主义滚出去！

同胞们，团结起来！

……

初夏的阳光炙烤着，杨柳纹丝不动，彭修道大汗淋漓，站在主席台上，望着台下愁苦的脸，大声地说：

"当下，虎狼当道，山河破碎，吾四万万同胞生活在苦海中，牛马不如，政府当局视国民生命如草芥，上海滩上血流成河，一日不除豺狼，国无一日安宁。"

"父老兄弟姐妹们，团结起来，打倒帝国主义！"

……

彭修道举起拳头，台下群情激昂，振臂高呼。人群中一个穿白褂子的中年人，颔首微笑，掌声格外响亮。

原来，一个月来，彭修道积极的身影，富有鼓动、文采感人的演讲，令同学们深深折服，消息传到北京团地委书记唐从周那里，他慕名前来聆听，果然名不虚传，唐从周站在阳光下，深深地被感染了：

"彭修道的确是一位不可多得的优秀青年！"

步行回学校的路上，稳重的唐从周，望着彭修道，低低地用深情的口吻说："修道同学，愿不愿意加入共青团？"

"当然愿意，团是党的后备军，党为天下穷人谋利益，只是恐怕我不够格……"

"谦虚了，中国正需要你这样的优秀青年，我批准你加入！"

"太好了，我愿在团的领导下，为同胞谋福祉！"

"散兵游勇，容易被敌人一一击破，小溪只有汇成江河，才能冲毁堤坝。"两颗滚烫的心靠在了一起。

共产主义青年团，宛如一把熊熊燃烧的火炬，把彭修道的心照亮了。

拜堂之日，不知去向，夜色中，偷偷跑了

1924 年 12 月隆冬的一天。

晨曦中，湛蓝的星空刚刚苏醒过来，第一缕阳光，轻轻地亲吻着青青的麦苗，淡淡的白雾像仙女的袖纱，缠绕在村庄和田野的脖颈上。

一队娶亲的队伍，簇拥着披红挂绿的花轿，吹吹打打走向七里庄。

小花轿颤颤悠悠地被抬到村西头"六德堂"大门口，顿时，"雷子炮"和百

响挂鞭响天震地,唢呐齐鸣,两位花花绿绿的伴娘迎了过来,掀开帘布,只见蒙着红盖巾的新娘,窈窕身材,纤纤玉手,皮肤白皙,彩绸袄鲜艳夺目。

新娘是邻村的,叫和秀芹,芳龄17岁,十里八村数得着的。人不仅长得美,而且心灵手巧,绣花织绸,样样在行,可谓伏牛山下一朵含苞待放的鲜花。地主子弟差使的媒婆踏破门槛,也没打动姑娘的心。可自从七里庄的姨奶提到彭修道后,姑娘的芳心宛如平静的水面,荡起了圈圈涟漪,粉白的脸上淡淡地泛起两朵红晕。

姑娘的默许就是同意。父母看在眼里,喜在心上:姑娘真有眼光啊!

花好月圆的夜晚,她常常一人坐在窗前,满脸娇羞地一针一线绣出了两幅鸳鸯戏水枕巾,等着出嫁那天带去。

她早已把一颗芳心和年少才俊的彭修道紧紧地拴在了一起。

……

彭汝澜、彭延泰、王氏笑呵呵地站在门外,应酬着前来看热闹的乡亲们。

新娘下轿,要拜天地了。可新郎呢?竟然是彭修道的表姐。

新郎彭修道早跑了!

原来,这年冬季的一天,正在育德中学求学的彭修道,突然收到一封家信,信上说爷爷病重,危在旦夕。

接到信后,彭修道心如刀割,立即请假,风尘仆仆地赶回来了。

可是,一到家,彭修道如坠五里雾中。只见爷爷,笑逐颜开,一点也不像有病的样子。仔细一问,原来小时候定的娃娃亲,女方的父母不断催促。情急之下,彭延泰便谎称父亲病危,让彭修道千里迢迢地赶回来。

……

饭桌上,彭修道低着头,一声不吭,问了半天,才嗫嚅道:

"爷,孙子正在求学,您不是从小就教育我,国家国家,先有国后有家吗?"

"理是那个理,要知道,庄上和你一块长大的,都娶妻生子了,过一年大一岁。男大当婚,女大当嫁。叫你回来,圆了房,大人们也省心了。"

彭修道自小敬畏爷爷,不好意思再说什么,愣了一会儿,冷不丁地冒了一句:"这事不中!"

"不孝有三,无后为大,你再说一句!"彭延泰脸色一沉,放下碗筷,忽地站了起来,"万事俱备,就等明天拜堂了,现在退亲,你让我们的老脸往哪儿搁?你对得起你西庄的和大伯吗?"

"我与和家姑娘从没见过面,相互不了解,怎么结婚?再说,好男儿志在四方,书还没读完,我不愿意过早成亲,让家室拖着手脚……"倔犟的彭修道,举出许多道理,试图说服父亲。

知子莫若母。王氏看在眼里,已明白儿子的心思,温语规劝道:"隆兴啊,人家和家闺女,除了不识字,心地、模样、针线活儿,哪一样不好?世上没有十全十美的人,你就将就点吧!"

大人们好话说尽,彭修道就是不松口,看儿子这么犟,辜负了长辈的一片心意,王氏不禁眼泪落下来。彭修道是个孝子,看到母亲如此难过,自己也不好受,便退了一步,暂时答应下来。

……

晚饭后,彭修道走出屋外,徘徊在竹林的小径上。

终于和日思夜想的亲人团聚了,只是爷爷髯须皆白,身体明显苍老了……可怜天下父母心,父母是疼爱自己的,如果不同意,会令他们伤心……可是,自己已经发过誓了,要把自己的一切交给党,如果结婚成家,不能挣脱习俗的羁绊,又怎能带领别人去打倒旧世界呢?……

他长长叹了口气。

遥望深蓝色的夜幕,每一颗星星,都发出自由而温暖的黄光;远处,影影绰绰的村庄,像草原上的夜行人,孤独地沉思着。一阵凛冽的寒风吹来,竹林沙沙有语,似乎在嘲笑他。

"不行,我要离开!"

于是,就在这个夜晚,乘着浓浓夜色,夜半时分,彭修道离开了故乡。

回到学校后,他给爷爷、和秀芹各写了一封信,再次提出退亲。彭修道以为此信一去,就万事大吉,不料,和秀芹却是个刚烈女子:

"嫁出去的姑娘,泼出去的水!我和隆兴的亲事,十里八乡谁不知道?他想退就退了?……"

认命的和秀芹苦心守候,1944 年 9 月,彭雪枫血洒豫东以后,她还尽到儿媳的义务,默默地伺候着公公。

解放后,原新四军四师政治部主任、已是河南省委第一书记的吴芝圃,把彭延泰、和秀芹接到郑州,彭延泰担任河南中医学院名誉院长,和秀芹也未改嫁,孤苦一人,默默地度过了余生。

造成和秀芹空帏寂寞、孤独一生的悲剧,九泉之下的彭雪枫没有想到,和秀芹也没有想到。这是后话。

塞外清风,磨砺了一颗稚嫩的心

五卅运动,在燃烧着。游行的呼声,飘荡在大街小巷的角角落落,斑驳的城墙上到处贴满了标语:打倒奉系军阀! 废除不平等条约!

直、奉等军阀惶惶不安。在帝国主义的支持下,张作霖、吴佩孚、阎锡山、张宗昌等组成"讨赤联军"。形势剑拔弩张!

1926 年 1 月 1 日,冯玉祥通电下野。革命军撤退至西北,育德中学也随着撤出。

3 月 28 日下午,细雨淅沥,西直门火车站。

油渍满身的蒸汽列车,喘着粗重的白气。一队队衣着整齐的士兵,在白雾中穿梭。一群群惊慌失措、大声嚷嚷的育德学生,拥向车厢的门口。

"同学们,不要乱走,按车厢号上车! 保持队形!"彭修道表情凝重,手持校旗,大声地喊着。

此时,校长余心清无心校务,丢下一副烂摊子,漂洋过海,到美国去了。

学生会成了学生们的主心骨!

3 月的北中国,春寒料峭。夜晚,车厢内寒风飕飕,彭修道和其他几位同学及时送来馒头、开水、咸菜……入夜,他又打着马灯,细心地察看同学们冻着没有,掖掖被子,盖盖衣服……

三月三十一日晨车到张家口,晚上又开车西行。半明半晦的月光娘娘代替了太阳"缪斯"来执掌太空。甫出张家口所走的一节道路多半一边是峭壁似的高山,一边是绅带般的河流。忽暗忽明的月光洒在水里,破碎的银子似的,撵着我一块向前跑。车走慢时河流的刷刷之声与火车的轧轧之声相和。我站在车门之外,昂首看看险恶的峭壁,我害怕它;俯首看看温和的河流,以及随流追着我们的月光,那柔顺而妩媚的月光! 我怜伊,爱伊,不忍离伊;知趣的春风,吹得我的鬓发飘扬,心旷神怡,神经爽然。这时的我呀,爱怜世上的一切,同时又忘掉世上的一切!

这是彭修道 1928 年 3 月发表在《国文周刊》上《塞外琐记》中的一段文字,真实地描述了当时在列车上的所见所感。

文字流畅轻灵、细腻婉约,凸显了 20 世纪 30 年代文坛新潮派的风格。

"我们终于到喽——"人群中发出一阵欢呼声,几天后,列车长长嘶鸣着,放慢脚步,于 4 月 1 日晚到达绥远的归绥(今天的呼和浩特市)新城。

归绥是绥远的省城,由新城和旧城组成。1928 年设省后为绥远的省会,1954 年改称呼和浩特市,远远望去,宛如绿洲中的一叶扁舟。

初来乍到,最吸引彭修道的是,在这个苍茫的大草原上,回荡着一曲曲缥缈苍凉的草原之歌:

"患难的朋友情最真,陈年的老酒哟,啊哈嗬啊嗬……味道最醇。"

辽阔的歌声,仿佛不是对人唱,而是对天唱、对地唱,唤起宇宙、大地的灵魂,勾起了游子思古之幽情。

实际上,这是牧人的灵魂与天地的对话!

蓝天、白云、小溪,洁白的蒙古包,成群的牛羊,如茵的草原,彭修道想起读过的《敕勒歌》:"天苍苍,野茫茫,风吹草低见牛羊……"

学校一直处于混乱之中。

闲暇之余,彭修道和同学们谈古论今,漫游各地,体验异域的风土人情。

"一去紫台连朔漠,独留青冢向黄昏。"大诗人杜甫的怅叹,让彭修道心仪已久。一个碧空如洗的丽日,彭修道约同学郭英等凭吊了仰慕已久的王昭君青冢。

随后的日子,他们看戏,逛庙会。台上咿咿啊啊、盛装艳服的蒙古族演员,吸引了方圆几十里外的牧人……

台下熙熙攘攘,黑压压站满了形形色色的观众:有衣着光鲜、骑着高头大马的,有破破烂烂、挤在人群中踮脚的……啊,这和故乡看庙会一样,有钱的纵情游玩,无钱的眼巴巴地看。

初春的草原,风还有点硬,戏中,黑脸白脸的程式化表演,大团圆式的结局,似乎是预料之中的,成了积淀在老百姓心中的心理风景,渗透着民间的价值取向。

青春的心灵沐浴了塞外的民间文化,也感受到人间处处是乌鸦黑:

我想,咱们人类,无论怎样劳辛,势必得有点娱乐相调和,也不至于感到人生的无味。然而现世界,多半又是相反!做工的成年成月得不到休息的空儿;享福者彻年彻月的淫乐,不受一点儿的累,天地般的悬殊!这怎能会不激起阶级意识呢?

在《塞上琐记》中,彭修道这样感悟道。

一颗直面人生与现实、敏感而成熟的心!

就在这时,传来令人震惊的消息——

8月15日,国民军作战失利,溃败南口,撤向绥远五原。兵败如山倒,不久，绥远被晋军占领，国民军又西迁包头，育德学校的师生也随军至包头。旋即，革命军又撤出包头。

军官子弟生走了，无心久留的老师走了，漂泊的学校像一个被父母丢弃的流浪儿，处在流离颠沛的状态。不得已，彭修道和学生会的同学商量后，怀着一丝希冀，带着剩下的二百余名学生又返回了归绥，暂住在一座破败的喇嘛庙中。

那破庙年久失修，夕阳残照中，晚风呜咽，乌鸦悲啼，让人心生无限的凄凉。

生活没有着落，他们只好与喇嘛相依为命。

"从北京出来，就没消停过，什么时候是个头啊？"

"吃没吃，穿没穿，时间长了，那还不冻死啊！"

……

听着一声声愁容满面、目光呆滞的同学们的叹息，彭修道内心翻起无限惆怅，是啊，举目四望四面黑，路在何方？中午时分，一个个同学端着饭碗唧唧喳喳向前院走去，彭修道没有心情，呆坐在一边。

吴清海走过来说："走，修道，借酒浇愁去！"说着，拉起彭修道、王志远、赵子众等八人，说说笑笑来到了城边的一家清真饭馆。

也许是羁旅异乡的无定，也许正是热血沸腾的年龄，酒酣耳热之后，几分醉意的路庭训涨红着脸结结巴巴地说："同窗一场……不知日后……何去……何从，不如……咱哥儿几个……来个桃园三结义，结拜为……弟兄，如何？"

话音刚落，面容清瘦的郭武林端着酒杯站起来："在家靠父母，出门靠朋友，这兵荒马乱的年月，互相有个照应。"

"我愿意！"

"我赞成！"

大家纷纷站起来，慷慨激昂，七双滚烫的手已紧紧地握在了一起。

就剩下彭修道还坐在那里。

"中是中，但不能哥们儿意气，不分好坏，两肋插刀！"彭修道缓缓站了起来，若有所思地环视一周，"咱们结拜弟兄，不能光想着自己，要想到天下穷人，我从小就仰慕岳飞，精忠报国，做一个有抱负有理想的热血男儿，建功立业，不枉此生！"

"说得好！说得好！"

接着，八人按古代结拜仪式，互相敬酒施礼，然后以换帖的方式，按年龄顺序结成金兰之交。

"世间最美好的东西,莫过于有几个头脑和心地很正直的严正的朋友。"
(鲁迅语)

青春的激情在燃烧,在飞扬,草原的天格外蓝了,破庙也似乎可爱
了……

南方的北伐军势如破竹,国内一片欢呼。彭修道利用此机会,向绥远督
办商震提出交涉。

商震,1888年出生于河北保定,17岁入保定陆军学堂。期间结识冯玉
祥,并在冯部任职,后来投靠阎锡山,得到重用。

在商震的办公室内,彭修道不卑不亢,娓娓道来:

"商将军,西北草原民风淳朴,广大同胞渴望安居乐业,贵部也做到了不
扰民,受到拥戴……我想,冯将军您是了解的,扶持教育,深得民心……何况
我们都是一群正在求学的娃娃,无力养活自己,还望将军多多体谅!"

商震靠在太师椅上,眯着眼,不时地微微颔首,突然,他睁大眼睛,问了
一句:

"你家长是谁?"

"彭禹廷!"

"哈哈,彭锡田啊,我知道,我知道……"

望着这群后生,最后,这位昔日冯玉祥的部下,感念往昔,慨然答应解决
路费。

这晚的月光,特殊的皎洁;由丛林中透出的白线,缠着了车中的我们。
火车也特别的快,小站也不停留;好像火车已经体会出我们归心似箭的意思
了吧? 都含着微笑的期待,期待次日的抵京! 久别重逢的北京呀! 我们见
面有日了!

几个月的身心疲惫被激动、喜悦之情一扫而光。在回京的路上,青春的
心灵宛若在寒冬中遇到小阳春,轻松,微甜。

游子回乡的心情啊!

光焰万丈,汇文燃烧青春

9月下旬的一天,北京,汇文中学。

阳光灿烂,鲜花怒放。

汇文中学旧址。

古朴别致的教学楼三楼,靠东头的三间明亮教室里,国文教师在讲台上大声朗读着王安石的《游褒禅山记》。

一抹金色的阳光探头探脑,越过紫红色窗棂轻轻地吻在了靠窗的一个学生身上,只见他神情专注,不时地记着笔记,精彩之处,棱角分明的脸上会漾起一丝笑意。

他,就是彭修道。

从塞外归来,因育德中学停办,彭修道和同学们过着失学的日子。后来得知,原来育德的教务长周祝三老师,此时任职于汇文中学,在周老师的帮助下,彭修道顺利转入汇文中学读书。

人生充满了偶然,而偶然中有必然。彭修道在育德中学的出色表现,像一支多彩的笔,画满了周老师记忆的底板。美好的记忆,让周老师毫不犹豫尽己所能。

而更令彭修道激动的是,就在这时,让他为之奋斗的党,决定让他担任汇文中学党支部书记,同时,他还被任命为东城区地下党负责人之一。

想到伟大的党,他不禁思绪翩翩,心潮澎湃,记忆的车轮仿佛又转回到了塞外……

汇文中学时期的彭雪枫。

那是一个黑漆漆的夜晚,凄厉的北风,呼呼地刮着,草原的夜晚披上一层深邃、神秘的面纱,远处牧羊狗的叫声,增加了夜晚的寂静。古庙内,灯光暗淡,同学们疲倦地躺在一起昏昏入睡了,修道捧着一本《宋词选》在灯光下认真地看着,忽然,门口传来一声轻轻的呼唤:"修道,修道……"定睛一看,原来是育德中学教地理的刘老师。

"刘老师,这么晚了,您怎么来了?"修道从床边走过来,小声问道。

"走,到外面说。"说着,刘老师神秘兮兮地拉着修道往外走。

走到墙角处,他停下来,举起右巴掌,伏在彭修道耳朵旁道:

"告诉你一个好消息,你被批准为中国共产党党员了!"

"真的吗?"

刘老师笑着点点头。

"太好了!"

……

望着刘老师远去的背影,修道的眼睛模糊了……他想到幼年时像岳飞一样的金戈铁马报效国家的梦想,想到北京育德校园内指点江山、激扬文字的岁月,冥冥之中,仿佛有一双温暖的大手向他伸来了……

仰望沉沉夜空,繁星点点,银汉横斜,诡秘的星星在悄悄地倾吐着心里话,仿佛为修道喝彩,为他祝贺!

这是 1926 年 9 月 2 日的夜晚。

彭修道失眠了……

汇文中学,位于北京老城崇文区船板胡同,创建于 1871 年,是一所由美国人刘海兰创办的教会学校。祈祷的文辞,常常见于灰色的校园墙壁上,师生见面,表情温和,彬彬有礼。连走路都有点小心翼翼的……浓浓的宗教氛围裹着一颗颗青春的心灵。洁净的校园内,鲜花丛丛,古槐参天,静谧宜人。

这是一所古老而美丽的校园。

周末。傍晚。斜晖抹抹。

彭修道和王志远、郭武林几个好友说说笑笑,从北楼出来,去图书馆看书。北楼紧挨教学楼,是一座旧楼,楼内灯光暗淡,灰褐色的墙体斑斑驳驳,点缀些泥污。家庭经济紧张的同学住在此楼。穿过一条弯弯曲曲的石子小径,是一条马路,只见一辆辆乌黑锃亮的小轿车大摇大摆地横冲直撞,喇叭声此起彼伏,刺耳逼人。

"这帮浑蛋,到校园内扬威,哼!"王志远愤愤地骂道。

彭雪枫（前排右一）和同学
王志远、郭武林、赵蓬如合影。

今日汇文中学校园内谢戡和
唐耀昆两同学的纪念碑。

这是城内有钱有势的学生家长来接孩子回家过周末的。这些学生大都住在西楼，西楼是座新楼，四周鲜花簇拥，芬芳扑鼻，在校园静僻的一角。

"军阀混战，民不聊生，地主、资本家恶意剥削劳动者，天下四面皆黑，校园也不干净啊！"彭修道长叹一声。

……

图书馆内，灯火通明。

一排排木椅子上端坐着一个个熟悉的身影，仔细一看，大都是北楼的学生。彭修道喉咙噎了一下，一股复杂的东西涌上心头。

他慢慢地翻开《汇文校刊》，忽然，一个醒目的标题——"驱逐鞑虏声讨罪行为国请命，谢戡唐耀昆两君热血洒京城"让修道大吃一惊，细细看去，原来，在1926年3月18日，北京总工会等团体和学生5000余人，在北京举行大会，抗议帝国主义的罪行，遭反动军警的血腥镇压，死伤200余人，史称"八一三"惨案，而在亡灵中就有汇文中学的谢戡和唐耀昆两同学……

自由之代价，血与泪也！彭修道感到胸中憋闷，一股悲愤潜滋暗长。他不禁为汇文的大勇而赞叹。

夜深了，楼梯内传来清脆的铃声。闭馆了。

同学们谈笑着，三三两两走出图书馆。

"修道，我看你一会儿眉头紧锁，长吁短叹，一会儿笑意微微，连连点头。又想什么了？"在校园深处的小径上，郭武林好奇地问道。

"谢、唐让我敬佩！我想这样做……"说罢，朝郭武林耳语一番。

"修道总是超前一步，我赞成！"

"你们两个在嘀咕什么呀？"王志远凑过来。

"哈哈哈……"

两天后的一个中午，学校食堂门口。

一张醒目的红纸黑字海报，吸引了端着饭碗的过往同学：

汇文学艺读书会入会启事

本会同窗热爱读书，喜爱文艺，为开阔眼界，愿与有志于吾国传统文化之发展，文学事业之传承的同窗志士切磋技艺，共谋同长。男女之生，皆为欢迎之列。

地点：北楼302房间
联系人：王志远
民国十五年九月二十二日

不久，一些热心的学生纷纷加入。王志远、郭武林为正副会长，彭修道暗中指导，学校的地下室、校园亭子里，留下他们串串坚实的足迹。

一个周末的黄昏，阴云密布，细雨淅沥。

七八名会员如约来到公园的小亭。早早到来的彭修道，把刚刚出版的中共机关办的《向导》周刊拿出来，轻轻地朗读起来："诸君，秦朝农民起义将领陈胜有句名言——王侯将相宁有种乎？我们都是父母生，为什么地主老财、资本家作威作福，而穷人干受罪？根源就在于这是个不合理的社会！"

修道声语激切，愤怒的拳头在空中挥舞着。

一群激情燃烧的青春少年，畅谈理想的人生，抒发少年鸿鹄之志。中国古代知识分子"先天下之忧而忧，后天下之乐而乐"的传统品格，天下兴亡、匹夫有责的爱国情怀，中国古代大同思想、西方空想社会主义理念，激发着那一代青年的忧患意识，与青春、热血、责任、使命熔铸在一起……

历史总有扑朔迷离的地方。

2008年金秋时节，笔者前往汇文中学采访，在校档案室，当笔者带着一丝好奇，打开发黄的校友录浏览时，结果让笔者大吃一惊，在密密麻麻的名字中，根本就没有彭修道这个人！

但学校确实有"雪枫班"，校园中还有其塑像。

带着一丝疑团，笔者走访了学校相关人士，回答是："可能改名了，他是地下党，隐蔽很深，但在汇文的经历是真实的……"

美丽同窗,莞尔一笑,拨响了彭修道的情感之弦

　　十八九岁的年龄,正是激情勃发、青春萌动之时,彭修道也不例外。这时,一个身材婀娜、皮肤白皙的女孩,走入了他的视野。

　　她,叫李桂敏。

　　在育德中学时,他们是同学,后来又一起转入汇文中学。"巧笑倩兮,美目盼兮",加上相似的经历,使两颗火热的心迸出了爱情的火花。

　　月上柳梢头,人约黄昏后。

　　初秋,幽静的公园深处,清风徐徐,树影摇曳。初次约会,气氛显得有点沉闷,两人都低着头,默不作声,而心里仿佛都揣着一头小鹿,咚咚乱跳。初恋的少男少女啊!

　　小路两旁,杂草的芬芳和着泥土的潮湿气息,交织在一起,蒸腾着,荡漾着,沁人心脾……

　　"桂敏,你对眼下局势有什么看法?"彭修道清了一下嗓子,首先打破沉默。

　　李桂敏一听,把头扭向一边。

　　"彭君,你说这菊花好看吗?"

　　女孩子对政治总是不太感兴趣,爱美则是她们的天性。也难怪,自己上

彭雪枫亲属和汇文中学"彭雪枫班"的师生在一起。

今天汇文中学校园内的彭雪枫塑像。

来就是一个大话题，的确有点突兀，彭修道不好意思地挠了一下头，随口道：

"当然好看，只是……"

"只是什么？快说！"李桂敏扭过头来，追问道。

"只是秋天来了，好景不长啊！"

"你说话总是带哲理似的……"李桂敏撇了一下嘴。

"呵呵，好、好，不谈这个，不谈这个，说一下文学。"彭修道苦笑地摇摇头。

李桂敏娇嗔一笑："这还差不多！"

……

两人走出公园时，已是月上中天，星斗闪烁。

慢慢地，彭修道和李桂敏约会的次数多起来，月光下、小河旁、树林里……都留下他们爱的足迹。

彭修道如浴春风，徜徉在爱意的海洋里。

交谈中得知，李桂敏的父亲是一家食品厂的工人，母亲是个家庭主妇，上面还有一个哥哥，全家四口靠着父亲微薄的收入生活，日子过得紧紧巴巴。但她的表叔是西北军的军官，不忍看侄女辍学，在表叔的坚持下，父亲勉勉强强送李桂敏上了学堂。不上则已，一上则一发不可收拾。谁说女子不如男，李桂敏学习之余，还到别的人家打零工，减轻家庭负担……

的确是一个让青春少男心仪的女孩！

1926 年，风起云涌的一年。

北伐军节节胜利。10 月底，北京大、中学学生在中共北方区委和李大钊的领导下，掀起响应革命的风潮。

汇文中学的学生，在彭修道的组织下，走上街头，声援如火如荼的革命，不料，刚出校门，就遭到校长高凤山和学生会会长的拦阻，修道立即决定组织罢课。学生像浪潮一样涌向校长办公楼。

"罢免学生会长！"身材高大的王志远站在最前面。

"罢免学生会长！"

……

呼声如波，一浪高过一浪，回荡在校园中。

"同学们，学习是第一要务，请诸君辨清方向，回去吧！……"一袭长袍、架着一副茶色眼镜、神情漠然的高凤山正欲转身，一个激昂的声音从人群中传来："请校长大人等一等！"大家纷纷闪开，一个浓眉大眼、目光威严的学生走了出来。

"校长大人，学生读书学习，天经地义，可是，山河破碎，列强走狗横行霸道，吾同胞生于水深火热之中，学生安能学习耶？为国请命，自古皆有，戊戌君子，五四志士，凡有良心的中国人，能熟视无睹国家的惨状吗？同学们，答应不答应？"

彭修道满眼怒火，逼视着耷下脑袋的高凤山。

"打倒反动军阀！"

"驱逐帝国主义！"

……

学生会长终于被罢免了，校园里一片欢腾。

人群中，彭修道看到一个熟悉的身影——李桂敏。

10月的香山，层林尽染，一片火红的海洋。

香山，位于北京西郊，属燕山余脉，因秋日红枫漫山遍野而闻名。解放后著名散文家杨朔的散文《香山红叶》更使香山蜚声中外。中山先生的灵柩曾停放地——碧云寺，安卧在山脚下，加重了来往游人的历史感。

一个阳光明媚的周日上午，彭修道和彭修敏从西直门乘坐牛车，前往香山游览。

碧空、白云、清风、群山……望着眼前动人的美景，彭修敏欢呼着，奔跑着……彭修道也被深深地吸引着，在层峦叠嶂的山坡上，但见游人如织，前者呼后者应，笑声回荡在山谷中。

在一片高大的枫树林中，两人累了，席地而坐，斜靠在一起休息。

"哥，唐朝有个诗人写过一首枫叶诗，叫什么？"

"呵呵，那是杜牧的《山行》……停车坐爱枫林晚，霜叶红于二月花。"

"无边无际的枫叶真美啊！"彭修敏赞叹着。

"是啊，古人有悲秋的传统，秋天一片萧瑟，花木凋零，文人就伤感不已。但这红枫则相反，越到深秋，颜色越美，像一个饱经风霜的长者。雪花飞舞的时候，万木枯萎，只有它显得那么迷人，它的品格那么高洁，令人敬仰……"彭修道一边说着，一边站了起来。

修道，暮气沉沉，雪枫，多么闪亮的字眼，要是叫雪枫……鲁迅不是有几十个笔名吗?

彭修道眉头紧蹙,在林子里来回踱着,思忖着……

"哥,在想什么呢?"

"我把名字改为彭雪枫,好听吗?"

彭修敏"嘿嘿"一笑,接着,空谷中传来长长的回音:太——好——听——了——

只是名字正式被改为彭雪枫,是 1930 年被中央派往鄂东南途中的事了。名字的变化,显示着青年彭修道人生追求色彩的变化。

为婴儿起名,直到今天,仍是中国寻常人家一件很神圣、很庄严的事情,它寄予着长辈对后代的期望、人生走向,多带吉利和希冀的意味。在"天地之大德曰生"的中国,这是一件很耐人寻味的事情。

1926 年冬,寒夜,北京。

寒风呼啸,雪花飘飘。空旷的大街上,行人寥寥,黑糊糊的胡同里,传来老更夫长长的声音——"家家闭户喽——",还有悠长的小贩叫卖声,簌簌的落雪声。老北京的夜空,阴沉沉的,一片死气,窒息的氛围与自然的融会,让一颗颗中国儿女的心艰于呼吸。

一条离前门大栅栏不远的胡同里,几个飘忽不定的身影,在张贴着一张张硕大的标语:打倒军阀! 帝国主义滚出中国! ……

这是彭修道和他的同学们。

"抓住他! 抓住他!"

"叭,叭""噢,噢",突然,一声声杀猪般嚎叫的喊声和刺耳的枪声交织在一起,划破死一般寂静的夜空。

……

声援革命,传播共产主义……在汇文中学期间,生命的火焰熊熊燃烧。他是充实的,理想的火光照亮了这片厚重的土地。但是,校方露出了狰狞的面目,反动政府的爪牙也虎视眈眈,为了安全,彭修道和他的好友们在 1927年初转入北京"今是中学"。

今是中学也是冯玉祥创办的。名字源于东晋大诗人陶渊明的诗句"实迷途其未远,觉今是而昨非"。不久,彭修道即被任命为今是中学党支部书记。

1927 年,是中国历史上鲜血四溅的一年。

初春的北京,笼罩在一片乌云中。

一个暮色阴沉的黄昏，"试看将来的环球，必是赤旗的世界"的中共创始人之一——李大钊，被张作霖逮捕，侮辱和折磨没有改变他坚定的信仰，恼羞成怒的军阀残忍地于 4 月 28 日将这位北大教授送上了绞刑架。

家中留下他的小脚夫人和三个未成年的孩子，长子李葆华在周作人的帮助下去了延安，后成为新中国国务院某个部门的负责人。

4 月 12 日，国民党反动派撕下假惺惺的面孔，挥刀向一个个共产党人的身上砍去，屠戮开始了，顿时，上海滩血流成河……

血腥的空气弥漫在一个敏感的小资产阶级文人朱自清的心灵上空。

一个夏日的夜晚，他独自一人，徘徊在清华园里的荷塘深处，旋即，他写下传颂至今的散文名篇《荷塘月色》，月下荷塘的淡淡喜悦与突变带来的丝丝惆怅，像行云流水一般在笔下流淌。炉火纯青的艺术技巧，让今天的学子叹为观止。

打开中国近代史，国共两党仿佛是一对孪生兄弟，有着深厚的历史渊源和民族积淀。1922 年，中共"二大"上制定的最低纲领和孙中山的三民主义的基本内涵是一致的。但狡猾的老蒋从"中山舰事件"之后，开始与中共反目了，从此，历史上演了兄弟阋于墙的悲剧。

血雾，没有遮蔽共产党人的眼睛。

八一南昌起义时的总指挥部旧址。

1927 年 8 月 1 日，凌晨，南昌。

著名共产党人朱德、周恩来、贺龙、刘伯承、叶挺组织革命军，向反动派打响了复仇的第一枪，从此，开始了武装夺取政权的道路。史称"八一南昌起义"，起义的日子在新中国成立后被确立为中国人民解放军建军节。

8 月 7 日，汉口。

中共召开紧急会议，对党的"一把手"、共产党的创始人之一、北大文学院院长陈独秀进行了批判、撤职，并选举了本色为文人的瞿秋白为继任者。

1934 年 10 月，主力红军长征了，不受共产国际的李德喜欢、此时是苏维埃教育部长的瞿秋白,因患肺病,被无情地留在苏区,随后,在撤往福建的途中被叛徒出卖。在赴刑场的路上,面对瑟瑟发抖的刽子手,他潇洒地转过头来,从容地说道:"此地甚好",而后英勇就义。

而此时,那位改变中国历史的韶山冲人毛泽东,正在井冈山上的密林中和一帮马克思主义的信徒准备点燃星星之火。

这年的 10 月,中共北方区委发动"南郊暴动",彭修道参加了,但最终以失败而告终。

山雨欲来。古城的夜晚阴森森的,大街小巷内,反动军警尖厉的警笛声不时响起,一个个共产党人相继被捕……彭修道的处境已十分危险。

万般无奈,在好友的护送下,他依依不舍地离开了北京。

第三章　另一片天地

你紧紧压住我,黑暗的手,
沉重地在我的心头上停留。
可我要勇敢地给自己戴上花冠,
我发誓要挺着,绝不悲愁。

——魏尔纳·冯·海顿斯坦(瑞典)

浮云遮蔽,生活落魄,卖文为生

深秋,黄昏,天津。

车水马龙的海河路旁边一个小公园内。

暗淡的灯光有气无力,冷漠地望着来来往往的行人。光脚的人力车夫,载着肥胖的阔佬们,大汗淋漓,喘着粗气,向前飞奔。阔佬的汽车喇叭声在耀武扬威,此时,路边的长椅上坐着一位面容憔悴、目光坚定而有一丝忧郁的长发青年。

他,就是彭修道。

望着眼前来来往往的车与人,眼前浮现出一月来的生活碎片……

乌云笼罩的北京城,令人窒息,面目狰狞的黑暗势力时时觊觎着共产党人。无奈,离开北京后暂居在天山路的伯父家,有时,天津、北京两地的地下组织,都要他参加,常常奔波于两地之间。

苦闷之际,唯一能给他精神慰藉的,是李桂敏甜甜的笑靥。

这时,李桂敏一家已回到天津。她过得好吗?学业怎么样?……很久没联系了,彭修道决计去看看。

按照昔日李桂敏的讲述,在一条幽深的巷子里,彭修道停下脚步,迟疑了一下,轻轻叩响了一扇木门,不一会儿,门"吱呀"一声开了。

"您找谁?"开门的是一个头发花白的老大娘,一问才知,她就是李桂敏的母亲。

说起李桂敏,老人难过地低下头,眼圈红了:

"桂敏,她,她不在了……"

"什么?"一声晴天霹雳,让彭修道惊呆了,他结结巴巴道,"这,这不可能……"内心的混乱、惊愕与悲伤,一齐涌来。

"孩子,桂敏病重时,说你是一个好人……"

……

许久,彭修道从悲痛中缓过神来,他难过地辞别了李桂敏的母亲,踉踉跄跄地向回走去。

恋人的离去,给他一个意外的打击。可是,命运就是不公,等待他的,又是一连串的霜和冰。

一个秋雨淅沥的晚上,饭毕,彭延庆沉默不语。

许久,他带着责备的口吻低声地对彭修道说:"家里让你出来,为的是将来有个稳定工作,整天跑来跑去为那个,危险不说,青春年华也容易耽搁呀,图个啥?"

望着双鬓日渐斑白的伯父,彭修道内心翻江倒海:是啊,小时候,大伯在草王庄的教诲,1921年离开七里庄时爷爷的嘱托,母亲的叮咛……往日的一切像电影一样在眼前闪现……可是,党旗下的誓言,又让他头脑清醒起来。

"大伯,常言道,人各有志,既然选择了就不后悔,为大多数人谋利益,我认为值!"彭修道目光坚定地望着伯父说道。

"说得轻巧,食、色,性也,连饭碗都没有,还谈革命,革谁的命?"昏暗的灯光下,文弱的彭延庆,青筋凸起,声调也高了。

"革地主老财、资本家、反动军阀的命!推翻这个腐烂的社会,就是血洒疆场,我也在所不惜!"彭修道有点激动。

"你这娃子怎么这么犟?!"

……

夜深了,路上行人渐稀,枯黄的梧桐叶簌簌落下,发出凄凉的叹息声。彭修道迈着铅一般沉重的脚步,无奈地向租住的小屋走去。

不久,蜚声国内外的《大公报》招聘校对,彭修道怀着无限的热望,兴冲冲地参加了考试，"然而人多和没面子，落选了!"彭雪枫 1942 年 3 月 19 日在给爱人的信中这样回忆道：

　　"文人报国无他物，唯有手中笔如刀。"落难之际，他想到南宋时期流浪街头"奉旨填词"的柳三变，个性偏蹇、爱好文学的彭修道把自己在塞外的所见所闻，整理成文字，起名为《塞外琐记》，满怀希冀地投寄给《国文周刊》。

　　1928 年 3 月 8 日，该刊连续 7 期，刊发了!"漫卷诗书喜欲狂"，看着一个个用心血凝聚而成的铅字，彭修道的眼睛湿润了……

　　全文共 20 小节，《首次出塞》《土人的风俗》《昭君坟》《大青山、焦赞墓、蜈蚣坝》《大同城的迫击炮声》《重过居庸关》等，计 2 万余字。

　　看着这充满生命苍凉和异域风情的标题，不禁令人好奇，让我们走近彭修道，去看一下他在想些什么：

　　我呆呆的河边站着，痴思凝想；好像怀抱着我的爱人，手握着我的朋友；见到世上我所爱之一切的人! 仿佛山也在为我含笑，水也在为我歌唱；杨树为我奏乐，太阳为我击掌了!（《山庙里的小和尚》）

　　静静听去，那牧者的吆喝声，也极幽微的传到耳鼓；间或又听到粗大的马嘶声，极为悱恻的马嘶声! 使我不期然而然吟哦着'塞外草衰，牧马悲鸣'的李陵将军的句子。啊，这是多么生动而悯伤的一幅图画啊! ……（《牧马悲鸣》）

　　此次之游，使我得了不少的见识和感想。像绥远的这些同胞们，山东河南等省，也何止千万? 总是抱着那"宿命论"的传统思想；听天由命，人力不可强的老调! ……（《蒙古牧场》）

　　简洁省净的文笔，抒情的笔调，深刻的生命感悟，流露出 20 世纪 30 年代前后风华正茂的彭修道，对大自然的赤诚、喜爱，对历史、草原文化的认同，对人生、社会的哲理式思索。

　　此时，21 岁的彭修道，对生命的感悟到了一个新的境界。

桑梓情深，丝瓜秧下，与五叔畅叙明志

　　由于大革命失败，国民党趁机大肆搜捕共产党员，再加上在天津生活困难，1928 年的炎炎夏日，彭修道决定回故乡一趟，暂避一下风头。

　　归心似箭。刚走出人声鼎沸的南阳车站，便传来一声熟悉的呼喊："哥! 我是宝兴!"几年不见，快要蹿得和自己一样高的二弟闪入眼帘。

原来,伯父已修书一封,告知家中父亲和弟弟,修道要回来一趟。兄弟相见,话语熙熙,分外亲热。

冷清的街道上,行人寥寥,衣衫褴褛的穷人,四处乞讨。几年过去了,南阳仍是一幅萧条破败的景象。路过卧龙岗时,一队面色漠然的士兵松松垮垮经过,彭修道神情严肃,气愤地说:"中国旧军阀还没有打倒,新军阀又起来了,蒋介石抱着孙中山作招牌来剥削百姓,河南的人民更苦了。"宝兴懵懵懂懂地点着头。

回来了!

站在童年伴读的蟒泉边,但见清澈如镜,潺潺歌唱;清清的竹林,苍翠茂盛,微风拂过,沙沙浅吟。高大的桑树,擎起偌大的阴凉,慷慨地为主人鞠着躬。站在日思梦想的地方,彭修道神思翩翩,忘情沉醉……

只是爷爷更苍老了一些,黧黑的脸膛上刻满了圈圈皱纹……"回来就好,回来就好!"父亲、母亲嘴中喃喃有词,让修道多少有些心酸。正如诺贝尔文学奖获得者、瑞典作家帕尔·费比安·拉格奎斯特诗云:

黄昏降临时我为母亲寻找木头,
那个黄昏我经历什么?
记忆清晰,它不同于所有记忆中的黄昏。
恰是那个黄昏之后我第一次看到星辰。

"隆兴回来了!"消息像长了翅膀,在村中传开了。

夏夜,一弯新月悄悄爬上来。淡淡的雾霭像一条条嫦娥的绫纱缠绕在七里庄的上空。

忙碌了一天的老少爷们儿,光膀赤脚,端着饭碗,摇着芭蕉扇子,乐呵呵地来到六德堂的门口,乘凉聊天。

和秀芹左手掂着一只高粱秆儿锅箅,右手举着一个西瓜,热情地招呼着大家吃西瓜。此时的和秀芹已来七里庄四年了,孝敬父母,关爱兄弟,深受彭家老小的喜爱。只是素有大志的彭修道对这个小脚夫人敬而远之。

"隆兴,讲讲外面的世界,我们也长长见识!"童年伙伴石头,一脸络腮胡,十几年风吹雨打,像个老头似的。

"隆兴,秀芹还等着你呢,还没喝你喜酒呢!"邻居婶子笑嘻嘻地打趣道。

……

彭修道见大家兴致很高,清了清嗓子,深情而伤感地说:"出去几年,外面的世界和家乡相比,一样让人心痛,大城市是军阀头子、资本家有权有钱人的天下,农村是地主老财的天下,天下乌鸦一样黑呀!"

"那咱们穷人永远就做牛做马了?"

"不!"彭修道大手一挥,"人心齐,泰山移,只要大家拧成一股绳,咱庄九十多户人家,推翻两三家地主,那还不是易如反掌?"

"对,隆兴说得对!"有人附和道。

他表情激动,顿了一下,继续道:

"看看咱们北边的邻居俄国人,列宁领导十月革命,人人有面包吃,有喷香的牛肉吃,有甜酒喝,可咱们呢? 劳动一年,不够交租……"

大伙带着羡慕的目光认真地听着。

夜风起了,月儿下去了,杂草中的小虫在悄悄地低吟……

"隆兴,你五叔早回来了,现在侯集区当区长,搞啥'乡村自治',你五叔待你恩重如山,应当去看看!"第二天早饭后,爷爷特意嘱托道。

"真的?"彭修道一阵惊喜,"想不到能在家与五叔相聚。"扔下饭碗,二话不说,便直奔侯集而去。

彭禹廷在西北军干得好好的,怎么回来了呢? 后来的国民党代总统李宗仁,在其回忆录中,这样写道:

据说自民元鼎革以来,豫西的内乡、镇平等七县即以多土匪著称。官兵不时来剿,亦属无效。1921年前后,西北军张之江部有秘书长某,系豫西人。因感于故乡糜烂,盗匪如毛,乃愤然辞职,还镇平县故乡,办理民团防匪。

文中所指的秘书长某,就是彭禹廷。原来,彭禹廷因老母去世,回来奔丧,但看到故乡乌烟瘴气,旋即改变了主意。

彭禹廷的"乡村自治",探索中国发展的新道路,轰动一时,吸引了包括后来著名的晏阳初及东南亚的一些爱国人士。他们不远千里,来到镇平学习。彭禹廷一时成为当时的风云人物。

侯集距七里庄八里地,半晌的工夫,就到了。

在丝瓜飘香、青藤绕墙、桐叶撒凉的院子里,彭修道见到了敬仰的五叔。自北平育德中学解散以后,一别就是几年,今天在故乡相聚,彭修道心情格外激动:

"五叔,这几年你瘦多了,头发也白了,是不是思虑太重了?"

"是啊,子在川上曰:'逝者如斯夫!'生老病死,乃自然规律,谁也无法抗衡啊!"五叔感慨地低下头。

"那更应该抓紧时间,干出一番惊天动地的事业!"彭修道走过来给彭禹廷倒了一杯柳叶茶。

"天行健,君子当自强不息,天下兴亡,匹夫有责,积极入世去建功立业,特别是这个乱糟糟的世道,是每一个热血男儿责无旁贷的事情……"

彭修道微微颔首,神情专注地听着。

"可是,自古以来忠孝两难全啊!你奶奶去世,古人有守孝三年的习俗,连那曾文正(曾国藩)那么大的官也是如此,何况我呢?"

两鬓潜生白发的彭禹廷,呷了一口茶,无奈地长叹一声。

"回来之后,看到杆子横行,官匪勾结,民不聊生,与我走时没有两样,我的心就像被刀割一般。"

点点阳光,透过婆娑的叶子,轻轻地洒在彭禹廷愤怒的脸上,显得俊朗而动人。

"西北军,阎锡山,都是军阀,南京的蒋介石已建国民政府,东北胡子王——张作霖也依靠小日本虎视眈眈,军阀之间得陇望蜀,战争是难免的,与其为别人帮衬、做炮灰,不如自己在家乡搞自治,为乡亲谋福祉,痛痛快快地干一场!"

彭禹廷攥着拳头,奋力地在空中挥了一下。

一只乳白色带黑点的蝴蝶,在丝瓜叶间翩翩起舞。

金色的小蜜蜂也在翁嗡鸣唱。

"我自小就敬重、欣赏五叔的做法,可是,老吾老以及人之老,幼吾幼以及人之幼,天下受苦受难的人,不仅仅是咱们镇平的乡亲,还有全中国四万万炎黄同胞,大家联合起来,革地主老财、资本家、军阀的命,人人有饭吃,有衣穿,有房住,像苏联一样,建立共和,实现大同,那才是真正的共产主义!"彭修道神采飞扬,深情地说道。

"康有为写下《大同书》,孙中山倡导'天下为公''三民主义',到现在不还是这个样子嘛!实现不了,还谈什么马克思的共产主义?都是乌托邦!"

彭禹廷顿了一会儿,瞟了一眼爱侄,继续说道:

"中国现在还是像中山先生说的:一盘散沙。中国人就像鲁迅笔下的人物,愚昧而麻木。小农经济太重,沿海有点资本主义,内地还处在封建社会,官场钩心斗角、贪污腐败,死人拖着活人,我出去这么多年,算是看透了!"

彭禹廷叹息一声,背着手,来回踱着。

"五叔,《晏子春秋》中有句名言,叫'为者长成,行者长至'。我想,只要选定目标,锲而不舍地去做,总有一天会成功的!"彭修道激动的脸上写满了自信。

一阵沉默。

"乡村自治已经搞起来了! 方圆几十里,路不拾遗、夜不闭户,你回来当南区区长吧,我帮着你干!"彭禹廷忽然扭过头来,兴奋地说道。

"回来? 你的地盘有多大? '乡村自治'能解决多大问题?"

……

交谈中,两人分歧很大。

从爱侄的言谈中,他隐约地感觉到,修道有可能是共产党的人了。

"好,你在外轰轰烈烈闹革命,我在家乡为江东父老保平安,来个遥相呼应!"最后,彭禹廷来个顺水推舟。

说完,两人哈哈大笑起来。

晚上,叔侄两人盘膝而坐,听着蚊蝇弹琴,一直谈到东方鱼肚白。

不久,彭修道和南阳地下党的负责人郝久亭取得了联系,一行人一起到镇平北边的乱杈崖、凉水坪等地察看地形,准备将来在此地打游击。

在家乡的日子里,彭修道遍访亲朋好友,把革命的真理传遍每个人的心田。

大雁南归。又是一个金光闪闪的秋天。

簌簌的秋风拂在脸上,已有一丝凉意。无垠连天的青纱帐,送来缕缕清香,飞鸟在金黄的田野里高歌着,盘旋着。

踩着松软的小路,在通往南阳的东岗上,一家人依依不舍地送彭修道回天津。

"隆兴,兵荒马乱的年月,自己要照顾好自己啊!"母亲关切地嘱咐道。

正在话别之际,忽闻身后几声马嘶,彭修道转身一看,只见远处几匹枣红色高头大马"嗒嗒嗒"扬起阵阵尘土,一溜烟飞奔过来。

"吁——"马到跟前,定睛一看,原来是五叔和他的三四个随从。

"我也来为修道送行!"彭禹廷飞身下马。

"五叔,没去向您辞行,别生气!"修道走上前去,歉疚地说。

"见外了。本来,想让你和我一起干,但你有你的抱负,我拦不住你。好男儿志在四方! 开弓没有回头箭! 既然选择了为穷人打天下,就不要怕吃苦,咱七里庄的娃子是好样的!"五叔亲切地拍拍彭修道的肩膀。

一行人缓缓向前走着。

风,轻轻地打着旋儿,卷起干枯的杂草,又轻轻地落下。

到了十字路口。

爷爷颤抖着嘶哑的声音，满脸忧虑地问："隆兴，这回一走，啥时候能回来呀？"

望着眼前的亲人，彭修道眼圈有点红了，顿了一下，抬起头，坚定地说："天地翻身，河水倒流！"

自此，少小离家的游子，离开家乡，再也没有回来过，直至 1944 年血洒豫东大地。

风尘仆仆，辗转于汴京、扶沟、北平

深秋，傍晚，天津，华灯璀璨。

在贵州路的一家"狗不理包子"小店内，两个英俊儒雅的青年倚窗而坐，边吃边说，个子稍高的是育德中学时的同学——山东的张维翰，另一个是彭修道。

这是张维翰为好友返回天津特意安排的洗尘宴。

"修道，此次回乡收获颇多吧？"张维翰兴奋地给彭修道倒了一杯黄澄澄的海河牌啤酒。

"庆父不死，鲁难难平！"

"从何说起？"

"当前，军阀混战，土匪横行，普天之下，没有太平日子，遭殃的是黎民百姓啊！"

窗外的霓虹灯光透过明净的玻璃，轻轻地吻着两张关公脸。

"修道，告诉你个好消息，咱们敬仰的冯玉祥将军在你的家乡河南开封开了一所学校，名字叫训政学院，你猜校长是谁？"

张维翰歪着脑袋，笑嘻嘻地卖了一个关子。

修道微笑着，摇了摇了头。

"余心清校长！"

"啊！"彭修道顿时瞪大了眼睛，惊喜地叫了一声，倏地，脑海中一张慈祥笑脸与育德中学的美丽温馨的碎片连为一起了……

也许是无处可去，也许是对余校长的感念，彭修道决定和同学一道奔赴开封。

在拥挤的列车上，几个青春似火的学子，高歌浅吟着"仰天大笑出门去，我辈岂是蓬蒿人"的佳句，虽然有点狂放，但年轻人迸发出的热情与活力，总是深深感染着周围人。

彭修道、张维翰、牛连文一行，取道郑州，抵达古城开封。

开封，位于古道黄河岸边。古称大梁、汴京，站在北边高高的黄河堤坝上鸟瞰，开封就像缎巾上五颜六色的图案。开封的故事总让人怀念。

公元960年，后周大将赵匡胤，在行军开封东北陈桥驿处，受部下拥戴，黄袍加身，"不好意思"地做了皇帝。这次兵变，滴血未掉，还算干净。登上龙座后，他宴请群臣武将，酒酣耳热之后，借酒吐真言，吓得石守信等人惶恐跪地，拱手"缴枪"。本该发生的一场血腥的争斗，就这样"潇洒"地解决了，这就是历史上著名的"杯酒释兵权"之说。

著名画家张择端的《清明上河图》使这座城市名扬天下，今天，这幅价值连城的国宝，安然地躺在北京故宫深处，成了国人心中割舍不去的欣羡情结。

还有一位脸黑如锅底的包青天，坐镇开封府，刚直不阿、不畏权势，刀铡驸马陈世美，谱写了一个传颂千古、妇孺皆知、今天仍在民间传唱的历史佳话。

大运河绕膝而过，曾使这里风光无限，但历史是无情的，元朝以后，历史的喧嚣伴随着相国寺的悠悠钟声，载入今人温馨的想象与向往中了。

开封训政学院创办于1928年，起初叫河南训政学院。分设两个班，一个是行政班，以培养县长为目标；一个为专修班，以培养科长为目标。下设政治、法律、教育、建设四科。彭修道考入的是政治专修班。

课程繁多，诸如经济学、统计学、三民主义、宪法等。虽然课业枯燥些，但很实用，加上育德的同学又走在了一起，生活别有一番情趣。

彭修道、牛连文等十余青年学生，与那些暮气沉沉、整日做升官发财梦的国民党学员相比，显得很有朝气，大家团结在彭修道周围，关心时

与训政学院同学留影。
前排左起：彭雪枫、张维翰、王志远、牛连文、赵子众。

局,阅读进步书籍。

落日。长河。黄昏时分,几个人相邀一同登上铁塔、龙亭,畅游佛教名刹——相国寺,感受那如画的风景,想象那段沧桑的年华。

青春的灵魂与朝气,在这历史的华艳中悄然地润泽着。

阴霾重重中,暴风雨来了。1929 年 5 月,冯玉祥与蒋介石矛盾处于白热化,战争一触即发,最后,惯于手腕伎俩的蒋中正,用数十万元收买了冯玉祥的两名得力干将:韩复榘、石友三。(冯军待遇微薄,困难时,六个月才发一次饷)"有奶就是娘",二人公开投入了老蒋的怀抱。韩复榘率部在洛阳与冯玉祥的孙良诚部发生激烈的战斗,昔日同室今日操戈,历史的玩笑就是这样开着。27 日,四面楚歌中,冯玉祥无奈地宣布下野,长叹一声后到泰山静养读书去了。

失去冯将军的支持,训政学院就像没娘的孩子,也随即停办。

人生再次面临一次选择,路在何方?夕阳西下,在弯弯的校园小径上,几个人低头徘徊着。

"去我家乡吧,那里有地下党组织!"路庭训目光晶亮,凝望着大家。

"可靠吗?"彭修道坚定的语气中带着一丝疑问。

……

在一棵参天如盖的老槐树下,几个人经过一番讨论,决定兵分几路:由彭修道带路庭训、赵子众去扶沟县,寻找党组织;张维翰、牛连文二人去柘城,联络进步青年,开展革命活动;其余同学返回故里,伺机行动。

彭修道三人早晨出开封城,向南步行八十余公里,黄昏时分到了一望无垠的豫东大平原上一座美丽的小城——扶沟。

扶沟,古称桐丘,因东有扶亭,西有洧水沟而改名。同时,因出了一位抗日民族英雄而蜚声中外。他就是外号叫"吉大胆"的吉鸿昌,这位侠肝义胆的虎将,在临刑前的狱中留下千古绝唱:

"恨不抗日死,留作今日羞。国破尚如此,我何惜此头?"

他们住在路庭训的家中,不巧的是,当地共产党组织已遭到破坏,支部书记吕调阳已被捕入狱,委员施于民、高光第因当地通缉而逃离。

希望的肥皂泡,再次破灭了。

夏日,骄阳似火,知了声声,炎热的天气与烦躁的心情搅得彭修道寝食不宁,住了二十多天后,彭修道带着失望的心情,感激地和路庭训全家告别,回到了北平。(1928 年,北京已改为北平)

一气之下,顶了伯父一句:"革命不是为小家!"

七月,烈日如烤。

沙滩,北大红楼掩映在摇曳的翠叶中。

北大红楼昔照。

前身为创办于 1898 年的京师大学堂的北京大学一层教室内,几十名青年学子挥汗如雨,正在奋笔疾书,原来,这是民国大学文学系设在这里的考场。

北大,这个五四运动的弄潮儿,张开热情的双臂,笑迎四处漂泊的彭修道。

穿着一身洗得发白的蓝布衫的彭修道,坐在第一排靠门口处,几个月来的奔波,使消瘦的脸庞有点可怕,可专注的目光,熠熠生辉。他一会儿皱下眉头,一会儿奋力书写。身旁一位身穿白色长衫的小个子监考老头儿,手捻胡须,走来走去。

两周后,喜讯传来了:彭修道被文学系录取了! 可是,不菲的学费,让身无分文的彭修道望而却步。

傍晚,古老的城墙脚下徘徊着一个忧心忡忡的风华青年——彭修道。

出来已经不容易了,到哪里去筹这笔费用呢? 命运似乎又开始折磨他了。

……

深秋的下午,斜阳轻轻地洒在落叶纷飞的公园小径上,一脸忧虑的彭修道,踽踽独行,"北平啊,难道就没有卧龙岗人的一席之地吗?"苦闷的潮水时时拍打着心灵的堤岸。

此时,民国大学开学了,考中的一个个趾高气扬,欣欣然跨进心仪的学堂,可他经济拮据,止步于校门外,只能在租住的小屋里写点小文章,赚点稿费勉强度日。烦闷之时,到公园转转,聊以自慰。

因为囊中空空,有时一天只能吃一根黄瓜和几个烧饼度日。小屋背阴,干冷潮湿,但这并没有磨灭彭修道的意志。

早晨,幽深的胡同内,传来小贩长长的叫卖声:"酸甜的豆汁来——",卖煤炭的骆铃声叮叮当当地飘过，他迅速起床，直奔西单商场的地摊。

凌乱的书籍中，《雨丝》《骆驼草》《进步青年》……彭修道一站就是几个小时，直到小贩嚷嚷着收摊儿。

精神的富足掩盖了辘辘的饥肠。

党组织知道彭修道的窘状后，建议他到天津的伯父家暂住几天。恰巧这时，二弟宝兴也来到了天津。傍晚时分，在昆仑路伯父家的小四合院中，兄弟两个相见了。

"宝兴，你咋也来天津了？家里咱爷、咱爹他们身体好吗？"望着衣衫破旧，面带倦色的二弟，彭修道又惊又喜。

"河南今年闹旱灾，颗粒无收，咱庄也饿死许多人，爷爷让我出来找你，找个出路……"面色苍白的宝兴有点哽咽，眼圈红了。（民国十八年，即1929年，河南大旱，饿殍遍野。）

"那咱家呢？"彭修道急切地问道。

"爷爷得了肺结核，爹身体也不好……呜呜……"说着，宝兴放声大哭起来。彭修道心潮澎湃，慢慢走过来，难过地抱着二弟的肩膀，泪水刷刷地落下来……

"哭就是办法吗？得想个门路，渡过难关……"伯父坐在藤椅上，苦瓜着脸，连连叹气。

"光知道闹革命，连自己饭碗都成问题了，咋顾家呢？再说，这是件危险的事情，共产党掉头的还少吗？"

伯父语调严厉，声音提高了不少。

"既然选择了革命，就不怕牺牲，革命不是为了小家！"倔犟的彭修道回敬了一句。

……

不久，彭修道搬出伯父家，住进法租界。在这个"国中之国"中，阴森森的屋顶，长长的走廊、狭小的房间，走在里面，空气中弥漫着一丝丝发霉的气息，彭修道时时感到有一种窒息、耻辱感。这本是帝国主义列强侵略中国的产物，自1840年鸦片战争以后，张牙舞爪的列强到处划租界，今天自己却以它为屏障而栖身，彭修道感到心在流血……可是，人在屋檐下，不得不低头。

一个秋雨淅沥的深夜，彭修道参加完党组织的会议后，独自一人往回走。

黑咕隆咚的走廊里，寂静得掉根针都能听见，冰冷的壁灯露出淡淡的诡秘的目光，"门怎么开了？"走到门口，彭修道突然发现屋门莫名其妙地开了，"走时可是好好的……"他顿生疑窦，于是忐忑不安地轻轻推开黑漆漆的木门，拉开电灯一看，不禁大吃一惊，只见屋内一片狼藉，床上、地下到处是凌乱的衣服、书本,同屋几个室友也杳无踪影。

一种不祥的预感闪入脑海。

"马上离开!"彭修道疾步往外跑,前脚迈出租界大门,忽听身后几个租界警察厉声地叫着:"抓住他!"……

处境已岌岌可危!

党组织决定,派彭修道和他的育德中学校友过家和,一起到山东军阀刘珍年处搞兵运工作。刘珍年时任国民革命军第 21 师师长。

刘珍年,祖籍河北,老奸巨猾,是个杀人不眨眼的家伙。号称"胶东王",原是东北奉系军阀张作霖的部下,1926 年到山东投靠张宗昌,后又倒向蒋介石,在军阀林立的夹缝中苟全性命,投机钻营。惯于过河拆桥的刘珍年,在羽毛渐渐丰满后,遂将张宗昌一脚踹出山东。

刘珍年梦想称霸山东,于是到处招兵买马。一方面收容各地的土匪、流浪穷人,另一方面还狡猾地求助于共产党。

塘沽港码头,人头攒动,声语依依。

"嘟——"一声汽笛长鸣,身着蓝棉布长衫的彭修道和过家和激动地站在甲板上,回头拼命地挥着手,告别送别的友人。

碧空如练,沙鸥翱翔。水天相连,浩渺无垠。凝眸处,骇浪如奔,像一道道美丽的彩虹,在碧波中绽放。

望着无垠的大海,彭修道深深地陶醉了。海岸边错落有致的房舍越来越模糊了……

别了,天津,别了,第二故乡!

彭修道的眼睛有点湿润了。

黄海之滨,青春激扬,无奈,浊浪滔天

傍晚时分,船到了烟台。

头枕黄海波涛的烟台,就像山东半岛的一颗明珠,吸引着两位游子饱满的心灵,来不及细细欣赏,两人便投入到繁忙的工作中了。

彭修道被分在刘部 21 师政训处,处长是刘珍年的胞弟刘锡九,此人是黄埔军校四期毕业生,共产党员。1927 年大革命以后,乌云笼罩,正处于低潮之中。中共便把烟台作为发展革命的又一阵地,在刘锡九的介绍下,彭修道等人来到了烟台。

此时,中共烟台地下组织已建立军事、地方、警察三个支部。统一由中

央军事特派员胡允恭领导。

胡允恭，祖籍安徽，杨尚昆的昔日同窗，与鲁迅有联系的共产党人，解放后曾任南京大学教师，"文革"中含冤去世。

这里的工作开展得有声有色，已创办《胶东日报》（后改为《胶东新闻》）和平民夜校（分男校、女校）。彭修道被分配到平民女夜校教文化课，宣传马列主义，同时还发展地下党员。学生大都是织网、绣花的女工。

夜色如幔，繁星闪闪。

"丁零零……"一阵铃响，一个矫健挺拔的身影，穿过憧憧的人影，闪现在白炽灯光下的讲台上。

"各位姐妹，本人名叫彭修道，河南南阳卧龙岗人也。卧龙岗，就是三国时蜀国军师诸葛亮早年生活的地方，诸葛先生原本山东琅琊人氏，后来因家庭贫穷到了河南，说来也是你们的老乡。其实，俺的家乡离卧龙岗还有三十里，只是沾诸葛先生的光……"说完，转身在黑板上写下了自己的名字。

真诚而幽默的开场白，让台下一张张美丽生动、平息凝神的女生脸上，漾起微微笑意。唧唧喳喳的她们，不禁为眼前这位英俊儒雅的老师深深地吸引了。

"大家风华正茂，正是学习知识的好年华，可是，咱们却不能像地主、资本家的小姐一样，去洋学堂学习，而是整日为了饭碗，起早贪黑……"

全场鸦雀无声。

几节课过后，青春的羞涩与陌生感渐渐隐退，下课了，大家带着满腹的疑问，围着彭修道询问，倾听革命的道理，久久不愿离去……

也许为 22 岁的彭修道堂堂仪表所倾倒，所以，当听到彭修道第一次讲这么多新鲜的人生、革命道理时，正值豆蔻年华的她们，很愉快地接受了他。

有一首歌，名字叫《因为爱，所以爱》，可能就表达了这样一种特殊而微妙的情感，没有复杂的逻辑，没有高深的道理，凭的就是一种本能的直觉。

有人说，女人是感性动物，以情感为真实，明明知道山盟海誓往往是"糖衣炮弹"，可还是信以为真。特别是对刚刚坠入爱河的少女，少男的甜言蜜语"我爱你"三个字，对她们是极具杀伤力的。

看看那时彭修道的照片，乌黑的浓发，修长的剑眉，挺拔的身材，浑身上下洋溢着青春的英俊潇洒之气，即使现在的女孩看了，也会惊叹一声："哇噻，帅呆了！"

火种的光焰，很快照亮了这些学生心中黑暗的一隅，沉睡的心，熊熊燃烧起来。1930 年 1 月,几百名织网女工走上街头,抗议工头、资本家的欺压、剥削。受其感染,1 月至 2 月,烟台印刷全行业工人走上街头,举行罢工。

星星之火,在军队、学校、医院、工厂、郊区农村点燃了。

烟台的风潮引起了南京蒋介石的注意。遂派特务曹日轮、刘治俭到刘珍年部任职,对刘与共产党的活动进行暗地监视。不久,又指名道姓,令刘珍年驱逐彭修道等人。

一向看风使舵的刘珍年,采取折中主义,给彭修道等人发放 50 元路费,"礼送"出境。

不久,彭修道被党组织派往烟台近郊福山古现一带,以教学为掩护,继续从事秘密工作。

乌云笼罩,人心压抑。每天,望着台下一双双清澈而渴求的眼睛,一张张营养不足而发黄的脸,一阵阵似潮水的心酸涌上彭修道的心头……

他想到了自己苦难的少年岁月,想到了离家之后求学的艰辛,他的心海涨潮了……联想几个月来军阀的卑劣行径,编成一首《新军阀》儿歌:

新军阀,瞎胡闹,贴标语,喊口号,救国救民做不到,伸着巴掌把钱要。

很快,这首朗朗上口、言简意赅的小诗,在学生中传唱开来。

黑夜,沉沉的,像无边无际的巨幔,有点恐怖。彭修道顾不上一天的劳碌,匆匆吃过几张山东煎饼,便深一脚浅一脚,直奔教室,那里有几十名农会学员在焦急地等着他。

"彭先生,地主整年叫俺在田里劳动,一年到头,还不够吃,咋办呢?"一个坐在前排长着络腮胡的男子,愁眉苦脸道。

"是啊,彭先生,咱庄稼人啥时熬出苦海呀?"众人齐声附和着。

彭修道眼前浮现出故乡的情景:毒辣辣的骄阳下,一个个赤膊光背的乡亲头戴一顶顶旧草帽,在绿油油的地瓜田间,侍弄着秧子,汗珠密密麻麻浸满黑油油的脊背……而村上的几个地主摇着蒲扇,在自己庭院的老槐树下纳凉、嬉戏。

他想到了在故乡辍学劳动时的情景。

"乡亲们,只要咱们劲儿往一处使,拳头攥紧,地主老财的狗命,像秋后的蚂蚱,也蹦跶不了几天了!"望着台下黑压压的人影,彭修道激情燃烧,目光熠熠。

"对,打倒地主老财!"

"分田分地!"

……

夜阑人静，湿冷的海风透过窗棂，吹着灯下苦苦思索的彭修道。

夜，沉沉地睡去了，院中枣树的枯枝，在疾风中呜咽着，黄海的涛声依稀可闻……

正当发动农民抗租有点眉目的时候，一天上午，正在上课，一个衣着紫色缎子袄、头戴瓜皮帽的李姓地主，突然闯进教室，气势汹汹地说："对不起，这里不需要你了！"说完，"叭"的一声，从口袋中掏出一把银元，重重地放在桌上，"20元！"顿时，教室内剑拔弩张。

这个家伙，以前打过几次招呼，今天终于撕下伪善的面孔，彭修道愤怒地望着这个卑鄙的小人，扬手把银元狠狠地摔在地上，夹起书本，扬长而去。

教室内乱作一团，学生们哭着奔出来，拉着老师的手，哽咽无语，彭修道深深地感动了，青春的泪水，是真诚的，他依依不舍地与学生们挥手告别。

彭修道走了，但火种留下了。抗战时期和解放战争时期，胶东发展成了共产党的一块坚实的根据地。

刘珍年已经露出狰狞的面目，烟台地区的党的工作不断遭遇挫折，此时，路在何方？

中央军委委员，后来是红军二方面军副总政委的关向应，此时，来到了烟台，他带来了军委的指示，同意彭修道撤离去上海。

第四章　杜鹃花开了

云在青山外，人在白云内。

云飞人自还，尚有青山在。

——李大钊

不恋繁华，看山恰似走来迎

上海，这个时髦、华艳、张扬，素有"十里洋场"之称，带有异国情调的城市，果然名不虚传。

银光闪闪的黄浦江上，一艘艘外国轮船耀武扬威地徜徉着，声声恣肆的长鸣，引起游人的指点和鄙视。外滩，幢幢哥特式楼房鳞次栉比，路灯高悬，马路如带。光脚的人力黄包车，与来往的公交电车、乌黑锃亮的轿车交织着，声浪聒噪。

上海，因临长江入海口而出名。素有"东方巴黎"的美誉，早已是闻名世界的国际大都市，租界的设立，列强如狼似虎，纷拥而入。令炎黄子孙愤愤不忘的"Chinese and dogs not admitted"（华人与狗不得入内）的牌子，就在上海外滩的公园里赫然竖立着，它像一个耻辱柱钉在炎黄子孙的心灵中。

上海也是红色摇篮。1921年7月1日，代表了全国53位党员的17名马克思主义信徒，在望志路法租界一栋装有黑漆大门的灰红色房子里，宣告了一个新政党的成立。

1949年5月，雄师狂飙的中国人民解放军第三野战军，以9、10两个兵团8个军，后来加入23军、25军，共10个军，约40万人围攻上海。历史总有巧合之处，23军就是后来彭雪枫的四师一部发展而来的，这是后话。

"嘟——"随着一声长鸣，火轮平静起来。

1930 年 5 月,彭修道在外滩渡口下了船,来不及细细欣赏外滩的景致,便坐黄包车直奔军委报到。

灰褐色小楼里,彭修道坐在一楼客厅的茶几前,喝着龙井茶,忐忑不安地静候周恩来的到来。

半晌光景,一阵重重的脚步声从楼上传过来。

"修道,可把你盼来了!怎么样,路上顺利吗?"微带笑意的周恩来和两位素不相识的工作人员,从楼梯上走下来。

32 岁的周恩来,着一身深蓝色的中山装,浓眉朗目,热情而富有智慧,令人吃惊的是,他竟蓄着飘飘的长髯。原来,周恩来为了隐蔽工作,不得不留了长须。因此,也被社会名流、友人称为"美髯公"。

这位江苏淮安的南开才子,日后成了红军总政委,著名的"三人团"之一,遵义会议之后,协助毛泽东改写了红军的命运,此后一直是党的领导核心之一,解放后一直任政府首脑。1976 年 1 月,这位伟人因癌症去世,一个叫李瑛的中国诗人《一月的哀思》表达了亿万有良知的百姓对他的爱戴。他翩翩的风度、东方儒家君子的形象也赢得了不同肤色人的赞誉,纽约的联合国总部,也降下了半旗。他和他的夫人邓颖超的爱情佳话,至今仍是街头巷尾的美谈。

在烟台时听同志们说周恩来是美男子,今天相见,气度果然不凡。

此时的周恩来,任中央政治局常委、中央军委书记,他春风般的话语,让彭修道的心中升腾起温暖的细浪。

"还行,就是海上风大浪高,颠簸得厉害,不过,幸好船开得快,要不然——"说着,彭修道用手指了指肚子。

"哈哈,修道说话还蛮有趣的!"周恩来双臂一抱,仰头大笑。接着,他从一个小藤筐里拿了一个橘子,剥了,递给彭修道:"这几年,你在北方受了不小的锻炼,也吃了不少苦啊!"

"没啥,没啥,干革命哪有不吃苦的,我又不是林黛玉,弱不禁风,你看……"说着,撸起蓝布袖管,露出一段坚实的胳膊。

"呵呵,好!……不过,话是这样说,实际真是不容易,受的委屈,我都听说了。"善解人意的周恩来眉毛一扬,目光中充满了关切。

一阵沉默。

过了一会,彭修道抬起头,表情坚定地说:"开弓没有回头箭,既然选择了,就干到底!"说完,举了一下攥紧的拳头。

"这话说得好!有志气!"周恩来跷起大拇指,站了起来。

"你小超大姐常常提到你……哦,对了,晚上,我们晚上还要为你接风洗尘呢!"

原来,早在彭修道在天津南开求学时,就认识了邓颖超。邓颖超在五四时期已崭露头角,在天津已小有名气。那是一次学校大会,邓颖超受校长张伯苓的邀请,为同学们讲述毕业以后的社会经验。会后,彭修道请教邓颖超,不料,一问原来是老乡。

邓颖超,祖籍河南信阳光山,生于广西。1919年在五四运动中与周恩来相识,1925年结婚。

上海的夜晚,精致、沉醉、迷人,空气中飘着一丝丝异国的情调。茶肆、酒楼、咖啡屋里的霓虹灯向过往的行人投来一瞥瞥妖艳的目光。苍翠的法国梧桐树叶,轻轻地婆娑着,弹奏着一曲光与影的旋律。

"上海这地方,是个花花世界,要多加小心啊!"周恩来一路叮咛着。不一会,穿过两条里弄,就到了一幢灰色的二层小楼下。

老远就看到一个模糊的身影在楼梯口晃动,走近一看,原来是邓颖超。她已等候多时了。

三人上楼坐定,在客厅一阵寒暄。

一身素花旗袍的邓颖超,在米黄色的灯光下,显得高雅大方。坐在彭修道面前,她左看看,右看看,不禁呵呵地笑了:

"几年不见,老乡长高了,变帅了!"

"谢谢大姐夸奖,不好意思,不好意思……"彭修道脸红了,像个害羞的大姑娘。

过了一会儿,彭修道抬头问道:"大姐,您现在?"一问才知,邓颖超此时在军委做妇女工作。

晚饭桌上,气氛融融。

"镇江的地下工作,开展起来了,可是那里缺乏干部,要不,你做军委巡视员,到那里去吧。"周恩来嚼着米饭,边吃边说。

"嗯,那也好,只是——"

"只是什么?"周恩来浓眉一皱。

彭修道明白,在烟台的工作并不是很成功,镇江也好不到哪里,一是方言不太容易听懂,习俗也不同于北方,二是自己个性强,爽直、急躁,和南方人性格中委婉绕弯子的表达方式,有点相左。可是,自从加入党的那一刻起,自己的一切都是党的了。

一看气氛有点沉闷,邓颖超马上笑道:"饭桌上不谈公务,来,老乡,喝汤!"说着,舀了一勺白菜豆腐汤放入彭修道的碗里。

不久,彭修道持中央军委的介绍信,前往镇江,两个月后,又回到上海,在军委的领导下,做地下工作。

1930 年 5 月,上海白克路的一座二层小楼里,"医院"模样的会场里,坐满了全国红军代表和全国苏维埃区域代表。四面八方的代表强烈要求,红军需要大批得力干部,也应彭修道的强烈要求,他被军委派往鄂东南的红五军第五纵队工作。

关于在上海的前前后后和参加红军的初衷,1942 年 3 月,彭修道在给爱人林颖的信中这样记述:

中央军委派我到镇江巡视,也做土匪运动,不成功,一天一毛钱的饭食,因为党穷,一个月的生活费,是九块钱,这是在上海! 每天总在防备着包打听。经济压迫羼和着政治压迫,短短的几年间,被人驱逐了三次,被统治者关过三次(其中一次是一天一夜的优待室,在北京),受过不知多少次的饿,挨过难以忍受的冻寒,当朋友们怜悯送钱在自己的袋中之后,也不知有多少次背地里流泪! 我愤恨极了! 对社会不满,并不亚于仇虎或陈白露,满腔积压着报复心情! 我要求党派我到红军中工作,理由似乎很简单——为了泄恨,为了报仇! 为了痛痛快快的干一场! ……

也许是性情使然,也许在育德中学时受西北军遗风的熏染,也许受尽了人生艰辛的折磨,彭修道选择了漫漫的金戈铁马生活。

这是他人生的又一次转折。

1930 年 5 月中旬,一个风和日丽的日子。

彭修道搭乘英国太古公司的汽轮,挥手告别前来送行的军委领导,离开上海,同行的还有红五军党代表滕代远,第五纵队党代表何长工,以及同在红三军团 1955 年被授予大将军衔的黄克诚等人。

蓝天、村庄、稻田……驶出繁华的上海,是一片明媚的天地。

江水壮阔,平野无边,远山上的红杜鹃像美丽的锦缎连接着苍茫的水与天,雪白的浪花像野马一样向后疾奔,细细的凉风夹杂着两岸稻花的清香,扑面而来……

望着秀美的江南风光,彭修道不禁吟诵起少年时读过的唐民间散曲《浣溪沙》:

五两竿头风欲平,
长风举棹觉船行。

柔橹不施停却棹，
是船行。

满眼风波多闪烁，
看山恰似走来迎。
仔细看山山不动，
是船行。

微甜的心境，跳跃的心情，23 岁的彭修道宛如换了一个人似的。

怀揣着党的机密文件和军委领导的嘱托，彭修道的肩上沉甸甸的，忍不住兴奋的心情，晚上，给好友路庭训写下一封信，信的末尾缀着"雪枫"二字，从此，彭修道正式改名为彭雪枫。

在清风荡漾的甲板上，在浊气呛人的船舱里，彭雪枫还饶有兴味地聆听到有关红军的点点滴滴。

红军，这一称呼沿袭了苏联红军的叫法。

1927 年 8 月 1 日，南昌起义，部队效仿北伐，称国民革命军。毛泽东领导的秋收起义军称工农革命军。

同年 11 月，湖北黄麻起义，部队称农民自卫军。

同年 12 月，广州起义，部队打出了工农红军的旗帜。

1928 年 4 月底，朱德、陈毅带领南昌起义后的部队与毛泽东会师于井冈山，成了当时最强大的一支工农武装，即中国工农革命军第四军。

红军的正式命名，是 5 月中共发出的《军事工作大纲》中的规定："取消以前的工农革命军，命名为红军。"

不久，第四军改称为中国工农红军第四军，这也是最早称为红军的队伍。接着，全国各个根据地的工农革命军先后改称为红军。

大革命中，无数胸怀天下的共产党人，头颅瞬间落地，由 5.8 万人骤降至 1 万人，一时间，血腥的空气，飘荡在南中国的沟沟壑壑，南昌起义、秋收起义、广州起义……进攻大城市的代价，使无数共产党人的鲜血付诸东流。

物极必反。失败的阴影，盘旋在善于变通的毛泽东的心头，熟读《水浒传》的他，陷入了痛苦的思索。最后，他果断地带领秋收起义的残部，来到文家市的三湾村，在霏霏细雨下的一座破庙里，进行了历史上有名的"三湾改编"。

"党指挥枪"就是从这里开始的。

随后，毛泽东带着这支"轻骑兵"上了云遮雾罩的井冈山，在这个远离统治者的荒凉的群山中，毛泽东和他的追随者们打土豪、分田地，建立了中国第一块红色根据地。在这里，毛泽东还遇到了他喜欢的军中女侠——贺子珍。

星星之火，可以燎原。

不久，鄂豫皖、洪湖、湘鄂赣等红色根据地也相继建立。

红五军是彭德怀、滕代远等在 1928 年 7 月 22 日平江起义后建立起来的一支红军，在湘鄂赣边区活动，11 月间，彭德怀率领红五军五个大队约七八百人向井冈山进发，与毛泽东、朱德的五六千人的红四军会师。后来，湘赣两省白军围剿井冈山，突围出去，转战于鄂东南的阳新、大冶苏区。

五六天后。在鄂东南黄石东十余里太子庙的暮色中，一叶扁舟泊在岸边，船上跳下影影绰绰的十余人，他们正是彭雪枫等人。

"嘟——"一声脆亮的哨音响过，只见一群衣着黑马褂、腰别短枪的人，旋风般地从芦苇荡中跳出来，相互一问，原来，他们是彭德怀的好友第五纵队司令李灿的便衣队，特意前来接应。

红五军司令部。

5 月的江南，莺飞草长。暖暖的阳光热情地洒在一座石榴花开的院落中，屋内走出一群人，为首的是一个脸庞黧黑、浓眉厚唇的红军将领，上前紧紧握住彭雪枫的手。

仔细一问，原来，这个气质不俗的陌生人，就是闻名全军的红军名将彭德怀。

"欢迎你，雪枫同志，我们这里正需要你这样的人！听说你也姓彭，咱们还是一家人嘛！"

"谢谢军长，俺叫彭雪枫，请多赐教！"

彭德怀微笑着，细细地打量着彭雪枫：一张英俊的笑脸上，洋溢着青春的光彩，真诚的话语，透出机智与聪明，整洁的军容，透出一丝干练，扑面而来的是一种飒爽的气息……

"看看，看看，文化人说话就是不一般哪……"一口浓浓的湘音，尽显军人的爽直，惹得滕代远等人哈哈大笑起来。

爽朗的笑声把石榴树上的百灵惊飞了。

可是，这位具有传奇色彩的军中豪杰、时年 32 岁的彭德怀，却有着不同寻常的童年遭遇。

八岁时母死、父病，家贫如洗，即废学。伯祖父八十开外，祖母年过七十，三个弟弟无人照管，四弟半岁，母死后不到一月即饿死。家中无以为生，先卖山林树木，后典押荒地，最后留下不到三分地。几间茅草房亦做典押，留下两间栖身，晴天可遮太阳，下雨时室内室外一样。铁锅漏水，用棉絮扎紧，才能烧水。衣着破烂不堪，严冬时节人着棉衣棉袜，我们兄弟还是赤足草鞋，身披蓑衣，和原始人同。

正月初一，邻近富豪家喜炮连天，我家无粒米下锅，带着二弟，第一次去当叫花子。……我兄弟俩至黄昏才回家，还没有讨到两升米，我已饿昏了，进门就倒在地下。

……

这是湘潭赤子后来的回忆片段。

悲惨的童年遭遇、强悍的湘乡民风，养成了他疾恶如仇、桀骜不驯的性格。杀恶霸、入湘军，在北伐中结识段德昌，在他的影响下，义无反顾地加入了共产党，开始了他传奇般的革命生涯。

不久，彭雪枫被任命为五纵队教导队第三大队长。

1930 年 6 月 16 日，部队集结在湖北阳新、大冶边界的刘仁八和三江口附近，一个决定红五军走向的扩大会议召开了，从上海归来的滕代远、何长工传达了中央的指示，决定成立红三军团。

彭德怀任总指挥，滕代远任政治委员，邓萍任参谋长，袁国平任政治部主任，下辖第五、第八、第十六三个军。

刚到苏区的彭雪枫被任命为红八军第一纵队副政治委员，并成立了三军团党的前委，彭德怀任前委书记。

三军团在彭德怀的率领下，6 月 23 日，彭雪枫所在的第一纵队攻占通山县城，7 月 4 日，攻占岳阳城。战斗中，彭雪枫像一只憋足劲的帆船，带领战士们冲锋在前。不久，三军团将纵队、支队改为师、团建制，红五军辖第一、第三师，红八军辖第四、第六师，彭雪枫为第六师副政治委员。

湘江水畔，初露锋芒，彭德怀连声叫好

"军阀重开战，洒向人间都是怨……""他们都是自私自利的沙，可以肥己时就肥己，而且每一粒都是皇帝，可以称尊处就称尊。"诗人毛泽东与思想

家鲁迅,对军阀分别做了诗意的勾勒。

此时,中原陇海线一带,狼烟四起。蒋介石、阎锡山、冯玉祥这三个在中国近代史上响当当的枭雄,大动干戈,兵力达百万之众。史称"中原大战"。蒋介石无暇顾及根据地的红军。

这一时期,主政中央的是李立三,他推行进攻大城市的"左"倾路线。据黄克诚回忆,当时从上到下,从军到民,对攻打大小城市还都很兴奋。

夏日炎炎,知了声声。

平江城,长寿街。上午。

三军团前委、湖南省委、湘鄂赣特委及各县负责人,正在举行联席会议。

忽然,一匹黑色骏马从远处疾驰而来,在一座古屋前,跃下一个红小鬼。

彭德怀手持送来的电报,紧锁的眉头,渐渐舒展了。原来,长沙军阀何键,与广东军阀张发奎、广西军阀李宗仁,在湘桂边界鏖战不休。长沙,成了一个"软肋"。

大家一听说,会场内顿时像炸开了锅:

"按中央部署,夺取武汉!"

"长沙不是不能打,但不是暴动取长沙!"

"先取长沙,后取武汉!"

……

轮到彭雪枫发言了,他放下手中的笔记本,坦言道:"长沙自古为要道,打进长沙,给敌人以回马枪,为'五二一'烈士报仇,但要讲究策略!"

"打进长沙,活捉何键,为死难烈士报仇!"彭德怀桌子一拍,一锤定音。

长沙,中国长江中游的一座千年古城,河道纵横,人文厚重,岳麓山下的书香召唤着一代代仁人学士的梦魇:康有为、梁启超、谭嗣同……美丽的湘江从城中缓缓流过,就像它的名字,长长的沙洲——河中的橘子洲头,留下韶山冲人动人的诗篇:

> 独立寒秋,
> 湘江北去,
> 橘子洲头,
> 看万山红遍
> ……
> 恰同学少年
> 风华正茂
> 指点江山

激扬文字

粪土当年万户侯

······

一代伟人的青春与梦想像湘江上的薄雾,萦绕着这片美丽的沃土。

此时,城内一座古树掩映的小楼内,一个蓄着小胡子、衣着白丝绸长褂的中年男子,正忧心忡忡,背着手,在书房内踱来踱去······

原来,刚才副官送来一份加急电报:"共匪彭德怀部将进攻长沙······"这,不啻于一颗定时炸弹,在他内心爆炸了:长沙,自古以来,乃兵家瞩目之地,共匪虎视眈眈,也是盯紧了这块肥肉······

此人正是湖南政府主席、湘赣两省剿共代总指挥何键。

昔日平江城一角俯瞰图。

早年毕业于保定军官学校的何键,1887 年出生于湖南醴陵一个没落的地主家庭,善于投机的他,在军阀混战中渐渐羽翼丰满。

这个一生以服膺"曾剃头"(曾国藩杀人如麻,获此绰号)"以乡兵平大难"为信念的刽子手,挖过毛泽东的祖坟,杀害过毛泽东的妻子杨开慧,还曾把朱德的妻子(伍若兰)的头颅砍下来,挂在赣州城头上示众。1927 年的 5 月 21 日,他把长沙变成一个屠场,10 万左右革命志士的鲜血染红了湘江。

在大革命时期,屠杀共产党人最凶残的就是何键。

也许是罪孽太深,风雨将至时,何键内心深处隐隐升起一丝不安和惶恐。

"老爷,吃饭了!"女佣轻声喊道。

"唔、唔······"一个趔趄,何键差点栽倒在门后的花盆上。

夜深了。月亮升起来了,热气似乎退去一些。

彭雪枫和政委郭一清交谈着,悄悄来到六师的机枪连。

乳白色的月光下,战士们在院中擦拭枪支,"郭政委、彭政委!"看到师部领导来了,战士们纷纷站起来,鼓掌欢迎。

"大家准备好了吗?"

"请政委们放心!"

彭雪枫走到老槐树下的小战士旁,躬下身来,特意拉拉枪栓,摸摸子弹夹,最后,和郭一清满意地离去了。

三军团厉兵秣马,箭在弦上。

狡猾的何键也急忙调兵遣将,由第十五师师长危宿钟统一指挥的十九师五十五旅、十五师四十五旅等共七个团的兵力,于 7 月 19 日从长沙出发,气势汹汹,向平江袭来,试图先发制人。

姜太公钓鱼,愿者上钩。

7 月 22 日的上午,平江。碧空如洗。进攻长沙的誓师大会结束后,士气高涨的三军团即开赴前线。

25 日,晋坑。初战告捷。

26 日,长沙的门户——金井。

彭雪枫率六师一部首先攻入,也许是意识到金井的重要性,何键亲自督战,"仇人见面,分外眼红"。战士们怒火中烧,最终将敌第四十五旅大部歼灭。敌人乘机逃跑,痛心的是,政治委员郭一清在战斗中不幸牺牲。彭雪枫接任六师政治委员。

三军团继续追击。

27 日,又在春华山、永安市击退敌军的抗击。

郎梨桥,长沙东郊的重要门户,双方在这里展开拉锯战,正在难解难分之际,何长工,一位老资格的布尔什维克,率军从敌人侧翼迂回而去,抢渡了浏阳河。

敌人后院失火,溃作一团,向城内逃窜。而此时在主阵地的七里巷、乌梅岭,杀声震天,湘军像疯狗一般嗷嗷着冲向红军阵地,连日来的疲劳,使红军有渐渐不支的迹象,正在这危急关头,彭德怀跃到浏阳河边,怒目圆睁,大吼一声:

"拆掉浮桥! 有后退者,军法处置!"

战斗在激烈地进行着。彭雪枫手持短枪,冒着炮火,在何长工的指挥下,率六师一部前来增援,敌人处在红五、红八军的夹击中,全线溃退,潮水一般逃往城内。

敌人的长沙外围防线,全部被击破了。

斜阳默默,宛如娇羞的新娘,轻轻地抚摸着张张烟火熏过的笑脸。

傍晚时分,在一片水田边,饿了一天的战士们,三五一堆,围在一起,大口吃着晚餐:野菜南瓜汤,香喷喷的大米饭,红红绿绿的辣子、油菜。战地的饭菜是香甜的。

在落日的余晖中,三军团各部召开战前动员会,彭雪枫特意组织了六师云梯队,由共产党员担任,准备在关键时刻像尖刀一样,插向敌人的心脏。在一片高坡上,他驻足下来,眼睛里闪烁着晶莹的光芒:

"同志们,郭政委牺牲了,我们怎么办?"

"打进长沙,为政委报仇!"

战士们吼声如雷,"为郭政委报仇!"彭雪枫满意地点了点头,举起愤怒的拳头。

夜幕降临了,天边几颗星斗眨着诡秘的眼睛。

长沙城外死一般寂静。

彭雪枫率六师一部蹲在城脚下一片开阔地上的壕沟内,担任主攻任务。

8时整,一颗红色的信号弹腾空而起,总攻开始了。顿时,枪声大作,炮火齐鸣,天地在震动。

火光中,敌人居高临下,依附几丈高的古城墙,肆意地扫射着,枪弹像雨点一般刷刷落下。跃出壕沟、冲过铁丝网的士兵,像高粱被砍倒一样纷纷倒下,接着,弹雨中,携带炸药包欲爆破的战士冲锋中痛苦地倒下了。

看着一个个血洒红土的六师弟兄,彭雪枫流下了悲愤的泪水。

半个小时过去了。

"机枪连掩护! 云梯队跟我上!"

说完,彭雪枫跃出壕沟,在火力和手榴弹烟雾的掩护下,向城脚冲去。

近了,近了,100米……50米……终于到了城墙下,此时,四师的云梯队也冲过来,呐喊声、枪声、炮声……像一首惊天动地的大合唱,响彻在城墙上,十几分钟后,从小吴门、四十九标等处首先登城。

这是一个难忘的时刻。

城内一片狼藉:横七竖八的敌尸,遗弃的"汉阳造"枪炮、燃烧的房舍……六师和四师势如破竹,迅速占领省党部大楼,可是,老贼何键不知去向。

正当勇士们纳闷之际,零星的枪声从西边传来,原来,督战的何键带着女婿李觉、马弁和随从仓皇乘车逃跑了。

"追!"六师在彭雪枫的带领下,像风一样席卷过去,遗憾的是,追至湘江边,夜色中,惊慌失措的何键乘船已在湘江中了……

何键这只狼狗只身逃于湘江西岸。没有活捉这贼,此恨犹存!

1930 年 7 月 27 日红三军团攻破长沙后占领的湖南省国民党党部。

彭德怀后来愤愤地回忆道。

东方熹微,长沙城,成了一片欢乐的海洋。

疲倦的笑意挂在彭雪枫的脸上。

天亮时分,彭德怀率军团大部进城,而后径直来到六师战士们中间。

"雪枫率领战士们首登长沙城,真乃大战长坂坡的赵子龙!"说着,彭德怀登上一辆废弃的汽车顶部,手臂一挥道,"命令你们在彭政委的率领下,把这个洒满三军团战士鲜血的城市,管理好!……"

江西,庐山。

云海弥漫,清风徐徐。

一座欧式风格的别墅内,光头的蒋介石悠然地坐在沙发里,呷着上等杭州龙井茶,同基督夫人宋美龄闲聊着。这时,侍从副官急匆匆赶来,呈上一份加急电报,蒋介石接过电报扫了一眼,顿时,轻松的表情瞬间变得难看起来,冷不丁地站起来,大发雷霆:"娘希屁,赤匪要上天了! 何键,饭桶!"

言毕,把电报揉成一团,重重地摔在茶几上。

宋美龄不解地放下茶杯,扯开纸团,笑道:"不就一个长沙吗? 看把你气成这个样子。"

蒋介石扭过头去,胸脯一起一伏的。

长沙的攻破,像一个刺耳的炸雷震惊了蒋介石,他怎么也没想到红军能这么快第一次攻占一个省城。想起红军,就如同芒刺在身,坐卧不安:后院失火了。

……

何键率重兵卷土重来。

敌进我退。三军团权衡之后,决定撤离长沙至平江一带休整。

不久,传来红一军团的消息。8 月 23 日,三军团北进至永和市,同朱德、毛泽东率领的红一军团会师。

会师后的部队组成中国工农红军第一方面军。朱德任总司令,毛泽东任总政治委员,彭德怀任副总司令,滕代远任副总政治委员。下辖一、三军

第四章 杜鹃花开了

团。还成立了总前委,毛泽东任前委书记。

红一军团总指挥部由方面军总部兼任。红三军团,彭德怀兼任总指挥,滕代远兼任政治委员,邓萍任参谋长,袁国平任政治部主任,辖五、八、十六三个军和炮兵团。彭雪枫仍任第八军六师政治委员。

也许早期红军执行的仍是进攻大城市的"苏联模式",也许是毛泽东、彭德怀等一方面军无数湘籍将士对打回老家怀有特殊的感情,"美不美,家乡水;亲不亲,故乡人",对故乡的依恋,是中国人特有的乡土情怀。红一方面军成立后,制定的第一个作战目标依然是攻打长沙。

1930年9月2日,红一方面军总攻长沙开始了。

是日,大雨倾盆,数千名红军呐喊着,冲向城墙,但是,吸取上次被攻破的经验,守敌在阵地前设置了重重障碍,铁丝网与战壕多达九层,没有重炮的红军用生命发起冲锋,但进攻受到了阻击。

半个小时过去了。铁丝网上摞满了死去的红军官兵……

关键时刻,军团使用了春秋战国时期的战斗方式:火牛阵。

几百头水牛,牛角上绑着明晃晃的尖刀,尾巴上点着煤油蘸过的棉花、松枝,怒吼着,疯也似的冲向敌阵,可刚过一道电网就倒下了……

红军的进攻失利了。

敌人的弹片落在六师的壕沟边,满身泥泞的彭雪枫心急如焚。此时,国民党援兵已到,红军有陷入被围困的危险。

红一方面军主动撤离长沙后,进行了短暂的休整,9月底,一军团向吉安进发,红三军团向清江一带开进。

稻花香里牵牛鼻,绰号"讲道理的政委"从此生

1930年8月的一天,"火炉"武汉。

黄鹤楼边的一座灰色的三层大楼前,士兵荷枪实弹,戒备森严。在二楼会议室里,一个绝密会议正在悄悄召开。

"诸位,我奉蒋委员长之意,召集在座的各位……"说话者是一个矮胖身材、架着金丝边眼镜的小老头儿,他就是国民党海陆空总司令、武汉行营主任何应钦。出席者是湖南、湖北、江西三省的党政军高级官员。会议制定了《湘鄂赣三省剿匪实施大纲案》,计划用三至六个月消灭红军。

而此时,红军中最强大的红一方面军人数还不到3万,而国民党围剿部队就达36万。

1930年11月5日,国民党江西省政府主席、第九路军总指挥、外号叫

"鲁胖子"的鲁涤平,指挥七个师又一个旅,自信地向红军扑来。

红一方面军下达了"诱敌深入赤色区域,待其疲惫而歼灭之"的命令。12月初,彭雪枫和师长郭炳生率六师随三军团向永丰南黄陂、小布地区移动。

然而,一件意想不到的事情发生了。

12月22日凌晨,睡梦中的彭雪枫被警卫员紧急叫醒:

"彭政委,军团紧急通知,上午9点到前委开会。"

前委在附近的东山坝附近。彭雪枫一脚踏进会场,就感气氛异常。只见滕代远、何长工、邓萍……一个个神情肃然,心事重重。顿时,一种不祥的念头袭上彭雪枫的脑际。"莫非?……"正在迟疑时,一个雄健的身影闪入眼帘:彭德怀来了。

彭德怀义愤填膺地讲了事情的经过。原来,一个叫丛允中的人,伪造毛泽东的笔迹,陷害同志,企图分裂一、三军团……原来,此时苏区AB团(AB是英文"ANTIBOLSHEVIK"的缩写,即"反布尔什维克")之风正盛,所谓AB团就是"反共团"。

"分裂是没有好下场的!"彭德怀愤愤道。

彭雪枫怒色满面,同大家一道,一致通过了由彭德怀起草的反分裂的《红三军团宣言》。

此事,引起毛泽东的关注。

1930年12月24日,一个让彭雪枫终生难忘的日子。

冬日的阳光,轻轻地洒在永丰县南一个叫小布的村子。东北亚的寒风越过无垠的大地,热情地吹着村东头有两棵枣树的一座院落里。

三军团干部会议正在这里召开。

开会不久,一个身材魁伟、书生模样的人健步迈入会场,只见浓发分头下,宽宽的额头,透人肺腑的目光里微微漾着一丝笑意,一颗黑痣在厚实的嘴唇下显得格外醒目。

会场内出现一阵小小的骚动。

"三军团的同志们好啊!"一口浓浓的湘音,飘荡在四壁掉土的小屋内。原来,这就是大名鼎鼎的毛政委。

坐在第二排的彭雪枫闪烁着晶亮的目光,悄悄地整整帽子,挺起腰板,洗耳恭听起来。

"一、三军团就像两支筷子,可有人打起小算盘,搞分裂,那怎么行呢?一支筷子能吃饭吗?"毛泽东的双手习惯性地叉在腰间,欠身向前,大声地说，"最近，蒋委员长对我们红军很不客气，估计在庐山又受了他的基督夫人宋美龄的气了，派鲁涤平打我们，我们本钱小，惹不起，怎么办呢？中国有句俗话：'好汉不吃眼前亏'，打不起就走嘛……"

毛泽东浓郁的乡音，充满了风趣幽默，像寒冬中的一缕缕阳光，拂去了在场的每一位心头的迷雾。

会后，在彭德怀的介绍下，毛泽东与三军团干部一一握手问候，当走到彭雪枫的面前时，眼睛里流露出赞赏的目光。

"你就是诸葛亮的老乡——六师政委彭雪枫吗？"

"谢谢毛政委记着我！"彭雪枫毕恭毕敬，敬了一个军礼。

"哎——，首登长沙，你可是功臣喽，谁不知道嘛！长沙还是你的老乡——三国黄忠的大本营啊！"说着，毛泽东掐起指头，"张衡、张仲景、诸葛亮、庾信……你们那里可是风水宝地呀！你是不是他们的亲戚呀？"熟读史书的毛泽东开起了玩笑，感染了在场的彭德怀等哈哈大笑起来。

这是毛泽东和部下、朋友见面时独特的方法，他用自己烂熟于心的文史知识，拉近了双方的感情。用今天的话来说，公关能力很强。

23岁的彭雪枫握着毛泽东敦柔的手，内心泛起层层波澜：这个日后领导共产党人摧毁旧中国的师范生，对中国的历史、现状洞若观火，对军事的理解让人耳目一新。青春的心灵被毛泽东独特的魅力深深折服了：相见恨晚。从此，在彭雪枫的心目中，对党咬定青山不放松。

毛泽东，一个坚定彭雪枫信仰的人。

红军官兵牢牢记住没有上过一天军事学校的毛泽东的"另类"作战原则："敌进我退，敌疲我打，敌退我追，游击战里操胜算；大步进退，诱敌深入，集中兵力，各个击破，运动战中歼敌人。"

愚笨的敌人犯了一个致命的错误，那就是，进攻之前把军队调动与进攻计划登在报纸上了，消息很快传到苏区……

红军以逸待劳。

冬日的江南苏区，阴冷潮湿，雾霭重重，鲁涤平的10多万部队奔波于沟壑、丘陵中间，疲劳、失望之际，还受到赤卫队、儿童团的骚扰。

一个多月过去了，一个红军主力的影子都没发现。

12月30日清晨，细雨蒙蒙，国民党前线总指挥兼第十八师师长张辉瓒急于求胜，亲率师部昂然而来，长长的队伍从龙冈向五门岭方向延伸。上午9时许，先头部队突然发现路两旁树林中影影绰绰的红军，正欲举枪，四周已枪声大作了。

打响第一枪的是埋伏已久的红三军。肥头大耳的张辉瓒又喜又惊，命令部队开始反击。很快，双方战斗进入了胶着状态。

中午时分，彭雪枫、郭炳生率六师赶来增援，"决不能让敌人跑掉一个！"齐腰深的荆棘丛中，彭雪枫

第一次反"围剿"胜利旧址——龙岗。

一边还击，一边命令道。下午4时许，红军总攻开始了。漫山遍野的红军，宛如天兵，从山顶上冲下来，山谷中敌人乱作一团，黄昏时分，第十八师主力被歼，突围中的张辉瓒束手就擒。接着，红军一鼓作气，歼灭国民党第五十师的一个旅，至此，红军在五天之内，两战两胜，取得了第一次反围剿的胜利。

从心理学上说，初到异地的人，心理上会有一丝不安和畏怯。

红军就是抓住这种心理，诱敌深入到他们不熟悉的山区。敌人长途跋涉，未免疲惫，一旦懈怠，红军就会以十比一的比例从天而降。

打扫战场时，不见张辉瓒的影子，最后，红军在一座山半山腰的"屋檐洞"中，发现一个留着八字胡、大腹便便自称是火夫的人，"老实交代，不然……"小战士"哗啦"一声拉响了枪栓，张辉瓒便战战兢兢地交代了逃跑的来龙去脉。后来，蒋介石准备用20万现洋和20担西药换回张辉瓒，但愤怒的群众还是一刀革了他的命。

第一次胜利还给红军带来一个意想不到的惊喜：缴获敌人一部电台。从此，红军第一次有了自己的无线电台。

是夜，诗人毛泽东夜不能寐，忘情地写下了著名的《渔家傲·反第一次"大围剿"》：

万木霜天红烂漫，
天兵怒气冲霄汉。
雾满龙岗千嶂暗，

第四章　杜鹃花开了

齐声唤,
前头捉了张辉瓒。

二十万军重入赣,
风烟滚滚来天半。
唤起工农千百万,
同心干,
不周山下红旗乱。

将道

冬日的南昌街头,一片萧然,在一座古色古香的官邸内,蒋介石颓然听着秘书的报告……两个月后,恼羞成怒的他发出了第二次进攻苏区的命令。

1931年2月,蒋介石的爱将——军政部长何应钦,以"陆海空军总司令南昌行营"主任的名义,坐镇南昌,组织对中央苏区进行第二次围剿。

这次兵力增加18个师又三个旅近20万人,军事上采取"稳扎稳打,步步为营"的办法,向苏区推进。

红军也在磨刀霍霍,厉兵秣马。

3月4日,初春的阳光,暖暖地洒在南国的大地上,微风轻轻吻着杜鹃花悄悄露出的笑脸。在龙冈东边的一座娘娘山上,三军团的几百名红军战士在山坡上,三五一群,喧嚷着在砍柴,挖野菜。

"同志们,比比谁砍得多啊!"彭雪枫抹一把汗,热情地给六师的战士们鼓劲。斜晖默默,彭雪枫带着战士们到小河中摸泥鳅,抓田螺,这让他想到了童年雨后在莽泉玩耍的情景……

红军还压缩开支,一日三餐变为两餐。

同时,和兄弟部队一样在龙冈附近的小丘陵中进行战术训练:抢占山头,山地开进、集结、冲锋、追击等,并建立野战医院。

为了打破敌人的封锁,红军在经济上、战术上静静地准备着。

此时,三军团取消军建置,直辖第一、第三、第四、第六四个师。彭雪枫仍任六师政委。

红军再次使用诱敌深入的战术,自1931年5月16日至30日,从赣江水畔一直打到福建北部山区,不断杀着回马枪,五战五胜,再次粉碎了国民党的"围剿"。

这次胜利,一定程度上要归功于电台的威力。

红军官兵喜极而泣,在胜利的狂欢声中,再次感受了毛泽东豪情万丈的诗篇——《渔家傲·反第二次"大围剿"》:

白云山头云自立，

白云山下呼声急。

枯木朽株齐努力，

枪林逼，

飞将军自重霄入。

七百里驱十五日，

赣水苍茫闽山碧，

横扫千军如卷席。

有人泣，

为营步步嗟何及！

红军战士激动得彻夜不眠，蒋介石却是痛苦得失眠。

子夜，他慢慢拉开"夏威夷牌"美国进口真丝窗帘，悄然望着窗外，呆呆失神。

6月的梅雨，绵绵密密；芭蕉叶上的雨珠，宛如伤心人的泪水，吧嗒——吧嗒——地滴着；花园中小径两旁的路灯，宛如诡秘的眼睛，眨着嘲弄的目光。

"问君能有几多愁，恰似一江春水向东流。"他想起了南朝后主李煜，此时此刻，自己又何尝不是呢？两次围剿，损兵折将……娘希屁，赤匪不灭，誓不为人，焦虑憔悴的他心中暗暗骂道。

"达令，达令！"黑暗中，传来席梦思床上宋美龄的呓语。

……

一个月后，蒋介石气咻咻地调集23个师又三个旅共30万人马，聘请英、日、德三国顾问，亲自任总司令，采用"长驱直入"的办法，以自己的嫡系部队为主，向苏区扑来。

出发前，蒋介石在南昌酒会上，踌躇满志地发表了《出发剿匪告全国将士书》，宣称"完成夙愿"，否则"解甲归田"，甚至"不能成功，誓当成仁"云云。

7月的南方，烈日如烤。红军各部冒着酷暑，沿着羊肠小道，向苏区中心——高兴圩进发。逶迤的长龙中，满脸欢快的彭雪枫，笑吟吟地擦着汗，不时给战士们鼓劲。这天上午，在翻越一小丘时，前面队伍中传来嘤嘤的啜泣声，"是不是战士扰民了？"彭雪枫心急火燎地赶过去，只见一位小鬼一身泥污，坐在半山腰一棵树的树荫下哭鼻子。

"小同志,怎么了?"彭雪枫蹲下身子拉着他鲜血淋漓的手。

"班长他,他……"小战士抽噎着。

"班长怎么了?"

"班长……又打我了,嫌我——走路慢……呜呜……"说着,放声大哭起来。

彭雪枫忽地站起来,大声道:"班长呢?"这时,一个瘦高个老兵,磨磨蹭蹭地走过来,彭雪枫皱起眉头,火上心来。正欲发火,耳畔猛然响起邓颖超、彭德怀等的叮咛:少些急躁,慢慢来……于是,便耐起性子,询问缘由。

原来,连日行军,战士们的草鞋磨破了,脚上起了血疱,走起路来疼痛难忍,这个新战士实在不想走,嘟囔着要休息,原是国民党兵的班长走过来,劈头就是一耳光……

"我来给你讲个道理好吗?"彭雪枫目光灼灼地盯着"瘦高个","红军是共产党的部队,人人都是平等的弟兄,国民党的军阀作风……"彭雪枫忍着性子,直到这个瘦高个脸红着低下了头。

彭雪枫用平等的心态、真情的芬芳感染犯错误的官兵,抛弃旧军队中粗暴的手段。"人心是肉长的",结果,皆大欢喜。后来,战士们送给彭雪枫一个美誉绰号——"讲道理的政委"。

敌人在明处,红军在暗处,敌人的鼻子被红军紧紧牵着,奔波20余日,还是盲人骑瞎马……

让彭雪枫难忘的是,红军每到一处,苏区赤卫队站岗放哨,妇女洗衣、做饭,还有"打扇队"——一个个活泼可爱的儿童团员,拿着芭蕉扇围上来,一阵猛扇,徐徐凉风,驱走了连日的疲惫和溽热。

敌疲我打,红军的机会来了。

8月6日晚,红军在莲塘地区包围了敌人第四十七师一部,翌日拂晓,突然发动袭击,酣睡中的敌人,乱作一团,旅长被击毙,余部逃逸。

不久,红军又在良村、黄陂两次战斗中让敌人尝尽苦头。

南昌。滕王阁边的赣江避暑山庄。

正和夫人一起摇头晃脑沉浸在越剧韵味中的蒋介石,得知消息后,差点晕倒,遂决定拼个鱼死网破,命令前方采取拉网式战术,逼近红军。

8月15日黄昏过后,红军主力乘着夜色,在国民党一军与二军之间大约10公里的大山间隙间突围出去,红军与尾随的敌人周旋着,9月初,郁闷的蒋介石决定回撤。红军抓住时机,在老营盘痛歼敌人一个旅。次日的战斗中,勇敢的彭雪枫负伤了。最后一次的方石岭战斗中,第五十二师师长韩德勤,被红六师俘虏后化作火夫溜走了,颇有戏剧性的是,12年后,在苏北抗日战场上,恶贯满盈的韩德勤再次被活捉,捉他的还是彭雪枫部。

但是,就在撤出战场转移时,一架国民党飞机呼啸着朝一个骑马的红军干部俯冲过来,年仅 33 岁的红三军军长黄公略的生命如擎天巨柱轰然倒下,鲜血染红了南中国花木盛开的大地。

夏夜,皓月当空,蛙鸣、虫吟,远处的小河在潺潺地奏着小夜曲。

在一座古老的祠堂内,欢闹一晚上的战士们,一个挨一个,在门板上沉沉地睡去了,可和衣而躺的彭雪枫,一点睡意也没有。

一弯新月悄然爬上西天,淡淡的清辉透过窗格子洒在他英俊的脸庞上,"举头望明月,低头思故乡",他想起了童年的故乡,想到了在天津、北京、烟台的岁月……

"冲啊! 冲啊!"一个光膀子战士在说梦话。

他翻了一个身,眼前又浮现出一年来的一幕幕:一身灰土布的毛政委,在临时搭建的讲台上神采飞扬地挥舞着手臂……

蓝天下,稻田边,一架青天白日的飞机呼啸着向行进的红军俯冲下来,一颗炸弹在来不及躲避的战士中爆炸了,刚才还在说笑话的那个江西小老表,一声未吭就倒在了血泊中,一双清澈的眼睛呆呆地望着蓝天,手中紧紧攥着冲锋号……战争多么残酷,一个花季年华的生命消失了。

渐渐地,他又回到蟒泉边,"爷爷,您身体还好吗? 我向您报喜了,我们胜利了! ——胜利了! ——"旷野中传来长长的回音……

墨香飘瑞金,儒将美名扬

江西东南部,有一座山清水秀的小城,叫瑞金。

据说,古时这里盛产沙金,一个聪明的秀才路过此地,看着黄金灿灿的淘金场,瑞气盈门,不由诗兴大发,于是起名叫瑞金。

这是 20 世纪 30 年代中国的红色首都。一个与南京政权对立的另一个世界,这里汇集了各种各样的马克思主义

瑞金的标志性建筑——白塔。

信徒,在他们的眼中,那是一个与共产主义天堂联系在一起的地方:没有剥削,没有压迫,民主、自由……

1931年11月7日清晨,中华苏维埃第一次全国代表大会在瑞金叶坪谢家祠堂召开。这一天,是列宁领导的十月革命胜利14周年的日子。

610名来自全国各个根据地的代表,见证了一个红色政权——中华苏维埃共和国临时中央政府成立了。毛泽东被选举为政府主席,"毛主席"这一称呼由此而来。

副主席是两名老资格的共产党人:张国焘、项英。

11月25日,中华苏维埃共和国中央革命军事委员会,在这里成立,简称"中革委",统一指挥各根据地的红军。红军之父——朱德,毫无悬念地当选主席,王稼祥、彭德怀为副主席;取消红一方面军总部,红一方面军改称中央红军。

12月底,周恩来自上海来到瑞金,就任中央苏区中央局书记。

……

小城的上空,飘荡着悠闲、恬淡的白云。四周的远山上传来轻快悠长的山歌,那是妇女采茶归来了。村头,一名红小鬼滴滴答答地吹着军号,一支整齐的队伍汇集在彭湃广场上,在开着大会……

斜晖轻轻洒在一座树林环抱、坐北朝南的白色院落内,院内种满了桑树、石榴树,这是瑞金一家地主的祠堂,墙上刷满了"只有苏维埃才能救中国!""实行耕者有其田"等标语。

这是六师的师部。

刚刚转为二师政委的彭雪枫,在窗棂下桌子旁,手捧《孙子兵法》,凝窗而思。

"报告!军团来电!"一个通讯员飞奔而至。彭雪枫微微一笑,还了军礼,接过来轻轻打开:

彭、郭:

中央命红一、三军团夺取赣州,兹令你部近日随军团进发,即做准备。

彭德怀 滕代远

1932年1月10日

他拔出胸前的铅笔,迅即几笔,交给了警卫员。

"送到《猛攻报》发了!"

"是!"

望着小鬼远去的背影和窗外摇曳的树枝,彭雪枫眼前浮现出往昔的片影:夕阳西下,六师劳动比赛的热闹场面——

战士们围着小山般的柴火、成篓的小鱼,声语喧哗;

莲塘战斗中有的战士一往无前,而有的迟疑胆小、缩手缩脚;

战斗受挫时,有的灰心丧气,发起牢骚。

……

清风明月的夜晚,他常常辗转反侧,暗暗思忖着,要是有一份报纸,表扬之,鼓励之,批评之,士气就大不一样了……

一个共产党员,就应该能说会讲,而又善于写作,下笔千言,倚马立待。从《塞上琐记》的发表,到参加《大公报》招聘考试,萌生当记者、编辑的念头像埋在心头的老窖,愈来愈散发出缕缕馨香,三次反围剿结束了,部队休整,实现夙愿的时机成熟了:名字,应该带有火药味,为冲锋陷阵的战友们呐喊,就叫《猛攻报》吧。

二师轰动了,"看喽,我的名字上报纸了!"看到战士欢呼雀跃的情景,他露出了一丝欣慰的笑容。

刚刚发生的重大新闻事件都是通过它,汩汩地流淌到二师官兵的心田里:

1931 年 9 月 18 日,沈阳日军炮轰东北军北大营,挑起事端,土匪出身的张作霖长子张学良,在蒋介石"攘外必先安内"的训令下,撤出关外;

三军团整编,下辖一、二、三师,彭雪枫任二师政委,郭炳生任师长;

中华苏维埃第一次全国代表大会召开;

周恩来自上海到瑞金。

……

不久,为给战士们增添娱乐内容,他又创办了"火线剧团"。

铁赣州,易守难攻,彭雪枫临危不乱

苏维埃第一次代表大会的召开,导致两件大事发生:一是毛泽东当了"行政干部",二是要攻占赣州。

这时的毛泽东处于一种非常尴尬的地位,一方面,他被免除了在红军中的领导职务,另一方面,他被挂上了中华苏维埃临时中央政府主席的名义。由于中华苏维埃临时中央政府只是个空架子,这个"执行主席"也只能是个空头衔,不起任何作用。

这是大将黄克诚的回忆片段。

说白了,此时的毛泽东失去了对红军的指挥权。常言道:"一个将军一个令",领导人的更换,会导致不同的作战方针。临时中央一批干部自上海陆续进入苏区后,开始对毛泽东的那一套"矫枉"。

1932年1月,临时中央发布《关于争取革命在一省与数省首先胜利的决议》,指示中央红军首取赣州,继而夺取吉安和南昌等。毛泽东极力反对,可是,在二十八个布尔什维克的眼里,擅长农民游击战的他,只会"逃跑"。

山路弯弯,密林中,红军主力已经悄悄逼近赣州。

赣州,江西南部一个美丽的城市,三面环山,蜿蜒而来的贡水和章水汇集此地,而形成奔腾不羁的赣江,河岸峭壁森森,险滩骇人,南宋大臣文天祥途经这里的惶恐滩,百感交集,留下了千古绝唱:

惶恐滩头说惶恐,

零丁洋里叹零丁,

人生自古谁无死,

留取丹心照汗青。

赣州城高墙厚,易守难攻,有"铁赣州"的称号。守敌是国民党云南的一个旅,旅长与朱德还有点关系。彭德怀为前敌总指挥,红三军团担任主攻,红四军团担任打援任务。

成千上万的红军战士围住了赣州城的四个门,彭雪枫、郭炳生率二师攻打南门。

"同志们,发扬三次反围剿的精神,赣州就是我们的!"一身灰军装,腰扎皮带的彭雪枫和师长郭炳生弓着腰在壕沟里,一边给战士鼓劲,一边奋力挖着潮湿的泥土坑道。

2月4日,战斗打响了。

重机枪怒吼起来,呼啸的弹雨中,一队队英勇的战士,左手掐着炸药包,右手支撑着身躯,匍匐着向城角冲去,十几分钟后,后续部队抬着云梯呐喊着冲向城墙,彭雪枫和郭炳生站在前沿,焦急地盯着。

坑道爆破的战士一去不返。

架云梯的勇士被敌人火力压在城下。

"出师未捷身先死,长使英雄泪满襟。"望着墙角下横七竖八死去的战士,彭雪枫流下了悲痛的泪水。

城东门,红军用重磅炸药,"轰"的一声巨响,炸起的砖石泥土飞到一百米之高的空中,落下来正好砸在城下的突击队战士头上。

红军伤亡越来越大,但仍屯兵城下。

蒋介石闻讯后,急忙令爱将陈诚率部自北驰援而来。

勇敢的红军用"火船"战术,驾驶小船冲向援敌渡船,快接近敌人时,将煤油浇在船上点燃……

战斗正紧张时,红七团政委李志民(1955年被授予上将军衔,曾任福州军区政委)发现自己的子弹没了,红着脸向来指挥掩护撤退的彭雪枫说:"能不能给我几发子弹?"彭雪枫毫不犹豫地倾其所有。"真是雪中送炭啊!"李志民后来回忆道。

33天后,红军主动撤出赣州。

血胆驰援,"乐安事变"立场坚

失败的阴影像噩梦一般,萦绕在彭雪枫的心头。

晚上,灯下,彭雪枫在日记中写道:"屯兵城下,久未攻克,乃兵家大忌。教条主义不足取,毛政委的诱敌深入,打击弱小,才是红军的看家本领,切记!切记!"

不久,红军发起宜黄战役,彭雪枫率二师担任主力,取得大捷,终于一扫晦气。部队正在宜黄与乐安一带的山区休整,不料,一件意外的事情却发生了。

9月,上午,阳光火辣辣的,师部门前的桑树荫下,彭雪枫带领大家进行近来的战斗总结。郭炳生从师部开会回来,二话不说,一屁股坐在师部门前的石头上,一边擦汗,一边唉声叹气:"赣州失败了,这几个月也连吃败仗,听说蒋光头要发动第四次大围剿,规模超过前几次,敌强我弱……哎,我看革命完了,完了……"说罢,仰天长长出了口气。

听着刺耳的泄气话,看着郭炳生垂头丧气的样子,树荫下,一片寂静。

大家望着政委。彭雪枫眉头紧蹙,神色严肃,忽地站起来,严厉地说:"什么?革命完了?胡说八道!革命像燎原烈火,风吹不熄,雨浇不灭,要烧掉地主豪绅,烧掉蒋介石和一切反动派,烧掉旧世界,革命永远完不了!"

彭雪枫一席话,赢得在场的一阵掌声。

郭炳生低下头,脸色青一阵红一阵,不服气地说:"政委同志,战斗不是靠讲大道理,喊口号取得胜利的,你看看,我们面前的困难的确是很多,这不是明摆着吗?"

一阵沉默。

看着郭炳生还在闷着头,似乎还没有想开,也许想到刚才的话有点硬,彭雪枫走过去,掏出一支烟递给郭炳生,换了一下口气:"炳生同志,我们面前确实存在不少困难,但比起平江起义,比起三次反围剿,我们的力量现在不是强大得多了吗? 赣州是失败了,但最近不是又攻下几座县城,打了胜仗吗? 怎么能说连吃败仗呢?"

郭炳生重重地吐了一个烟圈,争辩道:"政委同志,你要知道,老蒋的第四次围剿,不同于前几次,这次兵力、重炮更多,带来的局势更严重,我看,我们打败敌人的希望不大,不如走以前的老路,把队伍拉回湖南打游击去!"

郭炳生是湖南人,彭雪枫知道他有个犟脾气,认准的事就是十头牛也拉不回来,况且今天在场的同志都是他的下级,说重了,面子可能挂不住,不好收场,于是便低声说:"咱们都是师级指挥员,有不同看法也很正常,今天就不说了,等明天咱俩好好聊聊,不过,在任何情况下,都不能松懈斗志,一定要挺住!"彭雪枫最后一句格外重些。

这句话像触动了郭炳生的神经,他一下子跳起来:"谁松懈斗志,我? 笑话! 我郭某从来都是从大局考虑问题的,不像有些人,一到战场就会指手画脚,我当兵从来就不怕死,怕死就不当兵!"说着,气咻咻地朝地上啐了一口。

彭雪枫盯着郭炳生,胸脯一起一伏,他尽量克制着自己,思绪却像滚锅:以前与郭炳生就一些工作问题有过争吵,引起了一些误会,看来,今天很难说服他了,于是便说:"郭师长,今天暂不讨论这个了,你先回去休息一下,改日再说!"

郭炳生抓起帽子,嘟囔着,头也不回地走了。

夜色低垂,逶迤的群山像巨大的怪兽,阴森森地俯瞰着大地。树林里不时传来野鸡的尖鸣。彭雪枫一人独自散步在山坳的小路上,可脑海却跌宕起郭炳生灰暗的眼神……

郭炳生的父亲郭得云,是1916年彭德怀到湘军当兵时的第一个班长,参加过辛亥革命,为人正直,很有正义感。后因不满军阀混战,便弃职回乡。1921年,彭德怀当连长时为民除害,杀了恶霸欧盛钦,被湖南军阀赵恒惕通缉抓捕,幸被押解士兵途中偷偷放跑,逃到郭得云家,得到郭得云的掩护。遗憾的是,郭得云得伤寒病不久去世,弥留之际,托孤给彭德怀,当时,郭炳生才十一二岁。

由于有这段不寻常的交往,1926年彭德怀当了营长,郭炳生因生活无着前来投奔彭德怀时,便把他留在身边,从勤务员,一直到师长,彭德怀煞费苦心。

刚开始参加红军时，郭炳生作战勇敢，表现还算令人满意，但随着职务的升迁，郭炳生的尾巴开始翘起来，沾染上旧军队的习气：爱吹牛、出风头，有时又爱发脾气，无端斥责干部战士，厌烦政治工作，因此，常与自己产生矛盾，关系很僵。赣州战役失利撤退时，曾传来郭炳生不知去向的消息……

一天上午，部队正在山坳一处草坪上整训，突然，山谷中传来一阵稀稀落落的枪声，一个侦察员慌慌张张地跑来："国民党陈诚部窜入红二师驻地！"当时，二师部队散布在几处山坳里。

集中已来不及了。

彭雪枫迅速跑到一块大石头旁，拔出驳壳枪，大吼一声："撤！"说罢，带领师直机关和七团边打边撤，在崇山峻岭中跋涉三个昼夜，终于甩掉敌人，在凤岗圩找到了江西省军区和陈毅司令员。

"慌啥子嘛？"一口四川话的陈毅和一群人说笑着从屋内迎出来，"哎哟，哪股春风把你们吹来了，是不是蒋介石龟儿子们对你们又不客气了？"性格豪放洒脱的陈毅，什么时候都是乐观的，逗得彭雪枫也笑了。

"陈司令，不好意思，敌人太突然，不好意思打扰你……"

这位逝世后被毛泽东誉为"好同志"、出生于"天府之国"的共产主义者，一生胸怀坦荡，诗情豪放。当红军主力长征后，他率南方游击队在荒无人烟的原始森林里过着野人般的生活，1936年冬被围于梅山，创伤的剧痛、彻骨的寒冷与几度的饥饿使他时时感到命运濒于绝境，恍惚之际，留下近乎人生绝唱的华章：

> 南国烽烟正十年，
> 此头须向国门悬，
> 后死诸君多努力，
> 捷报飞来当纸钱。

大难不死的他，成了新中国的元帅、外交部长，存活的奇迹不能不说是信仰笃诚与意志坚定的伟大。

在凤岗圩，彭雪枫时刻惦记着郭炳生和五团、六团的战士，派侦察员火速与五团联系，相约在巴山会合，但石沉大海。

忐忑不安的彭雪枫带领15名警卫人员，马不停蹄，赶往巴山，出乎意料的是，当他们到达巴山时，空空如也，"上哪里去呢？……"经过打听才知，郭炳生带五团向北走了。彭雪枫顿时警觉起来："北边不是崇仁、抚州吗？那是白区呀，郭炳生会不会带五团去投敌？"想到郭炳生平时的言行，一种不祥的念头袭上心头……想到这里，彭雪枫浑身感到一阵发冷，奋力扬鞭，战马嘶鸣着，一溜烟儿向北奔去。

第二天黄昏时分，终于在崇仁县城不远的地方，追上了五团，哨兵看到政委来到，喜出望外，大声喊着："彭政委——来——了——"山谷中传来长长的回音。顿时，散布在山坳中的五团像炸开了锅。

团长白志文率战士奔过来，一见之下，恍如隔世，默默之中，相互表现出无言的悲凄。"回主力去！回主力去！"大家的呼声响彻山谷。

"我不是写信给李主任，让他告诉你们，在巴山等我，为什么到这里来？"彭雪枫面带愠色道。

白志文红着脸，支支吾吾地说："郭……郭师长说……老蒋马上进行第四次围剿……团里湖南人多，想回家……"

"放肆！无组织无纪律！"彭雪枫厉声疾语。

"打赣州时，我就提过意见，这两年，光打败仗，我想带队伍回湖南。"旁边的郭炳生辩解道。

"三次反围剿，我们不是胜利了吗？怎么能说光打败仗呢？再说，凭一个团的兵力，能突破敌人的包围圈吗？即使想回湖南，也应该先和彭老总打声招呼吧？谁也不说，为什么就向崇仁、抚州的方向跑呢？那是白区啊！"

也许最后一句话触到了郭炳生的要害，他的脸色刷地变白了，可能怕彭雪枫当场拘捕他（红军时期，政委具有最后的决定权），遂装出一副悔恨的样子说："彭政委，我纪律观念不强，又想家，没有请示上级，就擅自行动……回去一定好好检讨。"

彭雪枫思忖着，来了个缓兵之计：

"算了，郭师长，你知错就行了，咱们回苏区吧！"

当天晚上，彭雪枫和郭炳生带着五团往南返，不料，夜半时分，狂风大作，电闪雷鸣，大雨倾盆而下，乘着夜幕和草深林密，郭炳生带着几个亲信，乘机溜走，逃往乐安投敌了。

1934 年 1 月，在第二次全国苏维埃代表大会上，中革委为表彰彭雪枫在"乐安事变"中英勇机智挽救部队的功勋，特授予他一枚"红星奖章"。

叛徒总是没好下场的。投敌后的郭炳生，被蒋介石委任为"担架师"师长的空头衔，派他进攻苏区。冤家路窄，在黄陂战斗中，被二师战士发现，怒火万丈的战士们，集中火力，用"步枪排射"的方式，送这个败类上了西天。

势如破竹，八角亭下，血流如注

卧榻之侧，岂容他人酣睡。

南国的声声红歌，让1932年冬日的蒋介石心境愈加凄凉。

12月30日晚，蒋介石官邸。欢声笑语，高朋满座。觥筹交错之际，他当众宣布开始第四次剿共。

1933年2月，在周恩来、朱德的指挥下，彭雪枫和师长邓国清率二师和其他兄弟部队一起，参加了南丰、黄陂、草台岗等战斗的胜利，歼敌三个师，俘敌13000人，于3月下旬粉碎了国民党第四次围剿。

战后，蒋介石给心腹陈诚写信，坦言，这是他一生中"最大的耻辱"。

……

5月的江南，杂花生树，群莺乱飞。

长长的"灰色长龙"蜿蜒在山间小道上，彭雪枫和战士们一样，一边走着，一边兴奋地交谈着，似乎还沉浸在刚刚胜利的愉快回忆中。

"政委，咱们这次胜利了，蒋介石会不会来个第五次围剿啊？"

"只要咱们按照毛主席诱敌深入的方法，不管老蒋来几次，就一定打他个屁滚尿流！"彭雪枫挥舞着拳头道。

这是红一方面军向永丰、乐安一带的大湖坪进发，准备休整。

在大湖坪，红一方面军进行了缩编。取消了军级，一军团辖一、二、三师，三军团辖四、五、六师。彭雪枫任四师政委。

此时，在瑞金一座散发着新鲜石灰味的"独立房子"里，来了一位后来几乎置红军于死地的德国人。

他的名字，叫李德。

他是临时中央的负责人博古请来的，来指导红军的行动，被脑子一根筋的负责人奉为军事上的权威。他们主张"全线出击""两个拳头打人"的战略，主张将红一方面军分成两部分：一部分以一军团为主，称中央军，在抚河、赣江之间作战，看守中央苏区的北大门；另一部分以三军团为主，称东方军，入闽作战。

他们的打算是在两个方向"花开两朵"，然后乘胜夺取抚州、南昌，实现革命在江西和邻省的首先胜利。

7月1日，红三军团根据中革委的命令，正式组成东方作战军，简称"东方军"。孤军作战，乃兵家之大忌。2日，在东方军司令彭德怀的率领下，彭雪枫和师长张锡龙率二师由广昌的头陂等地出发，开始向闽宁化方向挺进。

东方军入闽的第一仗是拔除一个叫泉上的寨围子——土堡。

四师的任务是打援,在土堡 15 公里处的延祥设伏,进行"瓮中捉鳖",结果,取得大捷。随后,在福建连城的朋口地区击溃福建第十九路军区寿年部的第七十八师,彭雪枫和张锡龙率四师在彭德怀的指挥下,急行军追击,取得连城战斗的胜利。随后,又解放了清流、归化两县,

8 月 27 日,十九师和四师进攻顺昌城,四师以打援为主。

……

作战中,三军团采取运动战术,在速度、灵活性、勇敢程度的较量中,红军笑到了最后。

就在节节胜利之时,瑞金传来不妙的消息:蒋介石开始发动第五次围剿了!

1933 年 9 月 25 日,"屡败屡战"的蒋介石调集 50 余万人,分四路大军,开始进攻苏区。蒋介石求胜心切,相信"远来的和尚会念经",把目光投向莱茵河畔,希特勒派了两位将军帮助蒋介石:冯·西格特、冯·西尔肯豪森,有意思的是,此时,苏区军事最高指挥者李德,也是德国人。

三个德国人在中国的战场上,进行智慧的较量,在中外战争史上,可是一件有趣的事情。

蒋介石发誓与中共决一死战,采取"三分军事、七分政治"的作战方针:

政治上,推行保甲制和"连坐法",控制交通,实行禁运,利用地主武装加强对苏区的经济封锁;军事上,推行堡垒政策,"以守为攻,乘机进剿,主用合围之法,兼采机动之师,远探秘垒,薄守厚援,层层巩固,节节进逼,对峙则守,得隙则攻"。

9 月 25 日,敌人周浑元部首先进攻苏区东北部门户——黎川。

9 月 28 日,黎川失守!

军权在握的德国人震惊了,他急令东方军回师黎川。

秋天来了,但"秋老虎"威风不减,四师的战士们汗流浃背,望着金黄的稻田、喧闹的村庄,沿途热情的大娘、姐妹,疲劳已飞到九霄云外,走在苏区的土地上,心里是甜蜜的、踏实的。

"壮士饥餐胡虏肉,笑谈渴饮匈奴血",一路上,彭雪枫兴致盎然地用岳飞的名句来鼓励身边的战士。

10 月 4 日,四师到达泰宁地区。

翌日,四师向硝石挺进。

硝石是一个小镇,敌人早已布下碉堡阵,单等红军前来应战。刚一接触,红军就遭受损失,前线侦察的结果,更让彭德怀吃了一惊:硝石周围敌人

重兵把守……经过痛苦的权衡,最后电请中央,部队撤回至洵口、莲塘一带。

李德"御敌于国门之外"的欧洲大兵团的作战方式,在丘壑纵横、林密雨多的中国南部,是不适宜的。欧洲工业革命以后,火炮、炸药、装甲车使部队的实力大大增强,广阔的腹地平原,为这些武器的施展,提供了便利。可是,他却忽视了,这是在中国南部的丘陵地带。李德的弱点正是毛泽东的优点。

11月11日,红七军团萧劲光部对浒湾发起进攻。

彭雪枫和张锡龙受命增援。部队风驰电掣般赶过去,不料,敌人已向八角亭一带撤退,"追!"彭雪枫和师长一声令下。

指战员不停地跑,不分什么行军纵队了,那形状好像大风吹过的稻苗。急如火焚般地加入战斗。

在一个叫八角亭的四周,是一片树林,敌人早在此筑起碉堡,埋伏于此,此时,夕阳西下,天色渐渐暗淡下来。

时不我待,冲锋的号角吹响了。

勇敢的红军士兵像波浪一般一波连一波冲向林子,5分钟,10分钟……半个小时过去了,林子边堆满了牺牲士兵的遗体。

彭雪枫后来回忆道:

八角亭旧址。

> 几次冲锋,不能奏效,在暂时休息的时间内,宣传起来了。大家有计划地高声喊着,叙述着官长压迫之下白军士兵的痛苦。个别宣传之后,接连着唱歌和喊口号。战场简直是俱乐部,射击之后,又用口讲。
>
> ……

敌阵地一片寂静。

彭雪枫和师长伏在草丛中,痛苦而焦急地看着时间一秒一秒地从身边溜走,此时,已经是深夜12点了。

突然,师部译电员报告:"军团要求明日拂晓拿下八角亭!"

军令如山,翌日,凌晨时分,总攻开始了。

愤怒的炮火呼啸着飞向树林,树林燃烧起来。师长张锡龙看到敌人坚持不住了,马上率领一团从侧翼攻过去,果然奏效,敌人开始弃掉碉堡,四处逃窜。火光中,一群亡命徒冲到四师指挥部附近,彭雪枫大呼一声:"通讯排,跟我上!"说罢,跃出壕沟,这时,一梭罪恶的子弹打中他的腿部和肩部,顿时鲜血如注……

天亮了,逃往抚州方向的路上,堆满了一具具敌人的尸体。

彭雪枫陷入昏迷之中,被送往瑞金后方医院。黄克诚接任四师政委。

人海茫茫,得一知己,足矣

1934 年早春的上午。

瑞金西郊一个叫大树下的山沟里,几座青色的二层小楼掩映在苍松中,四周,泉水淙淙,百灵鸣啼。在楼前一块绿茵茵的草坪上,十几名红军将领端坐成一圈,在凝神谛听一位面色黧黑的人讲课。

林子中的瑞金红军大学。

"何校长,我提一个问题!"一个潇洒英武的青年将领站起来,何长工扭头一看,原来是自己昔日的战友——四师政委彭雪枫。

"呵呵,说吧!"何长工微微一笑。

"李德的短促出击,适不适合红军?"

(短促出击,即当国民党部队一旦离开炮楼向前推进,就给予所谓的闪电式袭击。后被证明彻底失败。)

……

彭雪枫去年八角亭负伤以后,一直在瑞金医院治疗,刚刚痊愈,便被派往红军大学学习。

红军大学于 1933 年冬开学,校长兼政委为何长工。

学校分高级指挥科,上级指挥、上级参谋和上级政治四科。彭雪枫分在高级指挥科,并任班长。

"知之者,不如好之者;好之者,不如乐之者。"自童年受祖父启蒙、家贫辍学,到天津、北平辗转求学……少年生活的艰难、人生岁月的磨炼,使他对学习有一种本能的渴望与向往。

尤其是四载戎马生活:攻长沙,战龙岗,奔建宁,莲塘、赣州、八角亭……他像陀螺一般嗡嗡地旋转着:白天听课、做笔记,夜晚熄灯了,还在被窝里偷偷背上一阵。

生命的色彩是斑斓的,在这里,他还收获了一份珍贵的友谊——认识了张爱萍。

张爱萍,原名张端绪,1910 年出生于四川达县的一个农民家庭。自幼热爱读书,投身革命后,一直在苏区共青团工作,素有"马上诗人"的雅称。1955 年被授予上将军衔,曾任国务院副总理、国防部长等职。

斜晖中,山峦像年方十八的佳丽披上一层金黄的绫纱,显得格外迷人。葱郁的丛林中,两个英姿飒爽的红军将领,一高一低,一左一右,沿着欢腾的小溪慢慢地走着。

"雪枫兄,你才高八斗,演讲侃侃而谈,下笔洋洋洒洒,我真佩服你呦!"

"过奖了,你文采斐然,我也要学习嘛!"彭雪枫谦虚地一笑。

……

这个来自巴山蜀水的赤子,望着文武兼备的兄长,心生几分景仰,而小弟张爱萍的一言一行,也让彭雪枫眼前一亮,也许是惺惺相惜吧,二人在红大由熟悉渐渐变得无话不谈了。

友谊,多么温馨的两个字,令多少世人一生追逐。"伐木丁丁,鸟鸣嘤嘤。嘤其鸣矣,求其友声。"(《诗经》)西方哲人认为,朋友是外在的我。诗人徐志摩所言:"友谊是两个灵魂之间有某种秘密相似的成分。"

的确,两人有某些相似的地方:都是胸怀大志的热血男儿,言谈举止中散发出儒雅的气息,性格的深处都有一丝桀骜不驯,甚至两人名字的风格也有惊人的相似:一个雪枫,一个爱萍,都是那样的飘逸、浪漫。两颗火热的心迸出了火花。在这个以农民为主体的军队里,二人宛如两颗璀璨的明星,显得格外耀眼。

张爱萍,这个以"勿逐名利自明耻,要辨真伪羞奴颜!"为座右铭的开国上将,几十年后,每每在人生大风大浪的关头,忆起在红大、长征途中、豫皖苏边区和彭雪枫结下的生死之谊,不禁潸然泪下:"我是为他活着的!"

……

"爱萍,你说我们八角亭为什么失利?"

彭雪枫脚步慢下来,微笑地望着张爱萍。

"我想,是不是没有贯彻好毛主席诱敌深入的方针,还有战场上猛打猛冲、灵活机动的战术?"

"说得好,我正在反复思考这个问题,准备写篇文章。"彭雪枫拾起一颗卵石,向树林中挥臂掷去。

"好啊,我正好拜读一下老兄的大作!"

不久,彭雪枫在红军总政治部编印的《火线上的一年》上发表了《八角亭战斗的教训》一文,这是彭雪枫最早的军事文章。

文字洗练、文采卓然,不乏真知灼见:

在运动中是我们消灭敌人的最好时机!

在突击之前和突击之际,须先发扬最大之火力。

森林战斗……保持正确的方向,就要预先依靠侦察的精密和善于利用指北针。

部分指挥员位置不适当,往往因为轻举妄动(不止八角亭一役)而受到损失,脱离部下而失掉掌握。

……

彭雪枫在红大的出色表现,赢得了中革委的赞誉和信任,不久,他被任命为红大政委。

1934年夏,彭雪枫又被任命为江西省军区政委。

江西军区是个大军区,辖10余县,"首都"瑞金就在其境内,他感到中央信任的目光,肩膀也变得沉甸甸的。

此时,江西省军区司令是陈毅。对于陈毅,彭雪枫并不陌生,可是,刚到任不久,陈毅要到西方军工作一段时间,临别时,陈毅拉着彭雪枫的手,操着浓浓的川音,大大咧咧地说:"雪枫啊,这两副挑子,可不轻呦,有啥子困难,你给我打电话嘛!"

彭雪枫笑了。

"一切军区后方工作由他独立处理,两个月左右处理得很好。"陈毅后来回忆道。

第五章　血色征途

苍茫的暮色中发出歌德的声音：
　　今天,从这里开始,世界上
历史已开始了一个新的篇章。
　　　　——乔苏埃·卡尔杜齐(意大利)

于都河畔,悲情告别,彭雪枫心如刀割

1934 年 10 月 16 日,黄昏。

江西南部一个宁静富足的小县城——于都。

县城东门外有一条河,叫于都河(也叫贡水),河面并不宽,深秋季节,没有咆哮的波浪,只有缓缓的微波,在静静地低吟着,显得肃穆庄重。

此刻,成千上万的红军主力部队源源不断地涌来。

战马嘶鸣,人声鼎沸,苏区的乡亲们,扶老携幼,前来送别,还有留在苏区的伤员们,也忍着伤痛赶来了……

汇集在十个临时渡口的红军官兵,披着夕阳的最后一缕柔光,开始了后来被全世界称为"长征"的悲壮的军事转移行动。

天,渐渐地黑下来。

于都河。

夜色中，一支特殊的队伍走来了。

博古、周恩来、毛泽东、张闻天、朱德等缓缓地踏上于都桥，这是中央军委纵队。

它分两个纵队，第一纵队，由中央红军司令部及其直属队组成，代号"红安"，司令员兼政委是叶剑英，第一纵队下属四个梯队。中央党政机关、后勤部等组成第二纵队。

在中央军委两个纵队的前后左右，是中央红军的主力部队。一、三军团在中央纵队前方，左右开路，八、九军团在中央纵队的后边，左右护卫，五军团担任全军的后卫。全军像大搬家似的，光挑子就三千多副。这是一个"甬道"式的行军方式，用彭德怀的话来说，"一、三军团像两个轿夫，抬着中央纵队这顶轿子"。

彭雪枫一脸愀然，心情沉重地走在第一梯队的队伍中，他是这个梯队的司令员兼政治委员。他的随身物品不多，一袋书、一块油布和一床棉被。

这次转移，彭雪枫一直到临走的前一天才知晓。15日下午，周恩来、朱德把自己叫去，彭雪枫满心欢喜地以为又有新任务了，不料，却是一个令他大吃一惊的消息："红军要军事转移"。

中央红军长征出发时
经过的瑞金武阳桥。

彭雪枫愕然了。他知道，红军第五次反围剿失利了，几个月前，中央根据地北大门——广昌失守。唇亡齿寒，但马上转移，他是一点都不知道的。

"去往哪里？"彭雪枫急切问道。

"到湘鄂西同二、六军团会合……"

他有点固执地想再问一下总司令，但朱德黯然的眼神和无奈的叹息，让他欲言又止了。

"那后方医院的几千名伤病员呢？"

"安排在老乡家……"周恩来难过地扭过头去。

彭雪枫木然地立在那里，眼圈慢慢地红了，谁都知道，国民党围剿部队正一步一步地向瑞金逼来，此去一别，意味着什么。

彭雪枫的心从来没有这么难受过——那是生死与共的战友啊！

深夜，瑟瑟秋风吹动着残枝败叶，吹动着一泻千里的于都河，吹动着单衣的红军官兵们。寒气很重了，彭雪枫回首眺望对岸举着灯笼、火把为红军送行的群众,心里不禁涌起一股暖融融的感觉。

一轮皓月,升起来了,清亮、清亮的。

深邃的夜空下,静穆的大地,默默地凝望着数万红军,渐去渐远。隐约中,彭雪枫听到了身后那熟悉的歌声:

一送(里格)红军,(介支个)下了山,
秋风(里格)细雨,(介支个)缠绵绵。
山上(里格)野鹿,声声哀号叫,
树树(里格)梧桐,叶呀叶落光,
问一声亲人,红军呀,
几时(里格)人马,(介支个)再回山。
……

《十送红军》是一首当时广为传唱的江西民歌,在几十年后的今天,已经成为反映红军长征歌曲的代表作。这首民间山歌以一位年轻女子的口吻,深情的小调,将对子弟兵的怀念之情,抒发得如爱情一般令人感动。

彭雪枫一路心事重重:是什么原因导致红军离开根据地?……

关于第五次反围剿失利的原因,红军到达陕北后,面对一个外国记者的提问,周恩来作了这样的解释:

"第一,他(蒋介石)按德国人的建议,采取了在纵深建筑碉堡,把军队的推进限于短距离进攻和巩固成果,最后用优势兵力(50万国民党军队对10万红军正规军)逐步实行有效包围等一套办法。

第二,我们方面在军事上没有同(国民党)十九路军领导的福建叛军进行合作,而且没有把它看做一支重要的牵制力量而加以支持。"

而事实上,1934年10月上旬,蒋介石在庐山会议上,就制订了一个关系着苏区红军生死存亡、外号叫"铁桶行动"的计划。

这才是真正让千万红军踏上"长征"路的真正原因。

在这个铁桶计划中,国民党将配备1000辆十轮军用卡车,快速运送作战部队。在瑞金的周围,筑起30道带电的铁丝网,30道封锁线,形成以瑞金为圆心,半径为300华里的包围圈。

获得情报的人叫莫雄,一个对中共有好感的同盟会会员。国民党内部中共地下党员项与年获悉后,为了送这个关系千万红军生命的情报,他敲掉自己的四颗门牙,化装成一个衣衫褴褛的乞丐,蓬头垢面,历尽艰辛,才进入苏区,终于,将情报完好无损地送到周恩来的手中。

第五章 血色征途

月下行军,敌机无可奈何,血战湘江,良将徒叹

将道

红军开始转移时,是在夜间行军,为的是避免蒋介石飞机的轰炸,但最终还是被国民党搜索的飞机发现了。

25日,驻守吉安的国民党空军第五中队的飞行员报告说,他们在粤、赣、湘边界的群山中发现"大量赤匪"像蚂蚁搬家一般向湖南方向蠕动。

——这是国民党飞机第一次发现红军在转移。

而此时,红军已突破蒋介石的第一道封锁线,向第二道封锁线走去。

这时,彭雪枫已调任中革委总司令部作战局局长,同时兼任第一梯队司令兼政委。

作战局是一个为司令部服务的部门,它根据前方的情报,拟出具体作战计划方案,然后由参谋长审阅后送审司令。任务十分重要。

11月8日红三军团在湖南汝城与何键部厮杀之后,红军通过第二道防线……

11月15日,红军在彬县、宜章之间通过第三道防线……

第四道防线,是一条让千万红军付出生命代价的大河——湘江。

11月29日,彭雪枫随周恩来、朱德赶到了湘江岸边的重要渡口——界首,他们马上在东岸设立指挥部。此刻,在湘江两岸的新圩、觉山铺一带,一、三军团的将士们正和湘军、桂军展开一场惊天动地的搏斗。

红军先锋团——一军团二师四团政委杨成武,后来这样描述战斗的激烈:

敌人像被风暴摧残的高粱秆似的纷纷倒地,但是打退了一批,一批又冲上来,再打退一批,又一批冲上来,从远距离射击,到近距离射击,从射击到拼刺,烟尘滚滚,刀光闪闪,一片喊杀之声撼山动地。我们的短兵火力虽然猛烈,可是还不能完全压倒在数量上占绝对优势的敌人(事后知道,我们对付的敌人,是何键的16个团)。他们轮番冲锋,不给我们空隙,整整地激战了一天。敌人死伤无数,我们也减员很大。

从30日上午开始,军委纵队的人马陆续到达湘江渡口。敌人的炮弹落在浮桥边,拥挤的人马、机器、挑夫担子、小红军的哭喊……渡口成了一锅粥。

彭雪枫在冷风中冒着敌机的轰炸在湘江两岸奔走,高声喊着:"快!快!

快点渡江！"

正在这时,朱德脸色严肃地走过来:"雪枫,东岸山头怎么丢失了?"

"总司令啊,不是咱们的战士不勇敢,有的阵地是咱们的官兵全部牺牲后,才落入敌人手中的……"

……

殷红的湘江,缓缓地向远方流去,上面漂浮着数万红军的遗体,湘江水成了血水。后来,湘江两岸流传一首民谣:"三年不喝湘江水,十年不吃湘江鱼。"

此战,红军牺牲5万余众。

过江后,彭雪枫知道了红军后卫三十四师被隔在江东,全师6000余人,几乎全部牺牲。他仰望苍天,连连长叹:"将不明,则三军大倾。"

湘南,一个叫老山界的大山中。

红军翻越的老山界主峰——猫儿山,
海拔2141.5米,也是五岭的最高峰。

疲惫至极的战士们,吃力地行走着,悲凄的脸上,掩饰不住对死去战友的怀念。极度的痛苦中,伤员们咬着自己的衣角,号啕痛哭。巨大的挫折像噩梦一般萦绕在每一位官兵的心中,压抑的气氛也让彭雪枫内心隐隐作痛:是什么原因造成连连失利、损失惨重?……官兵们的怨声载道声也不绝于耳——对高层领导的不满和质疑。

山雨欲来。

1934年12月12日,党中央在湖南、广西、贵州交界处的通道县城,召开了一次小型会议。

久未露面的毛泽东参加了,他建议,红军应放弃同二、六军团会合,改向敌人兵力薄弱的贵州前进。18日,在黎平召开政治局会议,会议同意了毛泽东提出的在川黔边地区建立根据地的意见。

　　毛泽东在被冷落两年之后,第一次受到尊重和信任,41岁的他,在红军中的威信与影响,渐渐地又回到反围剿的岁月中。有词为证:

　　　　山河泣,
　　　　大军强渡湘流急。
　　　　湘流急,
　　　　杀声盈野,
　　　　怨言难抑。

　　　　黎平兵转高原地,
　　　　统帅重把奇谋觅。
　　　　奇谋觅,
　　　　纵横云贵,
　　　　往来无敌。

　　黎平会议之后,彭雪枫不再兼任第一纵队第一梯队负责人,全力以赴做好作战局局长的工作。

　　1935年1月3日,军委纵队从江界河渡口渡过乌江天险。2日至6日,红军分别从回龙场、江界河、茶山三个渡口全部渡过。

　　接着,红一军团先头部队在大雨中,扑向贵州名城——遵义,1月7日凌晨,穿着国民党服装的红军,智取了这座城市,这是红军长征途中攻取的最大城市。

　　当山城的百姓迎着第一缕阳光醒来时,惊讶地发现满街都是浑身泥巴的队伍——红军。

夜郎大地,乾坤扭转,柏公馆邂逅邓颖超

　　1月9日,彭雪枫和作战局的同志们,兴冲冲地走进这座黔西北的首府。这里是黔地各种土产交易的集市,衣着奇特的苗、汉、黎等商旅云集于此,市面十分热闹。后来,彭雪枫这样深情地讲述心中的遵义:

　　那比较繁华的街市,那相亲相爱的群众,那鲜红的橘子,那松软的蛋糕。……

军委办公室设在一个逃跑的黔军师长柏辉章的豪华公馆内。这座灰砖砌成的两层小楼,高墙重门,在遵义城内算得上首屈一指的宏伟建筑。

午后斜阳,在二楼的阳台上,他邂逅了一年多未见的邓颖超。

"邓大姐——"看到邓颖超在阳台上晒太阳,彭雪枫快步走上前去。

"雪枫?"患肺结核、咳血的邓颖超,扭过头来,看到是老乡彭雪枫,她一阵惊喜,苍白的脸上露出喜色。

"大姐,一路上辛苦啦,好些了吗?"

"嗨,慢慢调养吧,你也要注意身体啊!一路走来,不容易啊……"

"我没事,您多保重!"

阳光里,两人寒暄着,问候着。

"雪枫,雪枫,电报!"不一会儿,室内传来朱德急切的喊声。彭雪枫略带歉意地向邓颖超点了点头,匆匆返回屋内。

15 日的黄昏,阴冷、沉闷。

晚饭后,在柏公馆里,政治局扩大会议召开了,这就是改变千万红军命运的"遵义会议"。

李德的翻译——伍修权,也列席了会议,他这样回忆道:

因为中央政治局和军委白天要处理战事和日常事务,会议一般都是晚饭后开始,一直开到深夜。会场设在公馆楼上一个不大的房间里,靠里面有一个带镜子的橱柜,朝外是两扇嵌着当时很时兴的彩色花玻璃的窗户,天花板中央吊着一盏旧式煤油灯,房间中间放着一张长条桌子,四周围着一些木椅、藤椅和长凳子,因为天冷夜寒,还生了炭火盆。会场是很简陋狭小的,然而正是在这里决定了党和红军的

遵义会议会议室。

今天,闪闪耀眼的"遵义会议"四个字,连同那柱廊式的两层楼房,中国传统斜坡大屋顶式样,已溶成片片美丽的风景,涓涓流淌在亿万国人温馨的记忆和回味中。

不善写诗的朱德,有感,诗兴大发,歌颂道:

> 群龙得首自腾翔,
> 路线精通走一行。
> 左右高低能纠正,
> 天空无限任飞扬。

遵义会议主要解决了军事指挥权问题,毛泽东被选为政治局常委,李德、博古的指挥大权就此画上句号。此后,毛泽东和周恩来、王稼祥组成新的"三人团"。

站在今天的角度看,毛泽东的复出,直到他 1976 年 9 月 9 日去世,一直处于共产党的领导核心,从此,国际共产主义运动又多了一个声音,中国革命的腾挪跌宕与这位从湖南稻田里走出、一生爱做"奇人"的师范生息息相关了。

在遵义会议前后,彭雪枫为会议的召开忙忙后,做了大量的工作,就在会议快要结束的时候,担任警戒任务的红三军团五师一部,遭到黔敌王家烈部的袭击,师长李天佑被撤职,应彭德怀的要求,彭雪枫又回到了三军团,任五师师长。

五师是参加过"百色起义"的老部队,有着光荣的历史。这是彭雪枫一年后从军委司令部再次回到前线部队。

"雪枫啊,三军团的战士们想你啊,以后,咱们又是一家喽!"

"谢谢军团长,和同志们在一起打仗、杀敌,痛快!"

二彭谈笑着,策马向土城方向奔去。

……

新年的鞭炮响了,这是红军离开根据地之后的第一个春节,雨雪霏霏中,彭雪枫和五师的

红三军团军团长彭德怀。

战士们蹲在山坡上吃着，喝着，尽情地享受着茅台酒的芳醇。

不久，部队经川南开到贵州扎西，在扎西，红军进行了整编。一、三军团均取消师级单位，各缩编为四个团。红三军团辖十、十一、十二、十三共四个团，红五师缩编为十三团，彭雪枫任十三团团长。

红军进入川滇地区之后，蒋介石步步紧跟，马上调整部署，企图将红军消灭在此。

2月15日，中革委命令红军各军团东渡赤水河（二渡赤水），十三团在右纵队，向桐梓地区急进。18日，红三军团以十二团和十三团为前卫，从回龙场出发，东进到赤水河附近，黔军闻讯，急忙前来围堵。先下手为强，十三团在彭雪枫和政委李干辉的率领下，急行军到赤水河西岸的二郎滩。

二郎滩，一个脚踏川滇两省的千年小镇，古朴而宁静的氛围中，在赶场（赶集）的日子则显出繁华喧闹的另一面。远远望去，两岸壁陡谷深，河急滩险。

时间就是胜利。

水流湍急如奔，只有三只小船，每只能装 30 人。彭雪枫焦急地望着对岸，突然，一阵枪声传来，原来，就在十三团到达二郎滩渡口的时候，黔军犹国材部也向这里奔来了，"马上构筑滩头阵地！"彭雪枫一声令下，先期过去的一个营，迅速做好战斗准备，当十三团过去两个营的时候，黔军也在山腰筑起阵地，疯狂地向山下的十三团俯射，形势万分危急，彭雪枫大喝一声："我们背水一战，又是向上仰攻，没有退路，同志们，要勇猛冲锋，消灭敌人！"
……

红军长征到达延安后，彭雪枫在一篇文章《娄山关前后——二郎滩的背水战》中这样回忆道：

劈面是个高山，三步缩做两步拥上去。部队展开了，敌人的子弹从耳旁飞过，炮弹一颗一颗地落在前面或者脑后。

这是一个背水战。

……追过去，追下了悬崖，敌人从悬崖边跳下去，跌死或者跌伤，一个窝里就跌了三四十。胜利者不能像那

二郎滩渡口。

样地跌下去的,所以只得弯了路。敌人就乘这个机会跑得无影无踪了。漫山遍野的背包、衣服、手榴弹、军用品,以及敌人死者、伤者身上的枪支、子弹,在今天统统换了主人……

不久,三军团在二郎滩渡过赤水河。

21 日,中央红军全部过了赤水。

二渡赤水以后,十三团作为右路军的前卫,向桐梓一带进军。

桐梓,黔西北重镇,是贵州军阀王家烈的老巢,据说"夜郎国"最早就建都于此。

走在"天无三日晴,地无三里平,人无三分银"的黔北大地上,彭雪枫一路上向红小鬼讲述着发生在贵州的传说:黔驴技穷、夜郎自大……微风细雨中,小战士们津津有味地听着,眼睛亮晶晶的。

2 月 24 日,彭雪枫等率十三团到达桐梓南面的胡坝地区。

红军在黔北山地中迂回突袭,让蒋介石摸不着头脑,一军团四团占领桐梓,他判断红军将二次占领遵义,急令王家烈部占领娄山关,并将川军、黔军合围,企图将红军消灭在娄山关地区。

雄关漫道,残阳如血,彭雪枫大喝一声:"跟我来!"

娄山关是贵州北部大娄山中最重要的关口,是当时四川通往遵义的唯一通道,自古以来就是兵家必争之地,王家烈在此布置了 4 个团的兵力。

三军团接到中革委的命令后,马上部署,命令十三团正面进攻,十二团跟进助攻,十团、十一团迂回侧面,配合正面进攻。24 日凌晨,在彭德怀等军团首长的目送下,十三团和十二团冒着细雨从桐梓出发了,风驰电掣般赶往娄山关,一路上,战士们士气高昂,高声地喊着:

"同志们,为了夺取遵义,我们必须占领娄山关!"

"潇水渡过去了!湘江走过了!乌江飞过了!苗岭爬过了!一个娄山关,同志们飞不过吗?同志们,难道飞不过吗?"一个红小鬼俏皮地喊着,惹来一阵笑声。

"猛打猛冲猛追呀!"

"不要忘记我们十三团的光荣啊!王家烈比得上十九路军吗?"

……

一阵阵说笑声,勾起彭雪枫往昔的记忆。那是在东方军的时候,十三团和十九路军的十六团在福建延平打了一场遭遇战,不过两三个钟头的工夫,

就把这个国军劲旅消灭了。从此,十三团名声大噪,成了三军团的绝对
主力。

途中,三连的官兵遇到几个形色可疑的背煤人,经过审问,原来是黔军
的侦察兵。从俘虏口中得知,黔军有两个团已上了娄山关。

终于到达娄山关的脚
下了。

娄山关,又名太平关,海
拔 1414 米,向北 15 公里到桐
梓,向南 30 公里到达遵义,关
口东侧名叫点金山,从川南
到黔北,娄山关为必经之地。
史书记载:"万峰插天,中有
一线。"1860 年,太平军由此
北下桐梓,西征川南,曾假托
李白之名刻下了"石笋如掉
笔,悬于山之巅,谁谓不平

者,与之书青天"的诗句,历来为兵家必争之地。

娄山关战场旧址。

彭雪枫用望远镜仰望,只见娄山关雄踞娄山山脉的最高峰。关上茅屋
两间,石碑一通,上书"娄山关"三个大字。周围山峰,峰峰如剑,万丈矗立,
插入云霄。中间是十步一弯、八步一拐的汽车路。这种地势,真所谓"一夫
当关,万夫莫开"。

若隐若现的娄山关上尖尖的山,朵朵的云,云裹着山,山划破了云,一幅
雄伟俊美、云雾缭绕的图景。

气喘吁吁的战士们,沿着川黔公路源源不断地拥来,彭雪枫心潮澎湃,
目光中充满怜爱之情,兵贵神速,一声令下:"黄昏之前一定要拿下娄山关!"

三营打响了进攻的第一枪。

三营沿公路刚开始出击,就遭到黔军的火力封锁,黔军居高临下,火舌
从山上蔓延下来,压得三营抬不起头,右翼悬崖峭壁,无法前进,左翼的山,
有些坡度,彭雪枫怒火中烧,急令三营派一分队迂回左侧面攻击,黔军遭两
面攻击,开始向点金山撤退。"一营进攻!"彭雪枫大喝一声。

一营分两个梯队,轮番向山顶发起冲锋,弹雨如飞,炮声轰鸣,整个山谷
成了火的海洋。但两轮进攻均遭到失败。

天色,渐渐地暗下来,四野低垂,空旷的山谷中除了偶尔听到零星的枪
声之外,一片死气沉沉。彭雪枫徘徊着,黄昏之前如拿不下娄山关,三军团

将遭围歼，整个红军行动计划也会被打破，他想起了痛心的湘江之战……难道"双枪军"（黔军的谑称，一支枪，一支鸦片枪）就这么难破吗？"壮志饥餐胡虏肉，笑谈渴饮匈奴血……"他又忆起少年读书习武的岁月，凌云壮志的情怀像火一般在胸中熊熊燃烧起来……

"一营组织突击队！不惜一切代价拿下娄山关！"彭雪枫声语激切，举着驳壳枪，和政委李干辉亲自来到一营组织进攻。

一营士气大振，突击队像离弦之箭，火光中，黔军被这些不要命的红军惊呆了：

放眼望去，只见黑压压的红军，冒着呼啸的弹雨在陡峭的绝壁上奋力攀登，有红军战士不断地中弹坠落倒下，但他们的吼声从未停止，那吼声像天兵在呐喊，汇成一曲惊天动地的大合唱……

娄山关关口两侧的制高点——点金山终于被拿下了。

点金山的后面就是娄山关关口。黔军撤退到山腰，筑起阵地。

"乘胜追击！重机枪，火力延伸！"彭雪枫果断地命令。

突然，黔军又反扑过来，彭雪枫用望远镜仔细一看，原来是黔军士兵背后站着几个军官模样的人，手提马刀，凡是黔军士兵稍有后退的，毫不留情地砍倒。

"擒贼先擒王，消灭掉！"顿时，几名特射手向这几名军官开火，一人一个。

"弟兄们，打死压迫你们的长官啊！"

"白军士兵们，你们拼命，为的哪个呢？看看你们长官，再看看你们自己！"

彭雪枫组织士兵在休息间隙向黔军喊话。

突然，山谷中冲锋号响彻云霄。

——总攻开始了。

彭雪枫冲到十三团的最前沿，大喝一声："跟我来！"

红三军团的四个团在各自的位置上，向黔军发起致命的一击。黔军如潮水一般向遵义方向溃退了。

……

站在山顶上，彭雪枫和战士们久久地沉浸在胜利的喜悦中。

这是 1935 年 2 月 28 日的傍晚。毛泽东面色凝重地随军委纵队走来了。

冷风呜咽，松涛阵阵，眺望逶迤苍凉的战场，他百感交集，吟成传颂至今的名篇《忆秦娥·娄山关》：

西风烈，
长空雁叫霜晨月。
霜晨月，
马蹄声碎，
喇叭声咽。

雄关漫道真如铁，
而今迈步从头越。
从头越，
苍山如海，
残阳如血。

"娄山关战役"被誉为红军长征以来最大的一次胜利，彭雪枫功不可没！

老鸦山大刀飞舞，皎平渡再立新功

娄山关胜利后，红一、三军团乘胜向遵义追去。

遵义分旧城和新城，旧城为政治文化中心，新城为商业中心，旧城与新城之间有一条河为界。2月27日，阳光炙热的下午，三军团先头部队十一团追至城下，军团参谋长邓萍带领十一团政委张爱萍、团参谋长兰国清伏在河边的草丛中，用望远镜观察旧城地形，这时，一名年少活泼的通讯员前来报告，他飞跑暴露的行动引起了敌人的注意，突然，一梭子弹飞来，军中骁将——邓萍不幸倒下了。

消息传来，全军悲痛。彭雪枫潸然泪下，为失去一位杰出的战友而痛心不已。

"今晚拿下遵义城！为邓参谋长报仇！"愤怒的彭德怀，在电话中向三军团的全体官兵发出进攻的命令。

攻城部队为十二、十三团。

夜晚的黔北高原，寒风彻骨，乌黑的夜幕，仿佛是幽灵的眼睛，窥视着沉沉的大地。两个团各派出两个突击连，战士们屏声静气，衣襟连着衣襟，宛如一条长龙，向城墙边扑去。

突然间，一阵猛烈的枪声，夹杂着吼声，既没看见预先约定的信号枪弹，又没有看见放火，究竟进去了没有？彭德怀、彭雪枫等在黑暗中焦急地望着。

彭雪枫后来回忆道：

原来首先进去了一个排，敌人于黑夜之间，不晓得来了多少人马，何况又都是惊弓之鸟呢。于是措手不及，有的找了暗处换了便衣，有的沿着走熟了的出城门的街道挤出去了。偌大一座城，继续进去两个连，简直不中用，而后续部队又联络不到。大家只得摆一个"麻雀阵"东两西三，一堆一堆地对着敌人退却部队黑暗中射击。只听见敌人慌张的脚步声，相撞之下抛弃的辎重声，继续三四个钟头。天将拂晓，红军的大队进城了，白军的尾子还没有完全离开城门口哩！

……

早春的田野，油菜开始泛黄，水田里稻秧葱绿。

温暖的阳光下，村落的路旁，站满了衣衫褴褛的"干人"（当地穷人的别称），他们衣不蔽体，佝偻着腰，暗淡的眼神流露出一丝茫然，孩子在尘土中疯耍，望着一队队跑步过往的红军，又多了一份好奇。

彭雪枫望着这些穷苦人，胸中渐渐有一股东西在燃烧、翻腾，他想到家乡——七里庄那些贪婪的地主老财……"妈的，天下乌鸦一般黑！"

这是十三团驰援老鸦山的途中。

……

原来，红军夺取娄山关，二次占领遵义，震惊了正在休养的蒋介石，他急令国民党第一纵队司令吴奇伟率两个师火速从贵阳出发，反攻遵义，妄图将中央首脑机关消灭在遵义城下。来者不拒。中央红军抓住有利战机，准备在遵义南的红花岗歼灭之。

2月28日上午，三军团的红十一团、红十团占领红花岗、老鸦山等山头，敌人多次发动进攻，均败下阵来。敌人受阻后，下午，改向十团防守的老鸦山重点进攻。敌人似乎要狗急跳墙，在炮火、飞机的支援下发疯似的向老鸦山冲锋，团长张宗逊负伤，参谋长钟剑伟牺牲。

老鸦山阵地失守了。遵义近在咫尺。

又到了一个生死存亡的时刻。

时刻关注战斗的彭雪枫，主动请缨，心急火燎地打电话给彭德怀："军团长，老鸦山吃紧，就让我们十三团顶上去吧！"

"十三团娄山关战斗损失较大，你们暂且作预备队……"彭德怀关切地说道。

"不！三军团是一家，十三团应该在第一线，我愿立下军令状，拿下老鸦山！"彭雪枫再次恳求道。

彭德怀沉吟了一会儿，说道："那好吧，要注意战术，减少伤亡！"

"是！"

十三团迂回到老鸦山的左侧，彭雪枫一声令下，迫击炮的怒吼声冲破云霄，敌人也不甘示弱，雨点般的弹片落在十三团的阵地上，野草和树木熊熊燃烧起来，不久，敌人压过来了。

仇人见面，分外眼红。杀红眼的彭雪枫大喝一声："拿刀来！"说罢，一个"燕青出水"跃出战壕，抢起闪亮如银的偃月刀，带领战士们像利箭一般冲入敌阵，只见刀光如电，红缨飞舞，刀片过处，敌人喊爹叫娘，血肉横飞，少年时的武艺在今天大显身手。

敌人一片混乱，纷纷撤退。

此时，陈赓、宋任穷的干部团也从敌人背后包抄过来，吴奇伟被吃掉两个师后，率残部向乌江方向逃窜。

……

碧蓝的天空，游弋着朵朵白云，远山野花的清香，飘到遵义城内红军官兵的心中。遵义的大街小巷，成了欢乐的海洋。

彭雪枫率师十三团在遵义稍稍休整。

早春的夜晚，天气阴冷阴冷的，屋内生了一盆炭火，暖烘烘的，坐在火前看报的彭雪枫突然发出"啊"的一声，警卫员过来一看，只见一行醒目的大字：共匪方志敏、寻维州、刘伯坚等被执行枪决……目光坚毅的三人的照片也赫然配在一旁。

他怔住了，心里像被刺了一刀，难过起来。"国民党的狗仔们！"彭雪枫愤愤骂道。红火映着他紧蹙的脸庞，宛如一幅动人的特写油画。他望着屋外，思忖着，不知道陈毅等情况如何，他想到了在苏区任江西省军区政委的岁月……

第二天，在一座天主教堂内，红军召开团以上干部会议，彭雪枫胳膊里夹着两本书：一本是鲁迅的《阿Q正传》，另一本是毛泽东的《井冈山游击回忆》，早早地来到会场，不一会儿，张爱萍、王平、宋任穷陆续来了，战友情深，大家见面，分外亲热。

"雪枫兄，多亏你们十三团了，不然，我们就

方志敏。

见马克思喽!"张爱萍笑着走过来。

"见死不救,不够意思嘛!"彭雪枫拍了张爱萍的肩膀一下,开起了玩笑。

"哈哈哈……"

喧闹之际,会场突然静下来,大家的目光朝主席台望去——毛泽东来了,这是红军团以上干部一两年来第一次见到消瘦长发的毛泽东。

张闻天传达了遵义会议的内容,宣布毛泽东又回到红军的领导位置上了……

会场内欢呼雷动。彭雪枫的脸上也漾起一丝兴奋的光彩。是啊,王明的"左"倾冒险主义害死了多少红军官兵的生命啊,还有那个瞎指挥的李德……

3月1日,雨夜,武汉。

汉水边上一座豪华官邸内,灯火辉煌,声语喧哗。

晚宴席上,蒋介石簇拥在达官显贵、名媛淑女中间,频频举杯,欢迎张学良从海外归来。忽然,一神色慌张的副官疾步而来,朝蒋介石耳语一番,蒋介石的表情顿时凝固了,马上变得不自然起来,机械地朝张学良说:"汉卿,喝,喝……"不久,便借口离席。

红军在黔北神出鬼没,连克桐梓、娄山关、遵义,歼灭国民党吴奇伟部两个师八个团的消息,让蒋介石焦灼不安。3月2日,蒋介石在心腹陈诚、侍从室主任晏刚道的陪同下,亲自飞往山城重庆,部署对红军的围歼。

抵渝后,蒋介石立即下令:"凡我驻川各军概由本委员长统一指挥,如无本委员长命令,不得擅自进退,务期共同完成使命。"

消息传到了黔北高原。为了统一指挥,3月4日,中革委决定组建前敌司令部,任命朱德为司令,毛泽东为政治委员。

在遵义城内一位黔军旅长的屋子内,毛泽东一手叉腰,一手拿着铅笔,在地图前凝神思索,香烟袅袅中,朝着弯曲的赤水河轻轻一画……

不久,红军撤出遵义,向西挺进,彭雪枫等率十三团和三军团一起,经鸭溪、鲁班场、怀仁、茅台,三渡赤水,到达川南地区。

红军的飘忽不定,把蒋介石搞得晕头转向。红军主力云集川南的电报,让他又惊又喜,他急忙调集川、黔、滇各路军阀,一路围堵而来。兵不厌诈,正当敌人踌躇满志地将要合围时,红军突然掉转方向,于3月21日晚东渡赤水河,是为"四渡赤水"。

四渡赤水是遵义会议之后,毛泽东指挥红军在运动战中歼灭敌人的得意之笔,以致1972年毛泽东在会见美国国务卿基辛格时,谈起自己的军事生涯,说四渡赤水才算是代表作。可见,它在毛泽东心中的位置非同一般。

刚刚渡过赤水又折回,这让十三团的红军官兵也想不通:

"团长,光走弯弯路,啥时是个头啊?"

"跑来跑去,也没见个敌人,图个啥?"

……

彭雪枫闻言,走到一个满脸疲惫而失望的瘦高个战士跟前:"来回穿插是为了迷惑敌人、甩掉敌人,我们要在运动中消灭敌人,三次反围剿就是这样……"瘦高个点点头,默不作声了。

红军从敌人空隙中穿过,向南疾进,突破乌江天险,直逼贵阳。而此时,贵阳城内,蒋介石携夫人宋美龄,正悠闲地尝着贵州菜,品着茅台酒,过着神仙般的生活。

红军的回马枪顿时让蒋介石失去雅兴,另一方面让"云南王"龙云率10万滇军火速援救贵阳,另一方面让贵阳警备司令挑选20名向导,12匹好马,两顶小轿,准备伺机逃跑。

红军虚晃一枪,4月9日,沿着贵阳东面的公路,向敌人兵力薄弱的云南奔去。随后,彭雪枫等率十三团和红三军团一起渡过北盘江,并乘机占领了黔滇边境的几座县城,打开了云南的通路。

初春的滇北高原。阳光和煦,树木吐翠。

彭雪枫等率十三团在这里稍稍休整。走出门外,极目远眺,只见错落有致的傣族村寨,安然地躺在青山绿水的怀抱中,漫山遍野的罂粟花,轻轻地扭动着纤细的腰肢,在风中低声吟哦。美丽的边城风情,让彭雪枫深深地陶醉了,他思绪翩翩,诗兴勃然……

红军兵临昆明城下,吓坏了正在城内花园洋房里的蒋介石,恼羞成怒的蒋介石连连大骂:"娘希屁,我走到哪里,共匪就跟到哪里,你们说,这是为什么?"

大厅里,一片寂寂。龙云等战战兢兢,大气不喘,腿如筛糠。

就在蒋介石和龙云四处调兵、集中昆明的时候,红军兵分两路,向西北辗转,直奔金沙江而去。

5月4日,三军团电令十三团为先头团,急行军抵达金沙江畔洪门渡口,"金沙江!金沙江到了!"战士们兴奋地呼喊着,只见滔滔江水,裹起翻腾的浪花在陡峻的峡谷间咆哮着,水流湍急,犹如一条巨蟒穿行在崇山峻岭中。

"金沙江是流经川滇边境长江上游的一段,古称泸水,诸葛亮七擒孟获的故事就发生在这里。"彭雪枫眉飞色舞,向身边的战士讲述着金沙江的逸闻趣事。

但由于渡口水深流急,无法架桥,小船只有一只,来回需要半个小时,江边站满了要过江的战士,

金沙江。红军巧渡金沙江后,跳出了数十万敌军的包围。

彭雪枫和政委商量后,马上向彭德怀报告了这一情况。

"你们设法迅速过江,三军团其他部队去皎平渡!"

皎平渡,金沙江上游著名的渡口,自古有之。商旅往来,从四川进入云南北部;进出西藏,其为必经之地。

在皎平渡口,红军靠着7只小船,日夜摆渡。经过九天九夜,5月9日,三军团和其他红军全部渡过金沙江。

蒋介石闻讯后,大惊失色,急电麾下:"在长江南岸堵截红军乃党国命运所系!"

可是,晚矣!两天后,蒋介石的追兵才赶到,只得望江兴叹。后来红军剧社根据这一故事编了一出话剧《烂草鞋》,讽刺国民党追兵到江边时,只拾到几双烂草鞋。

生死攸关,风雨兼程,泸定桥上感慨多

红军向北就是彝族居住区,被称为"倮倮",彝族还是奴隶社会,黑彝是贵族,白彝是奴隶,入乡随俗,在这里,刘伯承和彝族"咕基"部落首领小叶丹歃血为盟,结为弟兄,从而使红军顺利通过。

彭雪枫等率十三团昼夜兼程,奔向大渡河。翻越晒经山后,接到上级通知,原十一团政委张爱萍到十三团任政委,老朋友一见面,就开起玩笑:

"好你个马上诗人,你看人,鼻子都是朝天的,今天还是跑到我这里

来啦!"

张爱萍也不示弱:"彭雪枫啊,这个家伙,英雄主义的厉害!"

"哈哈哈……"

最先渡过大渡河的是红一团,在团长杨得志的指挥下,17名勇士驾小船,冒着敌人的炮火从安顺场顺利渡过。

令人遗憾的是,1949年解放前夕,17名勇士全部英勇牺牲,没有看到他们为之献身的共和国的诞生。

安顺场,三面临山,一面临水,是72年前太平天国翼王石达开魂归的地方。

1857年,石达开带领20万太平军精锐,负气离开天京,踏上了六年辗转征途。这是没有后方补给的流动作战,类似唐末冲天大将军黄巢的作战情景。兵至大渡河,4万农民军陷入绝境。1863年6月13日,悲

安顺场渡口俯瞰图。

情英雄石达开亲手把胡、吴、潘等5名妻妾扔进大渡河,无可奈何地留下"大江横我前,临流曷能渡"的悲叹后,独自一人走向清军营帐,最后在成都被凌迟处死。而他残存的两千余名部下,放下武器后,全部被杀。

湍急的大渡河水,犹如成群的野马,沿着峡谷奔腾而下,恶浪激溅,狂涛咆哮,很远就能听到如雷般的声响。两岸悬崖巉峻,地势极为险恶。

走在峭壁间的羊肠小路上,彭雪枫和张爱萍互相搀扶着,谈论着石达开。

"石达开是个帅才,但意气用事,脱离天国,迟早要失败的!"

"本来渡河已过一万多人,但啥子老婆生孩子,就撤回庆祝起来,坐等了三天,失去渡河机会!"

"蒋介石想让红军做石达开第二,呵呵,做他美梦吧!"

"当然喽,时过境迁,今日的红军非太平军,胜利是属于我们的喽!"

……

傍晚,山风阵阵,夜雾降临,十三团开始踏上康熙御笔亲题桥名的"泸定桥",在桥头的铁桩上,彭雪枫和张爱萍饶有兴致地看到铁桩上刻着:"康熙四十四年岁次乙酉九月造汉中府金火匠马之常铸椿重一千八百

将道

大渡河上的泸定桥。

斤"的字样。

最先过去的红二师四团的 22 名勇士，他们在团长王开湘、政委杨成武的指挥下，冒着对岸敌人的火力，胜利地完成了任务。

走在晃晃悠悠的铁索桥上，彭雪枫凝视着脚下奔腾不息的恶浪，仰天长叹："多少勇士为之长眠于此，红军每前进一步，都是以生命为代价的啊……"

一部老电影《飞夺泸定桥》，就是反映这个精彩的历史片段的。实际上，先期从安顺场过去的红一师，也从对岸驰援，两支红军部队，里外夹击，做了个战术配合。

红军渡过大渡河后，继续向北挺进。在天全河一带击溃四川军阀杨森的部队后，几座雪山挡住了去路，第一座雪山——夹金山扑入眼帘。

川藏边的夹金山，海拔 4500 米，山下树木葱郁，花香四溢，是一片原始森林。而山上终年积雪皑皑，远远望去，宛如洁白的绫纱披在巨人的肩上。当地人说，夹金山也叫"神仙山"，意思是只有神仙才能过得去。

山脚下，彭雪枫站在一棵百年松树下，双手叉腰，号召十三团要做神仙的口号声一过，战士们人人手持一根棍子，迫不及待地开始登山了。

此时，艳阳高照，这是 6 月 15 日上午 9 点钟。

彭雪枫和张爱萍一前一后，走在十三团的最前头。

"爱萍，知道元朝关汉卿的《窦娥冤》吗？"

"当然知道喽，你说的是 6 月飞雪吧？"

"知我者，爱萍也！不

夹金山。

过，那是关汉卿的浪漫主义笔法，今天我们要尝一尝真正的6月飞雪的滋味！"

"要得，要得。"

……

警卫员望着团长、政委爬山还谈论文学，偷偷地笑了。

越往上走，呼吸越困难，雪白的积雪刺得人睁不开眼，脚底不断打滑，战士有不断跌倒的，天气说变就变，开始是大雾，不一会是毛毛雨，接着，细雨携带的飞雪，呼啸而来。

爬雪山的情景到底是什么样子呢？老红军战士林伟，在他的日记中这样描述：

未至山顶，忽然一阵西伯利亚大风刮来，雨雪交加，云雾飞扬，弥漫于各个群峰，我们一个跟着一个，用毛巾包着颈脖子，戴上眼镜，迈着均匀的步伐，一步步向上前行。大家也不说话，有些身体过于虚弱的同志们，因为心脏有毛病，有的行至半山腰，呼吸增加，骤成喘息状态，身上打战噤，牙关交响，面呈黝黑色，有的经过急救无效就牺牲在这个大雪山上。

彭雪枫少年习武，体质好些，中午时，已到山顶，可扭头一看，张爱萍还在半山腰奋力地攀登着，肩上还扛着几支冲锋枪。

"雪人"彭雪枫在空气稀薄的山顶一边等着，一边给脚下的战士鼓劲：

"征服夹金山，英雄比比看！"

"红军战士铁打的汉，不怕风雪不怕寒！"

顺口溜激起风雪中战士们的斗志。

可在逶迤的山路上，彭雪枫还是看到了不想看到的一幕：几个战士像雕塑一般静静地躺在雪地里……

10分钟后，面色苍白的张爱萍气喘吁吁地上来了。

"老弟，你扛这些玩意干什么？"彭雪枫捂着脸问道。

"战士们牺牲了，我看丢掉挺可惜的，就捡起来了。"张爱萍喘了一口粗气。

彭雪枫笑了："我说老弟啊，部队在减员，你这枪给谁用啊？"

一阵风吹来，张爱萍缩缩脖子，可不是，妈的，也许是自责，也许是看到无情的雪山在吞噬着身边的战士，双手一松，大枪朝山下滚去。

"爱萍，你身体不好，还是骑我的骡子吧？"彭雪枫关切道。

两军会师纪念地。

"不，不，我还能坚持，你骑吧，全团还要靠你指挥呢。"

两人争来争去，最后还是让重伤员骑了。

下山时，彭雪枫和战士们坐起"滑梯"，欢快的笑声荡漾在山谷中。

当晚，十三团和其他一方面军的战士在山脚下的达维村，见到了前来接应的红四方面军的将士。原来，四方面军一部在三十军政委李先念的率领下，前来迎接。

红四方面军，是红军的主力之一。1931年在大别山的鄂豫皖交界处燃起烽火，后迅速壮大。1932年7月，蒋介石发起第四次围剿，四方面军的"一把手"张国焘实行盲动主义，造成失利，10月被迫进行长征。

真是"初闻涕泪满衣裳"，彭雪枫和战士们一样，喜极而泣，沉浸在相见时的悲喜交加中。

一弯清月，滑过雪山之巅，晶莹、剔透。

红军连续翻越梦笔、长板、打鼓、托罗岗几座雪山，就到了藏民区了。

6月18日，一方面军开进懋功地区。

懋功，又名小金，是雪山脚下一座数百户人家的小镇，居住着藏、回、汉人民。当晚，在一座漂亮的天主教堂里，红一方面军和四方面军举行了会师大会。

在这里，红军中两个重量级人物——毛泽东与张国焘，晤面了。

张国焘（1897－1979），江西萍乡人，中共早期的领导人之一，后来成为红四方面军的最高领导人。长征结束后，任陕甘宁边区政府主席。1936年4月，张国焘趁祭奠黄帝陵之机，脱离边区，后来，张国焘去了香港地区。

抗美援朝期间，张国焘做起黄金生

懋功会师桥。

将道

意,结果血本无归。

1961 年,贫困潦倒的张国焘靠给美国堪萨斯大学写稿撰些稿费。

1968 年,"文化大革命"的浪潮一度波及香港地区,这使张国焘十分惊慌,为慎重起见,他携妻去了加拿大。

1979 年 12 月的一个冬夜,在多伦多一老人公寓内,因夜半毯子掉在地下,无力捡起,冻死在床上。

这个结局,恐怕是张国焘做梦也没有想到的。

红军长征途中,面临着三种灾难:一是大自然,二是国民党反动派军队的围追堵截,三是内部斗争。张国焘的分裂,是这三种灾难中最危险的一次。

与张国焘打过交道的人都知道,他是一个善耍权术、血腥味极浓的铁腕人物,在鄂豫皖苏区说一不二,凡是对他有意见的人,他都冠以各种罪名除掉,在"肃反"中,红四方面军著名将领许继慎等数以千计的官兵,人头落地,成了冤死鬼。

6 月 25 日。天空浓云滚滚,不一会儿,瓢泼大雨哗哗地下来了,在场的人纷纷戴上斗笠,披上雨布,面带忧色的毛泽东与朱德、周恩来等中央领导和几千名红军官兵在雨雾中静候张国焘的到来。毛泽东和张国焘都是"一大"代表,已经多年不见了。

张国焘来了。

站在人群中的康克清,踮着脚尖,目睹了这历史性的一幕:

忽然一匹快马溅着泥水跑进会场,直奔主席台,会场入口响起了鞭炮锣鼓声。只见三十几匹马小跑进入会场,那带头的无疑就是张国焘。他身体高大,四方脸,很有几分威严。他们到主席台边下马,随着他有四五个人走向主席台。这时全场响起《庆祝两大主力会师歌》。

……

时年 38 岁的张国焘,讲话声音洪亮有力,有几处还颇生动,引来一阵掌声,但他有一句"要在此地创造川康新局面",令在场的毛泽东大吃一惊。

很快,在与朱德的谈话中,他摸清了一方面军的家底:红一方面军人数不足一万,极其疲惫。而自己领导的四方面军有八九万人,兵强马壮。当意识到自己的强大后,张国焘的权力欲与个人野心开始膨胀起来,拿实力说话的他,渐渐地不再把毛泽东等放在眼里。

晚饭时,靠边站的李德,遇到了张国焘,他这样描述:

40 岁左右,身体魁梧,仪表堂堂。他像主人待客一样接待了我们。他的举止十分自信,充分意识到自己的军事优势及行政权力。

6 月 26 日上午,中共中央政治局在两河口召开会议。会上,毛泽东与张国焘就红军"北上""西进"展开了激烈的争论,毛泽东提出北上抗日,张国焘则提出西进创立川康根据地,会议以少数服从多数的原则通过了毛泽东的主张。

由于红四方面军兵力多,超出红一方面军几万人,但红军的指挥权却不在张国焘手中,这使他的心理产生了极大的不平衡。在张国焘的怂恿下,红四方面军的少数干部开始向中央要权。为顾全大局,搞好同四方面军的团结,中央开始增补张国焘为军委副主席,后来又选为红军总政委。

高层的动荡,直接影响到红军的何去何从。

不久,彭雪枫、张爱萍率十三团和红三军团一道,连续翻越几座雪山,于 7 月下旬到达毛儿盖地区,开始筹粮,十三团在毛儿盖地区滞留一个多月,直到 8 月下旬,才开始北上,后来才知道,是张国焘在作梗。

沙窝,一个美丽的藏族村庄。四周青山环抱,距毛儿盖不到 10 公里。

8 月初,中央在这里再次召开政治局会议,会议重申了既定的北上方针,并把一、四方面军混编为左右两个方面军。

左路军以原四方面军为主,由四方面军的九、三十一、三十三军和一方面军的五、九军团组成,由朱德、张国焘率领。

十三团随右路军开始踏上茫茫的草地。

右路军以原一方面军为主,由一方面军的一、三军团和四方面军的四、三十军和红军大学组成,由徐向前、陈昌浩、叶剑英率领。

中央随右路军行动。

红军走过的草地,位于今天四川阿坝藏族羌族自治州北部,纵长 500 余里,横宽 300 余里,是一片平均海拔

红军走过的草地。

3000多米的高原湿地，历史上这里属四川的松潘县管辖，所以也叫"松潘草地"。

彭雪枫、张爱萍走在最前面，沿着先头部队走过的泥泞小路，慢慢地向前移动，他举起望远镜远眺，只见无边的草丛上面，笼罩着阴森迷蒙的浓雾，四周分不清东西南北。草丛中河沟交错，积水泛滥，弥漫着令人窒息的臭气，黑茫茫的泽国，没有人烟，一片原始烂泥沼。

彭雪枫的骡子上驮了两个人，一个是伤员，一个是十三团找的"通司"（向导）——一个身材瘦弱的藏族小男孩，为全团指路。小家伙扑闪着一双明亮的大眼睛，一会说这堆草边容易过，一会说那个水潭危险，逗得大家哈哈乐开了怀。

夜，宛如巨幅黑幕，慢慢降下来。草地的天气一会儿一变。白天，晴天丽日，夜晚，大雨倾盆而下，战士们衣衫淋透了，凉风吹来，一个个瑟瑟发抖。彭雪枫把自己的油布取下，给伤病员披上。彭雪枫、张爱萍等几个人背靠背挤在一起，用体温互相取暖，地上湿漉漉的，坐着更冷，于是，和战士们一起在雨中站了一夜。

早晨起来发现，坐在地上取暖的战士永远地"睡着了"，彭雪枫、张爱萍走过来，难过地摘下帽子，数度哽咽："安息吧，同志！"

比寒冷更可怕的是饥饿。已是第四天了，全团战士手中已没有青稞面，开始挖野菜。彭雪枫早把自己的一点炒面给了伤病员，挖来的野菜，全团他先尝一尝，是否有毒，杂草严重侵蚀了胃，从此，他留下了病根。

一个雨后的黄昏，晚霞万道。一方面军政治部巡视员冯文彬，策马路过十三团宿营地，政委张爱萍看到了，笑着走过去：

"冯专员，是来我们这里会餐吗？"

"呵呵，我这有呢！"冯文彬跃下马，取下肩上鼓囊囊的布袋。

张爱萍眼疾手快，打开一看，原来是一袋牛肉干，不禁眉开眼笑：

"打土豪！打土豪！"

"呵呵，雪枫呢？耀邦呢？"冯文彬想起了老战友。

皮包骨头的胡耀邦兴冲冲地赶来了，他也在十三团，任团总支书记。有谁想到，这个湖南浏阳的小个子，48年后成了共产党的总书记。据说，胡耀邦后来引起毛泽东的注意，是长征后红军东征，到山西扩红，他招的兵最多。解放后曾任团中央书记、中组部部长等职。他在"文革"结束后，组织和推动关于真理标准大讨论，平反冤假错案，落实干部政策，给当时的中国大地注入了一股新鲜的活力，直到今天，无数老干部仍记忆犹新。

是夜，朗月如银，四野默默，草地似乎变得温柔起来。四人席地而坐，围成一圈。

"你们知道东晋王羲之饮酒赋诗吗?"彭雪枫嚼着牛肉干,兴奋道。

"晓得,晓得,那可是一代风流啊,我们比不上古人,来一个望月吟诗吧。"张爱萍提议。

月夜、青春、友谊、激情、乐观碰撞在一起,叩响了四人心中的琴弦:

> 张爱萍:牛羊肉干邀明月,
> 胡耀邦:水乡泽国没酒喝。
> 彭雪枫:该请老乡杜康来,
> 冯文彬:打倒老蒋醉弥陀。
> ……

经过难熬的七天七夜,彭雪枫、张爱萍等率十三团终于走出了草地。

彭德怀深夜至军营,帽子一摔: "张国焘这龟儿子要反了!"

三军团走出草地之后,到达了巴西。

巴西位于草地边缘,是个藏民居住的村子,有一百来户人家,村里都是茅草房。彭雪枫等率十三团在这一带布防。

1935年9月9日,一个让彭雪枫刻骨铭心的日子,在中国红军的历史上也是一个惊心动魄的日子。当然,这天也是他的生日。

夜幕降下来了,旷野的夜晚,荒凉、寂寥。

彭雪枫和张爱萍刚刚躺下,忽然,远处传来一阵急促的马蹄声。二人急忙披衣下床,刚要出门,彭德怀走进来了。

"深更半夜,军团长有何重要指示?"彭雪枫感到有些蹊跷。

彭德怀脸色铁青,黧黑的脸上露出一丝忧虑,帽子一摔,坐到彭雪枫的床上,端起茶缸子,"咕咚咕咚"地喝了几口凉水。

"哎,张国焘这龟儿子要反了,电令陈昌浩要解决中央和毛主席……"接着,彭德怀一五一十地讲述了事情的来龙去脉。

原来,自从左右路军分开行动以后,张国焘想分裂的阴谋就没停止过。

9日上午,张国焘亲自致电陈昌浩,命令陈昌浩立即带右路军南下,电文中说,如果毛泽东等不服从命令,应立即"南下,彻底开展党内斗争",甚至"武力解决"。

事也凑巧了,译电员译出时,陈昌浩正在一个会议上讲话,无奈,他只好交给参谋长叶剑英转交,并说明这是加急密电。

叶剑英是一个称职的领导,他自然知道这句话的含义,按照原则,他没有打开,而是直接带到会场,准备交给陈昌浩。

陈昌浩有个习惯,就是在讲话过程中,不喜欢被别人打岔。他看叶剑英手里拿着一份电报走过来,要递给自己,脸色一沉:

"急什么,等一会不行吗?"

叶剑英皱了一下眉头,只好退下,回到自己的座位上。无意之中,他扫了一眼,电文不长,有一二百字的样子,但其中"彻底开展党内斗争""武力解决"的字眼,却像针一般扎了他的神经一下。他马上意识到这将是一场红军内部的火并,如不制止,后果不堪设想。叶剑英当机立断,借口上厕所,迅速离开会场,疾步跑到附近的毛泽东住处,将电报交给了毛泽东。

陈昌浩。

毛泽东大吃一惊:"张国焘真要动真格了!"旋即,毛泽东等人火速赶往巴西附近三军团的所在地牙弄,紧急召开会议。

……

彭雪枫、张爱萍心有余悸地听完了彭德怀的讲述后,站起来坚定地说:"请军团长放心,十三团誓死保卫党中央和毛主席!"

"好,现在命令你们马上在巴西河岸布防,掩护中央机关北上!"

机智的叶剑英,后来被毛泽东赋诗赞为"诸葛一生唯谨慎,吕端大事不糊涂"。1976年,在粉碎"四人帮"的斗争中,他再次显示出中流砥柱的作用。

山坳里的笑声

9月12日,十三团掩护中央纵队顺利抵达俄界。

俄界是个很小的地方,只有十来间房子,在一间藏民居住的"牛屎房子"里,中央召开了紧急扩大会议,会议通过了《关于张国焘同志的错误的决定》,讨论了北上的任务和到达甘南后的方针。

是星星,总有闪亮的时候。在苏区的历次反围剿中,在军委作战局,在长征中的娄山关大战中，彭雪枫机智勇敢、战术灵活、办事得力的风格，特别是巴西保卫党中央的关键时刻立场坚定的表现，让毛泽东颔首赞许。

9月中下旬，红军到达甘肃省岷县哈达铺，这是一个住有几百户人家的村镇，居民大都是回民，也有汉人，他们没有逃离，看到红军到来，很热情。

村里一丈多宽的小街上，店铺很多，一天，一名叫曹德连的红军连指导员奉命去邮局找报纸，结果，他找来一堆国民党的《山西日报》，报上，有一则阎锡山进攻陕北红军的消息。

消息传到了毛泽东那里，9月22日，在哈达铺西面的关帝庙里，召开了团以上干部会，毛泽东兴奋不已，他兴奋道："感谢国民党的报纸，为我们提供了陕北红军详细的消息。那里不但有刘志丹的红军，还有徐海东的红军，还有根据地。现在，我们的任务就是向陕北进军。"

在哈达铺，中央将红军缩编为中国工农红军陕甘支队，给彭雪枫带来一次机遇，使他开始走入红军重要军事领导人的行列。

原红三军团改编为第二纵队，由彭雪枫任司令员，与一纵队司令林彪、三纵队司令叶剑英并驾齐驱。

全支队共7000多人。

二纵队政委李富春，可不是一般的人物，他是毛泽东在长沙一师的同学，一位老资格的布尔什维克。彭雪枫调侃地称他为"李老"，可实际上，他的年龄只有34岁。

三军团，是红军的绝对主力，长征途中与一军团左右开路，打了多少恶仗、硬仗，让自己当纵队司令，中央是多么器重和信任啊，彭雪枫感到肩上的担子的确更重了。

六盘山、腊子口，在彭雪枫、李富春的率领下，二纵队顺利走过来了。

10月19日，陕甘支队到达黄土高原腹地一个叫吴起的小镇，这是为纪念战国时代名将吴起而命名的。

北中国的蓝天下，黄褐色的群山，光秃秃的山脚下，静卧着横七竖八的破窑洞，显得荒凉而古朴。

战士们一进入吴起镇，就看到一间窑洞门口挂着工农民主政府的牌子，土墙上

吴起镇旧貌。

"打土豪，分田地"的标语，立刻欢呼起来：

"吴起镇到了！到家了！到家了！"一个个兴奋得像孩子一般。

彭雪枫抑制不住激动的心情，摘下帽子，深深吸口气，挥着拳头，对李富春连连感叹："走过 11 个省份，跨越 24 条河，翻越 18 座大山，终于有个落脚点了，我们胜利了——"

李富春也动情地喊了起来。

这晚，彭雪枫和李富春第一次住进陕北的窑洞。

窗外，北斗高悬，澄空万里。室内，炉火熊熊，暖意融融。炕头上，两人兴奋地谈着长征以来的日日夜夜。

起风了，朦胧中，远处山梁上隐隐约约传来一阵信天游的小调：

山羊绵羊五花羊，
哥哥随了共产党，
山羊绵羊白花花，
哥哥来到妹妹家。
……

到达陕甘宁边缘的吴起镇时，中央红军只剩下六七千人。大家的心情都很沉重。

数万红军，辗转 11 省，历尽千难万险，终于到达中国的西北部，这无疑是人类历史上的一次壮举，是什么原因导致蒋介石几百万军队，最后"望洋兴叹"呢？到达陕北后，面对美国记者斯诺的提问，毛泽东哈哈大笑：

"这首先是由于共产党的正确领导，其次是由于苏维埃人民干部的伟大才能、勇气、决心，以及几乎是超人的吃苦耐劳的革命热情。"

当然，此时的毛泽东，心境是开朗的、愉悦的，出发前大权旁落的郁闷，早已烟消云散，长征的胜利，使他在全党、全军中的地位得到空前巩固。

11 月上旬，毛泽东率部到达象鼻子湾，在这里，他满怀豪情地讴歌了长征：

讲到长征，有什么意义呢？我们说，长征是历史记录上的第一次，长征是宣言书，长征是宣传队，长征是播种机。自古盘古开天地，三皇五帝到如今，历史上有过我们这样的长征吗？12 个月光阴中间，天上每日几十架飞机侦察轰炸，地下几十万大军围追堵截，路上遇着了说不清的艰难险阻，我们却开动了每人的两只脚，长驱二万余里，纵横 11 个省。请问，历史上有过我们这样的长征吗？没有，从来没有。

......

一段悲壮的故事创造了一个不朽的传奇！

一个惊天地泣鬼神的壮举感动着一代又一代的后来者！

革命的英雄主义与理想主义，激励着一群充满活力与激情的共产主义者，为了心中的梦想与希望，前仆后继，跋涉千山万水，一往无前地奔向自己心中的殿堂。

岁月的沙尘呼啸肆虐，但总遮不住它伟大精神的闪耀！这，就是长征的魅力！

可是，红军的炕铺还没暖热，敌骑五个团就追来了。

消息传到吴起镇一个小球场南面的窑洞里，瘦弱的毛泽东猛地掐灭烟头，大手一挥："打退追兵，不要把敌人带进根据地！"

彭雪枫率部参加了这次吴起镇战役和不久之后的直罗镇战役，结果战果辉煌。

直罗镇。

11月3日，红军再次改编，恢复红一方面军番号，彭德怀任司令员，毛泽东任政治委员。下辖第一军团和第十五军团。第一军团下辖两个师：原红一军团的部队编为第一师，原红三军团的部队编为第四师，彭雪枫任四师政治委员，师长为陈光。

铁拳重锤的三军团番号没有了！

"政委，咱们三军团可是红军的一只虎啊！"

"到人家窝里吃饭，那还不受气？"

一时间，议论纷纷，尤其是三军团的人都很生气，彭雪枫也纳闷，脾气有点急躁的他,也沉不住了:"一军团凭什么'吃'了三军团?"不久得知,是彭德怀提议并入一军团的,后来,彭雪枫才慢慢明白了彭老总的心思,不禁对他的伟岸胸襟由衷钦佩。

难怪当吴起镇战斗胜利后,毛主席诗情泉涌,为他赋诗:

> 山高路远坑深,
> 大军纵横驰奔。
> 谁敢横刀立马,
> 唯我彭大将军。

后来,彭德怀知道后,谦虚地把最后一句改为"唯我工农红军",成为一时佳话。毛泽东一生写了不少诗词,但特意为将领赋诗的,唯有彭德怀一人。

和我军那个时代的许多将领一样,彭德怀出身寒微,可在他身上,丝毫看不到旧军队出身的匪气和官居高位后贪图享乐的小农阶级的短视。他律己,生活刻苦、简朴、不好声色,与部属同甘共苦的苦行僧主义,对彭雪枫影响极大。他们都不是享大福的人,而是做大事的人。

红军到达陕北后,他主动提出把自己一手拉扯大的三军团并入一军团。这支由他领导的平江起义为底子的队伍,在经历了艰苦卓绝的万里长征后,由初期的将近2万人,已剩下不足2000人。"合并"之际,当他看着这批与他生死与共、衣衫褴褛的弟兄,这个岩石一般的硬汉,也落泪了。

1958年庐山会议上,他秉笔直书,为民请命,丝毫不考虑自己不妙的处境。由此可见其性格。

黄河鸣溅溅,喜多,忧也多

陕北的隆冬来了。

雪花飞舞,给干黄的高原披上一层淡淡的银装。凛冽的朔风中,小号兵吹醒了梦乡中的四师官兵。

初到陕北,战士们还是破破烂烂的单衣,脚上也四处开花,清晨,彭雪枫早早来到训练场上,忽然,一个战士惊喜道:"看咱们的政委,脚上那双草鞋真漂亮!"

霎时间,几百双眼睛齐刷刷地扫过来。只见干净的杂草辫成带子,细密匀称,拧成大小合适的草鞋,鞋子的前面还有两个漂亮的红缨子,显得格外耀眼。

彭雪枫像一个腼腆的乡村少年，害羞地笑了：

"同志们，长征刚结束，陕北条件也不太好，大家要自力更生，渡过难关，这只是暂时的，将来生活总会好起来的，大家说，是不是啊？"

山谷中传来高昂的回声。

彭雪枫是一个爱整洁的人，在他的影响下，四师掀起打草鞋的热潮，不久，就解决了鞋子的问题。营房不足，他号召四师官兵挖窑洞，一时传为佳话。

但这不是长久之计，日子久了，给养成了大问题。

1936 年 2 月，毛泽东决定派兵东进，打到山西去，实现"赤化、筹粮、扩红"三大任务。

小红军吹响了东征的号角。

接到指示后，彭德怀有点担心，一怕红军渡不过黄河，二怕过黄河后被蒋介石堵截，回不了陕北。他打电话给毛泽东，提出要绝对保证红军同陕北根据地的联系。毛泽东一听，有点不高兴了，见到彭德怀来了，气咻咻地说："你去绝对保证，我是绝对不能保证的！"一下子给彭德怀弄了个大红脸。

山西是土皇帝阎锡山的地盘。阎锡山自从清末到民国，经营了几十年。山西的铁路是德国式的，窄轨，别人进不来。今天，人们提起阎锡山，就想起他的窄铁轨。其实，这是有原因的。

原来，阎锡山以其弟阎锡镛的名义在德国某银行存有一笔巨款。按照合同规定，只有本人才能提取，为了防止作假，银行存有本人照片。不巧的是，阎锡镛回国后病死，此款无法提取。后经多次交涉，德国人才允许以废旧的窄轨铁路付给。这样，既可防止外省兵车进入，又没有赔本，老奸巨猾的阎锡山可谓是一举两得。

1929 年蒋、阎、冯大战中，三方在陇海线附近大打出手，暴尸遍野。蒋介石针扎不透，无可奈何道："撼山易，撼阎百川难！"1935 年冬，他一听说红军到了陕北，连忙在黄河两岸修筑高碉暗堡，普遍推行闾甲制度。

1936年的春天,似乎来得格外早,才2月份,黄河就开始解冻了,几百里的河面上,大小冰块碰撞着,发出"嘎吱""嘎吱"的崩裂声,声音响亮,几十里外都能听到。彭雪枫开始听说是在冰面上抢渡,后来又改成船渡了。

20日晚,彭雪枫和师长陈光来到沟口渡河点,指挥突击队,准备偷渡。

此次东征,红一、红十五军团的渡河地点,是陕西省绥德县的沟口、清涧的河口两个地方。

20时许,彭雪枫抬起手腕,借着河面的反光,看看在娄山关战斗中缴获的手表,还差两分钟,不禁笑了。

原来,在红军中,指挥员用的表都是打仗缴获敌人的破旧表,式样各异,新旧不同,快慢不一,为此,部队战斗开始时,经常为时间发生扯皮。有时,上级批评下级迟到,下级不服气,说,照我们的表还提前到达哩!

毛泽东早有耳闻,这次,他也开了一次玩笑,19日他向渡河部队发了一个电报:"渡河时间不可参差,一律20号20时开始,以聂荣臻之表为准。"

聂荣臻是此次东征的一军团政委。

夜晚的黄河,显得肃穆,神秘,河水裹挟着大小冰块,喧哗着,缓缓向南流去,彭雪枫想起李白的诗句"黄河之水天上来,奔流到海不复回",心中漾起一丝神圣和冲动。

小木船,羊皮筏子……到处是影影绰绰的影子。是夜,没有星星,没有月亮,河面上,只听到船夫摇橹的哗哗击水声,船舷破冰的咔嚓声,黄河的咆哮声……羊皮筏子渐渐划向对岸,划着,划着,对岸突然传来一阵大雨落地般的枪声,"战斗打响了!"彭雪枫拔出驳壳枪,"快,再快点!"

偷渡变成了强渡,战士们像下山虎一般,向敌阵地纵深推进。

碉堡内敌人纷纷溃退。

第二天,当初春的晨曦露出笑脸的时候,各路部队都登了岸,彭雪枫和四师战士们一起欢呼着。阎锡山吹嘘的固若金汤的河防,顷刻间,土崩瓦解。

旭日中,雄壮的歌声四处飘荡:

密云遮星光
万山乱纵横
黄河上渡过抗日英雄们
摩拳擦掌杀气高
是我们铁的红军
……

3月下旬,四师攻打洪洞县城,彭雪枫知道那里有棵著名的大槐树,笑着对陈光道:"我的祖宗还在这里呢。"可是,就是在这里,两人却发生了一件不愉快的事情。

时任四师通信主任的张震,披露了事情的来龙去脉:

……我随陈光师长来到城下,他指挥部队搭好梯子,正准备攻城,就在这时,彭雪枫政委却在后面命令号兵吹起了停止攻击的军号。陈师长生气地说:"走!回去睡觉!"从此,埋下了师长、政委不和的种子。

当时我不知缘由,事后才知道,中央在东征时曾考虑过"猛烈发展红军"的具体计划,拟把陕北的红81师同红4师合并,准备到山西后,正式恢复红三军团建制。原红三军团的干部对老部队、老番号有感情,听了很高兴,有的团还作了动员。

彭政委不同意强攻洪洞城的一个原因,就是为了减少伤亡,为日后扩大红军、恢复红三军团保存骨干力量。

这种思想在原红一军团干部中也存在。当时,方面军总部曾准备选调红一军团的青年骨干到红十五军团去任职,一军团的一些师团干部接到通知后,却让他们藏起来,或派他们外出,不愿被上级派来的人挑走。看来,在一个单位的时间长了,感情深了,往往会忽视全局观念,容易犯本位主义的错误。

四师的作战区域是汾河流域,当时,阎锡山大部被十五军团牵制于北线,分身无术,只得眼巴巴地看着一军团进入汾河的富庶地区。

这一带的地主除拥有大量土地、羊群外,往往宅第连云,几乎占半个村子,门前的几十匹骡马,连杂色的都没有,这可把四师的红军官兵看呆了。山西老财喜欢把金银财宝埋在地下窖起来,四师战士很快学会了敲打地面听声响来判断窖在哪里的办法。尤其让彭雪枫高兴的是,四师在这里扩红就达1300多人。

3月下旬的一天,四师十一团开始攻打浮山县城。

此时,浮山县城已被红军包围,但城高墙厚,易守难攻。正当团长罗开桂和政委李志民站在城墙下一筹莫展时,彭雪枫来了。两人像遇到了救星,喜出望外:

"彭政委,您来得真及时啊……"

彭雪枫点下头:"彭总说,老蒋已派重兵进入山西,妄图加上阎老西将我们消灭在黄河以东。现在看,浮山县城墙坚固,而我们的火力不足,时间又紧迫,所以,我认为,只能智取,不能强攻。你们以为如何?"彭雪枫用征询的目光望了两人一下。

"好！既避免攻坚伤亡，又达到筹粮筹款的目的。"李志民兴奋地说。

"只要我们充分做好武力攻城准备，同时，又大造舆论，攻心为上，就一定能取得胜利！"彭雪枫挥了一下手。

十一团雷厉风行，挖地道、扎云梯，并进行攻城、爆破演习。彭雪枫亲自拟写标语、布告，向四周群众张贴、散发，战士们利用夜深人静向城内国民党军人喊话，用弓箭射给国民党县长"公开信"，发出最后的"通牒"。

城内的地主老财，果然害怕了。

下午，城内一片寂静。正当大家纳闷之际，只见城楼一个垛口处，站着一个肥胖的老头，战战兢兢地喊道：

"红军长官，手下留情，有事好商量，鄙人愿为贵军效劳！"

"你是何人？"彭雪枫气宇轩昂，凛然不惧地走上前。

"长官，鄙人就是浮山县县长。"

"你是县长？那好，你想为红军效劳，就要答应我们两个条件。"

胖县长点头哈腰："请长官放心，鄙人一定照办！"

彭雪枫让李志民喊了话。果然，不到三天，大洋 3000、布匹 500；不准向小商贩、贫民摊派，这两个条件都兑现了。

不战而屈人之兵，正是彭雪枫的用兵之道。

4 月中旬，蒋介石派了 10 个师，分两路进入山西，阎锡山也派了 5 个师又两个旅南下，以图南北夹击。毛泽东看到东征目的达到，遂鸣锣收兵，回师陕北。

5 月 13 日，在延长县大相寺，毛泽东主持召开了红一军团团以上干部会议，主要批评一军团中存在的本位主义，一、三军团的团结问题。彭雪枫因三军团的番号和陈光的一些不团结，在会上也作了自我批评。

受批评总是不舒服的，后来，张震在回忆录中这样写道：

有一次，我去给他送文件，见他独自待在宿舍，闷闷不乐。

如小鱼游入大海，不料，好景不长

1936 年 6 月 1 日。阳光明媚，清风荡漾。

瓦窑堡，米梁山。

在几座石砌的窑洞前的空地上，中国工农红军大学开学典礼正在举行。长发凌乱的毛泽东，站在主席台上，饶有风趣地说：

"同志们哪,古人云:'洞中方七日,世上已千年。'你们可成神仙了。好好修炼吧,天下无事,你们就在这里参禅悟道,天下大乱,你们就出洞下山,救苦救难。你们参的是马克思主义之禅,悟的是中国革命之道。"

......

掌声响起来。

人群中,彭雪枫也在其中。这年5月,彭雪枫被调往中国工农红军大学(简称"红大")学习。这是毛泽东为抗战储备干部的战略手段,他想把红大办成中国第二个"黄埔军校",为此,他任命黄埔军校毕业的林彪为校长。

保安红军大学校址。

红大第一期分三科,彭雪枫被分在第一科,这一科也最令人瞩目。全班有38人,全是师级以上干部,同班中,有科长陈光,政治委员罗荣桓,著名的还有罗瑞卿、谭政、刘亚楼、张爱萍、黄永胜等人。

这是一个名副其实的将军科,1955年授衔时,最低军衔也是中将。他们平均年龄在27岁以上,人均有伤疤三处。倘若把蒋介石悬赏这些大名鼎鼎的虎将首级加起来的话,总数竟超过二百万之巨。

红大在世界上是独一无二的,它的独特魅力吸引了一个外国人的目光,他,就是美国记者埃德加·斯诺。斯诺是第一个进入红色根据地采访的西方记者。

他在著名的《西行漫记》中这样写道:

他们以窑洞为教室,石头砖块为桌椅,石灰泥土糊的墙为黑板,校舍完全不怕轰炸的这种"高等学府",全世界恐怕只有这么一家。

我们是在文娱时间里到的,有的学员在两个球场上打篮球,有的在保安城外一条黄河支流旁边草地上的网球场上打网球。有的在打乒乓球,有的在写东西,读新到的书报,或者在他们简单的"俱乐部"中学习。

斯诺拍的红大学员打网球照。
从左至右:赵尔陆、张爱萍、彭雪枫、陈士榘、萧文玖。

文中提到的打网球的正是彭雪枫、张爱萍等人。对此,张爱萍后来回忆道:

斯诺也来过,看到我们打网球,很吃惊,给我们照了相。我们问他美国是什么样的? 他说,就像一块奶油吊在房梁上,只能去舔。……

红大实际是中国革命的研究生院,选修的课程有马列主义、哲学、战略学、战术学……都是关于中国革命与战争的。学员采取听课、研读、讨论的方式。这和今天的硕士、博士学习方法差不多。

7月初,红大又迁至保安县城东南的山边石洞。

当时,学习有"两苦":一是条件艰苦。晚上睡石炕,白天在大树下上课,背包当凳子,膝盖当桌子。二是生活很清苦,每人每天只发五分钱的伙食费,粮食大部分是高粱、黑豆和荞麦,小米就算是细粮了,是给病号熬稀饭吃的。根本就吃不饱。饭碗里清汤寡水,没油水。中央和军委下很大力气到处买羊肉、狗肉,来改善他们的生活。

那时候，保安一带狼很多，夜里经常听到狼嚎。有几次，几只瘦狼跑进了彭雪枫他们住的窑洞，一看狼来了，大家一骨碌爬起来，抄起早已放在床头的打狼棍，大吼着冲出门外，一眨眼，几只受到惊吓的狼便逃窜而去。因为窑洞没有门，晚上怕狼"偷袭"，于是，大家想了一个办法，就是睡前把桌子、脸盆堆放在门口，若狼一进来，就会踢翻这些东西，乒乓声就会把狼吓跑。

一个烈日炎炎的下午，时任中央宣传部部长的陆定一，兴冲冲来学校说："同志们啊，红军长征是一段很重要的历史，你们都是亲历者，大家有空时都写一写，给后人留点记忆。"学员们笑一笑，没当回事。不久，杨尚昆来催了，还是没人响应。以后陆定一又来催。人群中有人道：

"大家学习忙，没时间写这个东西，另外，又不知道如何写……"

"鲁迅先生说，时间是海绵里的水，要挤总是有的嘛！不会写，我可以教教你们！"

再推脱，就说不过去了，于是，大家也就慢慢地写起来。

张爱萍回忆说，我是有点应付的，彭雪枫写得最好，他的名篇《娄山关前后》就是这时写出来的。

可是，好景不长。

一天上午，彭雪枫突然接到毛泽东的通知，要他随叶剑英、潘汉年等去西安做张学良的统战工作。

和这个双手沾满红军鲜血的"高级敌人"化干戈为玉帛，彭雪枫有点想不通，同时，这对于能征惯战的彭雪枫来说，也是大闺女上轿——头一次。

也许，早年在西北军官子弟学校求学时，对冯玉祥、商震等军阀的洞悉、体察比别人多一些；也许，在红军中善讲道理的美名早已闻名全军；也许，他英俊干练的形象，更适合统战工作……毛泽东、周恩来把信赖的目光投向了这位儒将。

戎马倥偬五六载，整日挥戈马上行。学习的时间不足月余，就要挥手告别，这对于求知若渴的他来说，真是近乎"残酷"。

没办法，军人以服从命令为天职。

从横戈马上到同国民党高级将领舌战周旋，似乎是风马牛不相及，但体现了彭雪枫潜在的非凡能力。他赢得了毛泽东等高层的信赖，这成为他革命生涯的第二个转折。

夏夜。月牙的翡翠钩儿，穿过黑魆魆的树林，轻窥着大地。几颗闪亮的星斗，眨着深邃的眼睛，高高地悬挂在天际。夜幕下的群山，像巨兽一般安然入眠了。

这是保安城郊外的晚上。

彭雪枫独自一人，披着一丝月光，徘徊在高原的一个山坳里。

对于张学良，这位民国四大公子之一的少帅，彭雪枫并不陌生，知道他昔日是个纨绔子弟，但九一八事变、皇姑屯事件使他如梦初醒，迫于蒋介石"攘外必先安内"的方针，他把枪口对准了红军。

在陕北，他充当蒋介石的"过河卒子"，本来，放弃关外三省，已背上不抵抗的骂名，但直罗镇战役中东北军一二〇师覆灭、师长牛元峰被毙的结局，更是雪上加霜，几乎使他神经崩溃。

"决不能为蒋介石当炮灰！"爽直的东北军士兵，呼声如潮，张学良开始翻然醒悟：国人不该内残！否则，小日本就会坐山观虎斗。民族大义，家仇国恨……他想起了"和为贵"这句古训。

经过地下党员刘鼎的努力，张学良与周恩来在延安进行了秘密会谈，接着，应张学良的请求，中共派出高级代表，赴西安，共商抗日大计。

……

月儿下去了，一缕清风吹来，凉凉的，一丝倦意袭来，他向山下走去。

第六章　夜幕下的星光

大海永不平静,不眠的人,只有在不平静的大海中才能得到安慰。

——纪伯伦(黎巴嫩)

古城疾风劲,亲情晚来急

1936 年的初秋,黄土高坡上,火辣辣的太阳恣肆地挥洒着余威。

山脚下的一条土路上,一行八人,装束奇特,缓缓向前。为首者是一个派头十足的国民党团长模样的人,旁边的人一袭黑衣,腋下夹着皮包,一看就是秘书的打扮。

这正是彭雪枫等人化装而成的。

一路上,大家你瞅瞅我,我瞧瞧你,尽兴开怀:

"蒋介石是老狐狸,张学良也是心知肚明的,来个将计就计!""马夫"叶剑英笑道。

"张汉卿也是一条血性汉子,很讲义气,刘鼎在那里,很受欢迎!"说话者是"秘书"潘汉年。

这位充满传奇色彩的红色干将,解放后曾任上海市副市长,后来人生颇为坎坷,"文革"中在秦城监狱度过风烛残年,令人感慨。

"物极必反啊,红军一直挨打,现在,到了陕北这块风水宝地,该我们出口气了!"

"副官"的一席话,引来大家的一阵笑声。

"副官"就是彭雪枫,此次西安之行,他化名彭雨峰,扮作副官。

一路上,他们先步行,接着改乘东北军汽车,两天后,顺利到达西安。

这是彭雪枫第一次到西安。

京华烟云，帝国气象，俱往矣，但岁月的印痕，仍然依稀可辨：华灯初上，车水马龙，秦砖、汉瓦、老城墙，还有巍峨的大雁塔隐约可见……走在熙熙攘攘的大街上，大家指点着，嚷嚷着，不由得驻足片刻，多了几瞥欣赏的目光。

"春风得意马蹄疾，一日看尽长安花。"谙熟文史的彭雪枫，吟起孟郊的佳句。

是晚，彭雪枫住在金家巷一幢别墅内，主人是张学良的卫队长孙铭久。彭雪枫来西安的目的，除了做张学良的统战工作外，另一个就是取道西安，前往兰州，晋见甘肃省政府主席于学忠。

原来，此时跋山涉水的红二、四方面军很快就到甘肃境内了，疲惫的红军如果遭到虎视眈眈的于学忠部伏击，后果不堪设想。窑洞内的毛泽东，来回踱着，香烟袅袅中，疾笔写去……

大西北壮美的风光，让彭雪枫赞叹不已。

雄伟的皋兰山，蜿蜒起伏。滔滔黄河，穿城而过。还有一首唐朝诗人岑参留下的千古诗句：

古戍依重险，
高楼接五凉。
山根盘驿道，
河水浸城墙。

在翠竹掩映的一栋官邸内，彭雪枫见到了于学忠。46岁的他，山东蓬莱人，东北军将领，1935年被蒋介石任命为西北"剿匪"第二路军司令。

于学忠与彭雪枫寒暄之后，打开了毛泽东的亲笔信：

于主席勋鉴：

两军相处密迩，未能通候，甚以为歉。凤翁先生热诚爱国，对日抗战早具同心，而西北停战议和，首先贵我两军停止自相残杀，实为刻不容缓。兹派彭雨峰君晋谒崇阶，申述蔽方联合救国之旨，敬祈不妄赐教，指示一切。抗日合作成功之日，两军之利，抑亦民族国家之福也。专此。

即送

勋祺。不一。

毛泽东

将
道

看罢来信,于学忠眉宇舒展,朗声笑道:"润之先生客气了,雨峰君请用茶!"

之后,彭雪枫直奔主题:"于先生,雨峰远道而来,想求教先生。"

"不必客气,请讲!"

"当下,红军刚到西北,立足未稳,而东北军奉蒋某人之命,互相致残,局势纷乱,请问于主席今后有何打算?"彭雪枫目光灼灼,饱含期待。

于学忠眯缝着眼,深思着,走下太师椅,手捻胡须道:"西北军非蒋介石嫡系,长期备受压抑,与红军作战,实乃蒋某借刀杀人,敌人是一清二楚的。可是,此非长久之计,于贵军、于我,皆不利也!……"

彭雪枫微微颔首,于学忠接着道:"当前,小日本虎视眈眈,华夏河山几破碎也,有良知的中国人,难道看我同胞任贼子的铁蹄蹂躏吗?"于学忠声语急切,胸脯一起一伏。

大厅一阵寂静。

良久,于学忠转身望着彭雪枫,动情道:"雨峰君,您意下如何?"

"孝侯先生所言极是,人人皆是父母生,大敌当前,为何血溅同胞? 窝里斗,实乃民族悲哀!"彭雪枫呷了一口茶,眉头微蹙,继续道,"日本,乃虎狼之国,挑起事端,占领我东三省……现觊觎关内,恐战争难免,红军主张联合抗敌,才是炎黄子孙之幸事!"

"高见! 高见! 于我心有戚戚焉!"于学忠连声赞叹,亲自给彭雪枫斟上一杯绿茶。

一个豪爽仗义,一个儒雅健谈,双方相谈甚洽。

不久,于学忠为红军大开绿灯:苏联援助红军的物资经过河西走廊,他大力协助,三个月后的西安事变中,于学忠积极站在抗日的立场上。

离开兰州,彭雪枫匆匆返回西安,协助叶剑英继续做东北军的工作。

闲暇时分,彭雪枫和叶剑英等一起领略了古都的风韵:西周车马坑、仓颉造字台、贵妃洗浴华清池……丰厚的文化底蕴,让他们流连忘返。

独在异乡为异客。闲暇之余,走在幽深的巷子里,目睹清冉冉的一排排瓦房,寻常人家上空飘起的炊烟,一群群天真烂漫的孩童,追逐嬉闹的场景,彭雪枫脑海里飘过一抹思乡的愁绪。

"烽火连三月,家书抵万金",自 1928 年离开故乡,掐指算来,已是八载有余了,爷爷,爹、妈他们怎么样? 剪不断,理还乱,才下眉头,又上心头,于是，索性修书一封，以释心中悬念。

十余天后。

二弟彭修学（新中国成立后任河南省劳动厅干部）带着家人的嘱托，来到了西安。

兄弟相见，有说不完的话，当晚，在西安一家叫"世界大旅社"的旅馆，两人畅叙衷肠。

"大哥，你知道接到你的信，家里甭提多高兴啦！"

"路上顺利吗？"彭雪枫给二弟剥了一个橘子。

"这年月，兵荒马乱的，从南阳出发，一路尽是兵，哎！"

彭修学
(1914-1997)

彭雪枫二弟彭修学。

"咱爷、爹、妈他们身体好吗？"彭雪枫迫不及待地问道。

彭修学慢慢低下头，哽咽了半天，咕哝道："咱爷身体不如从前，咱爹还行，咱妈……"言毕，呜呜地哭起来。

彭雪枫已明白几分，"子欲养而亲不在"，他搂着兄弟的肩膀，失声痛哭起来。

原来，彭雪枫的母亲 1930 年 5 月因病去世，那时，他正从上海去往苏区的路上。

……

茶房来了，两人才缓过神来。

"咱五叔也不在了……"

"什么？"彭雪枫大吃一惊，"为什么？"

李宗仁在其回忆录中，披露了事情的原因：

此人为北京师范大学毕业生，原系一文人，但是他当了七县民团总指挥之后，却一本"治乱国，用重典"之义，大开杀戒。凡查出一家有匪，则阖户皆诛，因此杀人如麻，而地方匪患赖以肃清。此人头脑新颖，对地方革新建设颇为注意。如开水利、兴教育、放缠足等，百废俱兴。所以他杀人虽多而豫西人士对他却称颂备至。不幸他结怨太多，终为仇人刺死。

男儿有泪不轻弹，只是未到伤心处。想到五叔对自己的恩情，彭雪枫泪水涟涟。

晚上，两人同榻而眠，手足情深，有说不完的知心话。夜深了，两人还在窃窃私语。

不知不觉，窗外，夜纱渐渐褪去，远处人家，雄鸡啼鸣……

就在彭雪枫想带彭修学在西安痛快地玩一玩时，突然接到周恩来的来电，要求近日返回保安。无奈，彭雪枫留弟住了4天，就送彭修学匆匆返程了。

牢记毛泽东的叮嘱："待人诚恳是不会失败的！"

11月上旬，彭雪枫和叶剑英一起，回到保安。那时，保安是红军的临时首都。彭雪枫是个急性子，正要打电话，毛泽东的电话就来了。

初冬的黄土高原，山寒水瘦，一片肃杀。光秃秃的树丫，在寒风中瑟瑟抖动，空中自由翱翔的鸟儿，啁啾不已，一望无际的原野上传来激越粗犷的信天游。

毛泽东站在窑洞前，伸出热情的大手。一阵寒暄过后，毛泽东坐在"泥凳子"上，点着一支烟，若有所思地说："那个于学忠，来自孔孟的故乡，还是有点爱国心的，但这次你去见傅作义，就不同了……"

过了一会，彭雪枫微笑道："还是请主席明示吧！"

"你看这个！"说着，毛泽东转身从挂在墙壁上的布袋里取出一封信，"这是我写给傅作义的，你带上，让他介绍你去认识阎锡山。"

彭雪枫接过信，扫了一眼，小心翼翼地装进口袋里。

"山西是阎锡山的地盘，我们将来要抗日，就要到山西，所以，做阎锡山的工作意义深远，"毛泽东是深谋远虑的，接着道，"阎锡山很狡猾，要见机行事！将在外，君命有所不受啊！"

"我记着您的嘱托！"

"另外，办事要灵活机智，多学习……"

不知不觉，时间过去了半个小时。

"送君千言，一句话，无论走到哪里，待人诚恳是不会失败的！"毛泽东最后叮嘱道。

走出窑洞，已是小晌午时分，云缝里斜漏下的阳光，照得浑身上下暖洋洋的，天空中飘翔着撕碎的云片，思绪绞着阳

陕北的窑洞。

光,在彭雪枫胸中翻飞、跳跃。对统战,主席两次面授机宜,并且写信转交,足见中央的重视……

又要去绥远,彭雪枫忆起那次塞外之行,故地"重游",别有一番滋味涌上心头。

在绥远,彭雪枫见到了傅作义,当把来信告诉给这位有"布衣将军"之誉的将军时,傅作义二话不说,当即给阎锡山修书一封,交给彭雪枫,事情如此顺利,彭雪枫惊喜不已。

11月12日,太原城,风和日丽。

这是彭雪枫第一次来到黄土高原上的大都市太原。

太原,春秋时称晋阳,因防御北方匈奴而凸显,"东带名关,北逼强胡,年谷独熟,人庶多资,斯四战之地,攻守之场也。"李白称太原为连接四塞的要冲,控制五原的重镇。因而自汉魏以来,成了兵家必争之地。

古朴的老城,给彭雪枫留下什么印象呢? 在后来发表的一篇杂感《说太原》中,彭雪枫这样描述:

> 街道虽然不宽可是并不紧张,车马虽然不少,可是并不繁嚣。晚饭之后,大街之上,按部就班的悠然徘徊,怡然神往。沉静、朴厚,使你不得不把北平和太原拉在一堆儿来"品味儿"。像西安,那"张狂""繁杂"叫人总起一种不快之感! 所以我说:西安是上海的缩小,北平算是太原的扩大吧。

舒缓、轻松的文字,可以看出,彭雪枫出使太原的心情是自信、喜悦,充满期待的。

夜色沉沉,一座晚清宫殿式建筑风格的深宅大院内,灯火通明,烟雾弥漫。这是阎锡山私邸。

阎锡山的亲信、谋士,济济一堂,但一个个愁眉苦脸,长吁短叹。

"表舅,当前,日本人来势凶猛,要不,与他们……"一个西装革履的中年男子,挪动着屁股道。

阎锡山缓缓地扭过头一看,是姨家表侄梁化之(从中学时起,梁就在阎家生活,大学毕业后,在阎身边当机要秘书,大权在握,阎的印章他随身携带。1949年太原解放前夕,任山西省代主席的梁化之,

古城太原街景一瞥。

为了报答阎的"知遇之恩",自焚身亡)。

"投降小日本,当卖国贼,那是千夫所指,下场可耻……"阎锡山脸色涨红,愤愤然的样子,然后摇摇头。

"要不,与蒋介石合作?"一个戴眼镜的秃顶老头怯怯道。

"迎蒋?那是引狼入室,自毁家门……"阎锡山冷笑一声。

室内,久久的沉默。

"共产党、蒋秃子、小日本……在三个鸡蛋上跳舞,踩破哪一个都不行啊!"53 岁的阎锡山,拖着浓浓的乡音,重复着他经典的"三个鸡蛋理论"。

当时,日本侵略者向华北步步紧逼,山西遭到侵略不可避免。与日本侵略者的矛盾就成为主要的、不可调和的矛盾,并且随日军的进逼而激化。与此同时,阎与老蒋的矛盾也凸显出来。虽然在反共这一点上,他们是臭味相投,但蒋介石视杂牌军不亚于共产党,一心想吃掉山西,一面暗地策动河东道独立,一面收买阎的高级军官,挖阎的墙脚。这样,阎、蒋的矛盾激化了。

阎锡山可不是省油的灯,他是一个老谋深算、精于权术、封建性很强的地方实力派。他在山西经营了 20 多年,在"西北实业公司"的名义下,办了35 家大企业,修了同浦路,还有银行、钱庄之类。他的全部家当和他的势力都在山西,他要极力保护这些。

他用重金笼络了一批文化人,就像古代帐中军师、绍兴师爷式的人物,他们帮助阎锡山把统治权术上升到理论上。"三个鸡蛋理论",就是这帮人的"智慧"。还比如,阎锡山所谓的"二的哲学",即唯心主义的中庸哲学,它的目的在于平衡或制造各种力量之间的矛盾,便于他从中取利。他曾言:"一切事情都不能做得太绝了。抗日要准备和日,拥蒋要准备拒蒋,联共又要准备反共。"

他随时权衡利弊,改变策略,一切都是为了自己的"存在",真是老奸巨猾啊!

……

人群中有人窃笑:"那,最终得选择一个呀!"

"降日、迎蒋不是好办法,抗日、拒蒋又没有力量,看来,只好找暂时的同盟者,借用中共的力量,才是唯一的出路呀!"说完,阎锡山重重地坐到太师椅上,长叹一声。

最后,经过现场表决,31 票对 7 票,一致同意联合红军抗日。

无巧不成书。喧闹之际,副官匆匆赶来禀报:"中共代表彭雨峰和南汉宸前来拜访!"阎锡山微微一怔,大声道:"有请!"

话音刚落,一个响亮的声音从门外传来:"百川先生,久仰!久仰!"彭雪枫二人大步流星,已迈进门槛。

双方坐定,阎锡山好奇地对彭雪枫上上下下打量一番,不禁为气度不凡的彭雪枫深深折服了——

"雨峰老弟,相貌堂堂,一表人才,实乃贵党的福气啊!"

"百川先生过奖!吾党领袖毛润之先生,对您一向多有信赖,雨峰前来拜访,转达对您的美意。"

"不必客气,你我都是炎黄子孙嘛!但且说去。"

"恕我直言,同室操戈,自相残杀,实乃民族的悲哀也!大敌当前,携手抗日,才是炎黄之幸事啊!"彭雪枫毫无惧色,侃侃而谈。

"贵军口口声声抗日,可以前骚扰我晋中父老,今天又要联合,三天两头变化,是何用意啊?"阎锡山眼睛滴溜一转,耍起了滑头。

"中国有句古话,叫此一时也,彼一时也。红军是和贵军有过摩擦,但时过境迁,我想,百川先生还不至于为此事今天仍耿耿于怀吧?"说完,彭雪枫仰身哈哈大笑起来。

阎锡山面色微红,支吾道:"这个,这个……"

阎锡山的侍从、幕僚们面面相觑。

"国难当头,还是一致对外,共同抗日,才是大计,请百川先生深思定夺!"彭雪枫言辞恳切,让阎锡山和在场的幕僚微微动容。言毕,递上一封傅作义的亲笔信。

阎锡山阅罢,桌子一拍,当即令其亲信梁化之安排此事。

在一座偏僻的官邸内,窗帘紧闭,灯光幽暗。

彭雪枫同阎锡山的全权代表梁化之,经过秘密磋商,达成三项共识:

一、在太原建立红军秘密联络机构;

二、彭雪枫与中共中央的通信联络交通,由阎方签发护照,保证安全;

三、空中联络在建立电台前,先使用阎方电台。

时任国民党政府军事委员会副委员长、太原绥靖公署主任的阎锡山,深知"联共"的厉害。特殊的身份决定他必须小心从事,否则,一旦让蒋介石与日本人的耳目知晓,局面不堪设想。

为此,他采取了极端保密措施,命梁化之与彭雪枫保持单线联系,就连山西省主席赵戴文也全然不知。

联络站的办公地点,最初设在首义门内"基督教青年会"后院6号。彭雪枫化名涂秀根。当时,为彭雪枫租房的一名地下党,这样描述眼中的彭雪枫:

他有 30 来岁,中等身材,两颊略带健康的红晕,面目清秀,举止潇洒,分明是个文人……

12 月 12 日,震惊中外的西安事变爆发,阎锡山闻讯,长长出口气,秘密和中共联络的压力,稍有减轻,但彭雪枫感到,路漫漫其修远兮。

彭公馆里有条不紊,声波飞向宝塔山

1937 年 2 月 14 日。

朔风呼啸,雪花纷飞,整个太原城笼罩在白茫茫的世界里。大街小巷里,贺岁的鞭炮声,震天动地,此起彼伏。

这是阴历大年初四。

彭雪枫早早起床,来到院中,呼吸着清冽的空气,感受着节日的喜庆气氛。突然,脑海中闪过一个念头:过节了,该去梁化之处拜访一下,一则祝贺,二则问问进展情况,于是匆匆返回屋中,疾书一封随身带上。

18 日,秘密交通员宋绍林来到临时联络站,带来毛泽东的两封亲笔信:一封是给彭雪枫的,另一封是给阎锡山的。

当天晚上,梁化之悄然来访,寒暄之后,彭雪枫当面将毛泽东致阎锡山的亲笔信转交,并谈开店之事。

翌日一早,梁化之兴冲冲赶来相告,阎锡山已同意开设电台等诸事宜。

送走梁化之,彭雪枫久久沉浸在激动的喜悦中:事情终于有眉目了。23日夜,彭雪枫在灯下给延安的毛泽东写了一封汇报信:

毛主席:

(1)电台及工作人员和我即找一独门独院的秘密房子。他和公安局说明找房子不成问题,并云双方既已开诚相见,何必另外派人同住,今后只有彭、梁二人发生直接关系。

(2)关于开店,以布庄为宜,门面以在背街为好,一切营业诸手续,待人到时办理。

(3)今后购买货物粮食,由贾秘书长发给护照,可按货物之出产地相机分往采办。

以上均以人员可靠、保守秘密为绝对的原则。

……

细心的彭雪枫，沉思良久，又写下两点建议。

窗外，湿冷的寒风呼啸着，门闩发出"格嘞嘞"的声音。室内，炉火红彤彤的，映着彭雪枫英俊的脸庞。

趁交通员回延安之际，彭雪枫带工作人员周小舟等，上街购买了书籍、牛肉罐头、汾酒等，同时捎回延安。

毛泽东品着清香四溢的汾酒，朗声笑道："满足彭雨峰同志的要求！"

3月19日，电台台长岳夏、报务员李建华、译电员钟金辉、勤务员雷智修、警卫员程朝先等一行9人，化装成普通老百姓，在交通员宋绍林的护送下，顺利抵达太原。

他们先住在"山西饭店"，不久，随彭雪枫等迁往新满城街30号一座比较僻静的独门四合院内。为了隐蔽，所有人员组成一个"家庭"，对外称"彭公馆"，户主彭雨峰，是上海一家公司的"副经理"。

后来，时任"彭公馆"总务科长的张震，这样回忆道：

太原市新城满街30号（左门）
红军联络站"彭公馆"旧址。

> 为了适应秘密工作需要，我们更名换姓，称兄道弟，就像一个大家庭。彭雪枫就用原名彭修道，我们称他为修道兄。电台台长兼秘书岳若遐曾用名"岳夏"，便改称为岳公远。他妻子李建华是报务员，是江西新淦地下党的干部，在中央苏区时我们就认识。开始，以他们夫妇的名义租了房子，对外作掩护。雪枫的警卫员是从庆阳步校学员中选来的一位副连长，叫程朝先。雪枫借用《诗经》里"鹤鸣于九皋，声闻于中天"的典故，为我取个化名叫"中天"。
> ……

闲暇之时，彭雪枫身着黑色长袍，脚蹬锃亮的黑皮鞋，搬把太师椅，坐在公馆的大厅内，煞是气派、悠闲，同时，还有梁化之的暗地关照，外人很难察觉这是共产党的联络站。

3月24日，他们成功地安装了一部5瓦特的秘密电台，在一片欢呼声中，声波滴滴答答响起来，随风飞向延安。

4月，彭雪枫在太原西萧墙北二府巷3号建立了"春和申"商店，与其他

"春和申"商店铺面旧址。

商行做起布匹、面粉、小米等生意,为陕北红军物资供应提供方便。

彭雪枫出使太原,与老奸巨猾的阎锡山斗智斗勇,赢得了初步的胜利。

春光烂漫,行走在平、津、济的大地上

韶光四月,春和景明,莺歌燕舞。

闲暇时刻,彭雪枫携岳夏等出去逛逛街,看场电影,品尝一下山西小吃……生活颇有几分闲情逸致。

可就在这时,延安突然来电,要彭雪枫去北平、天津、济南等地,向这些地方的地下党组织,传达中央的相关精神,同时,调查一下华北地区日、伪、国民党军的政治、军事动态。

这一任务怎么会落到彭雪枫的头上呢?

原来,此前为了工作,彭雪枫还身兼中共中央北方局华北联络局书记一职,联络局主要做情报和统战方面的工作。

北方局,是中央在华北地区的派出机关,主要任务是领导地方党组织和群众工作。解放后,全国划有六个局,就来源于此时。

穿越岁月的隧道,那时的华北,历史在上演着一幕什么呢?

小日本觊觎华北已久,虎视眈眈,这正是"卢沟桥事变"爆发的前夜。蒋介石在"西安事变"中口头虽然承诺抗日,但从他骨子里,流淌的仍是"攘外

必先安内"的血液。伪军素来有趁火打劫的习惯⋯⋯

政治雾霾,重重叠叠。那么,共产党,作为一支独立的政治力量,又是如何面对的呢?

一身灰土布的毛泽东,站在地图前,盯着战略要冲的平、津、济一带,他要了解这一带的动向,派谁去呢? 眼前浮现出彭雪枫英姿飒爽的形象⋯⋯

离开太原之前,彭雪枫把手头的账目清理了一下。这些款项主要是国民党统治区民主人士、共产党的同情者(其中也包括国外)的捐款,以及延安委托他在国统区购买军需物资之款。

这其中凝聚了多少人的心血啊!

在这灯红酒绿的都市,他牢记毛泽东的警醒:"苦久的人遇风华必心动!"

他把握住了自己。

5 月 26 日晚。太原火车站,人声嘈杂。彭雪枫在岳夏等人的祝福声中,踏上去往北平的列车。

28 日晨,取道石家庄,彭雪枫抵达北平。

北平,是彭雪枫的"故乡",踏上这块熟悉的厚土,彭雪枫的心海涨潮了⋯⋯但他无暇故地重游,他首先约见了北平北方局的负责人。

交代完工作之后,彭雪枫想到了育德同学方中铎,于是,在中山公园的门口,阔别 7 年之后,再次相逢,二人感慨颇多,方中铎这样回忆:

当我飞快赶往中山公园门口时,他已经等在那里了,只见他胸前挂着大公报的徽章,红光满面,眉宇间透出英气,坚强有力。

但他是为着什么冒险来北平的,又是怎样找到我的呢?

我们在中山公园的松林中一个僻静的地方坐下来,面对紫禁城角楼开始了热烈的长谈。

⋯⋯

一些在北平的育德同学也闻讯赶来,彭雪枫从方中铎等人口中得知,育德同窗张维翰在山东,当即邀请他北上晤面。

华灯初上,在一家全聚德烤鸭店内,几个人喊喊喳喳,格外热闹。

"修道兄,红军经历了千辛万苦,能讲给我们听听吗?"

"小菜一碟!"彭雪枫神采飞扬,滔滔不绝,从红军反围剿开始,一直讲到红军爬雪山、过草地⋯⋯

惊心动魄的感人故事,让听者额首动容,啧叹不已,不知不觉,已是夜半时分。

交谈中,当彭雪枫听到济南形成了以共产党员朱晦生、育德同学王志远为核心的情况后,不禁大喜,决定前去济南看看。

6月5日,彭雪枫、张维翰一行抵达天津。

两天后,两人又风尘仆仆赶往济南。

济南号称"泉城",以泉多而闻名。初夏时节,绿树掩映,泉水叮咚,风景煞是迷人。彭雪枫无心留恋趵突泉、大明湖等名胜,便和王志远、朱晦生等十余人一起,立即召开座谈会。

"大家畅所欲言,谈一谈,以释心中悬念……"在王志远的家中,彭雪枫热情说道。

随后,彭雪枫认真地向大家讲解了国内外政治、军事形势,以及国共合作的统战政策。

此前,韩复榘军中地下党员朱晦生和王志远等人,成立了一个抗日团体——"知行学会",周围团结了30多名中下级军官,抗战工作开展得有声有色。

会后,根据彭雪枫指示,"知行学会"宗旨——"非联共无以抗日"改为"非拥共无以抗日",从此,该会走上拥共抗日的道路,在韩复榘军中影响渐大。

6月11日,彭雪枫又赴鲁西北的聊城。

当时,聊城地下党同国民党CC派斗争如火如荼,彭雪枫了解后,马上叫暂停,向他们讲述了眼下中央的精神。

他了解到,远在宋、明、清时,该地区都有过农民暴动,民风强悍,彭雪枫判断,一旦抗战爆发,地处冀鲁豫三省交界处的鲁西北,必成战略要地,于是,他马上指示,要团结专员范筑先,做好统战工作。

1937年6月彭雪枫(左二)巡视聊城时
与同学吴清海、郭武林、张维翰合影。

不久,彭雪枫离开聊城至天津、北平,6 月 17 日晚,顺利返回太原,此行前后共计 23 天,圆满完成中央交给的任务。

脚步匆匆,虎穴之地,应对自如

归心似箭。傍晚时分,彭雪枫终于到了向往已久的"老家"——延安。"老家"是当时党中央所在地的代用语。

原来,就在西安事变和平解决不久,即 1936 年 12 月 26 日,中共中央所在地由保安迁到了延安。

彭雪枫回延安,颇有衣锦还乡的味道,百岁老人、原彭雪枫的部下陈复生这样回忆道:

革命圣地——延安。

有一天他从山西坐了一个小卧车回到延安来,那时候延安可没有这种车,而当时我正在南门外的街上走着,这个车子一到我身边马上就停住了,着实把我吓了一跳。我正心想着这是哪里来的车呢,没想到彭雪枫跳下车来,一见到我就把我的手握着,说:"老陈啊,我从山西回来了……"

这是 7 月初的一天,彭雪枫脚步刚刚落定,风云突变,一件震惊中外的大事传来了——

卢沟桥事变爆发了!

事情的起因是这样的——

公元 1937 年 7 月 7 日夜,伸手不见五指。

在河北省宛平县卢沟桥附近,狼子野心的日军,乘着夜幕的掩护,打响了罪恶的第一枪。驻军团长吉星文(吉鸿昌侄子,1949 年去台湾地区,1958 年 8 月 23 日,被蒋介石任命为守卫金门副司令)不甘日本人的挑衅,率军奋起还击,打响了全民族抗战的第一枪。吉星文因此战一举成名,成为抗日英雄。

为形势所迫,7 月 17 日,蒋介石在庐山发表讲话:"……如果战端一开,就是地无分南北,年无分老幼,无论何人,皆有守土抗战之责任。"

凤凰山下的窑洞内,烟雾袅袅,蓬乱长发的毛泽东,凝望着彭雪枫,缓缓道:"……工作很有成绩……不过,红军马上开赴山西前线……我们的行军路线、活动范围、后勤保证……都要与他谈判、协商,同阎锡山谈判十万火急啊!"

毛泽东为什么把抗日的支点首选在山西呢?

首先,山西是八路军开赴前线最便捷的地方,正像任弼时所云:"山西方面地形交通限制了敌人的长处,恰又补足我们的短处,便利于我们的防守,凭借宽阔、险峻的地形,阻滞日军机械化部队前进,而且有利于开展山地游击战。"

其次,利用阎锡山矛盾的心理。阎锡山是个"土皇帝",日军、蒋介石都是他的敌人,无奈,拉共产党做暂时的同盟者。

彭雪枫会意地点点头。

不久,他搭乘朱德去前线的卡车,匆匆返回太原。此行,他还带了一个三军团时的部下——张震。

张震,1914年出生,湖南平江人。平江,即著名的平江起义爆发地。身材高大、性格开朗的他,在此后的戎马岁月中,成为彭雪枫的得力助手。1955年被授予中将军衔,20世纪90年代曾任中央军委副主席。现居北京,安度晚年。

彭雪枫一到太原,马不停蹄,立即前往阎锡山官邸,将毛泽东的亲笔信递上。

7月23日,彭雪枫通过电台,告知中央,阎锡山赠送七九子弹、中正子弹50万发,冲锋枪、机关枪200支……

阎锡山的态度怎么越来越好呢?一方面,西安事变中,蒋介石已答应抗战,这样,他就不必同中共遮遮掩掩了;另一方面,"卢沟桥事变"爆发了……

7月30日,平、津两地,在日寇的铁蹄之下相继沦陷,接着,日军沿平汉、平绥、津浦三条铁路作扇形推进,向华北地区展开大规模进攻。

唇亡齿寒。受中庸文化熏染颇深的阎锡山,大敌当前,不得不做做样子。

"瓜熟蒂落"的时候到了。

7月30日晚,彭雪枫前去拜访,一阵寒暄过后,阎锡山沉思道:"国难当头,我已下定决心,一是排除汉奸,二是加紧准备抗战……"

"是真的吗?"

"君子一言,驷马难追!"最后,老奸巨猾的阎锡山,终于抛出藏掖已久的最后一张王牌,对彭雪枫道,"雨峰老弟,你可以用红军和中共中央代表名义公开活动了!"

至此,红军和阎锡山的统一战线正式建立。

8月13日,淞沪会战爆发,日军大举进攻上海,这直接威胁到国民党统治集团的心脏地区和英、美等国的在华利益,蒋介石觉得不得不进行全面的抗战了。

8月14日,六朝古都——南京。

蒋介石召开最高国防会议,邀请中共和红军代表周恩来、朱德、叶剑英参加。会后,两党达成协议,沿用北伐时的称呼,西北红军改编为国民革命军第八路军。

8月30日,在太原坝陵南街8号,一所叫成成中学的校园内,八路军驻晋办事处正式挂牌成立。(成成中学的校长叫刘墉如,是个地下党员。)彭雪枫以八路军总部参谋处处长、驻晋办事处主任的身份公开办公。

办事处,下设总务科、供给科,科长分别是张震、资凤。张震是以八路军总部少校参谋的身份兼任的,负责接待、联络工作。岳夏任秘书,宋绍林任交通站站长。

开始换军装了。

看着"青天白日"帽徽,底下还有两颗小铜扣,一个个面面相觑,无精打采,几天来茶饭不思,心里有一种说不出的难受……

太原坝陵南街成成中学八路军驻晋办事处旧址。

彭雪枫心里也很不情愿,红五星,八角帽,胜利的象征……他眼前浮现出往昔的一幕幕:

戴着它,在南国的热土上建立一个红歌飘扬的王国;戴着它,千万红军依依不舍地离开根据地,踏上了艰难险阻的征程,血战湘江,飞越大渡河,爬过皑皑雪山,走过茫茫草地……胜利到达中国的西北角。

"青天白日"是蒋介石反革命血腥的标志!从1927年至今,多少共产党人倒在它的绞杀之中,多少亲爱的战友遗憾地倒下……可如今要戴在自己的头上……想起这些,彭雪枫的心海宛如掀起惊涛骇浪,眼睛慢慢地湿润了……

但他明白,此一时也彼一时也,况且,自己又是负责人,于是,他强忍了很久,露出一丝微笑,目光中充满坚定:

"同志们!名称虽然改了,帽花虽然换了,可是,我们的本质没有变,我们永远是共产党领导的红色武装!"

……

八路军办事处成立后的第一件大事,就是迎接八路军开赴抗日前线。

9月初,太原火车站,阳光惬意地挥洒着,空气中飘荡着油腻黏糊的机油味。彭雪枫带领办事处人员,组织各界团体,挥着彩旗,敲锣打鼓,欢送八路军一一五师、一二九师、一二○师进入山西抗日前线。一时间,太原成了无数热血青年的向往之地。

这时,延安也来人了。

9月5日,"彭公馆"朱漆大门缓缓打开,一辆乌黑锃亮的轿车,缓缓驶进来,车门打开,走下风度翩翩的周恩来,后面是彭德怀、徐向前。

彭雪枫率张震等迎上前去。

"彭公馆好阔气啊!"

"小彭几个月就在太原站住了脚,不简单,不简单……"

"哪里,哪里,过奖了,过奖了……"彭雪枫谦虚地笑道,说着,引领大家一起来到客厅。

第一次见到彭雪枫的徐向前,这样描述:

彭雪枫精干潇洒,能文能武,是办事处负责人。……

茶毕,周恩来详细分析了当时的局势,最后,以他特有的悠长语调,认真地叮嘱:

"中山先生有句名言,叫革命尚未成功,同志仍需努力!阎锡山虽然和我们建立了统一战线,但他的处世哲学——中庸,会决定他的行动,我们不能掉以轻心!"

周恩来早年在黄埔军校当过政治部主任,因此,在国民党将领中享有很高的威信。这一点,毛泽东是清楚的,包括后来到长江局、重庆红岩办事处,其独特的身份与能力,在党内无人能比。

第二天,周恩来等在彭雪枫的陪同下,首先会见了山西省政府主席赵戴文和省政府秘书长贾景德,9月7日凌晨,周恩来、徐向前匆匆赶赴雁门关以西的岭口,会晤阎锡山。

后来,徐向前这样回忆:

> 阎锡山正在部署大同会战,见我们到来,满面春风,热烈欢迎。这位山西土皇帝,和蒋介石差不多,外战外行,患有恐日症。日军已经打到他的家门口,不抵抗吧,面子上过不去,难向国人交代;打一家伙吧,又没取胜把握,生怕惹火烧身,连老本都赔掉。
>
> 所以,他表面上摆出一副"守土抗战"的架势,实际上准备见风使舵,对日妥协,保存实力。他对部下曾说:"抗日要准备联日,联共要准备剿共。"这就是他的如意算盘。

迫于压力,阎锡山同意成立第二战区民族革命战争总动员委员会(简称"动委会")。

回到八路军办事处,已是暮色朦胧时分,周恩来不顾疲惫,向朱德、彭德怀、彭雪枫介绍了谈判的情况。一脸慈祥的朱德笑道:"阎锡山,是假防御,做做样子,咱们还得按洛川会议的方针办!"

"在太原,我们一定做好统战,发动各界,有钱出钱,有力出力……"彭雪枫补充道。

9月24日,八路军一一五师在林彪、聂荣臻的率领下,向晋东北挺进,在平型关设下埋伏。

平型关位于山西东北部古长城上,自古以来,是晋冀两省的重要隘口。关内关外,群山峥嵘,层峦叠嶂,沟谷深邃,阴森幽静。

这是八路军一部在开赴平型关途中的情景。

关前有一条公路,是日军进攻山西的必经之地。

此战,取得歼灭日军精锐坂垣师团(一个师团两万多人)第二十一旅团千余人的重大胜利。

坂垣师团原系"御守"东京的日本皇家近卫第五师团,是日俄战争时期组建的一支装备精良、赫赫有名的精锐师团。官兵均从广岛县招募,故又称"广岛兵团"。师团长坂垣征四郎中将,曾任日本关东军参谋长,参与策划过九一八事变,伪满傀儡政权"建国"、蒙古独立和绥远事件,由于"功昭皇国",后晋升为日本陆军大将。

1948年12月,坂垣征四郎被远东国际军事法庭处以绞刑。这个双手沾满了中国人民鲜血的刽子手,最终得到了可耻的下场。这是后话。

平型关大捷,是抗战以来全国第一个大胜利,它像一声晴天霹雳,打破了"日军不可战胜"的神话。据说,蒋介石给八路军签发嘉奖令时,怀着失落的心情环顾左右,怅然叹道:"我几十万军队久驻华北尚不能打一次胜仗,为什么刚上阵的八路军就能首战告捷?"

火光在胸,侃侃而谈,从容应对各界名流、记者

泰戈尔诗云:"最好的东西不是独来的,它伴了所有的东西同来。"

平型关大捷的消息,像长了翅膀一样,飞向全国各地。贺电、贺信雪片似的飞来,前来办事处祝贺的、邀请演说的,络绎不绝,应接不暇。

山西定襄人薄一波,受北方局的委派,帮助阎锡山从事抗战,他组织成立的"山西青年抗敌决死队",像一颗耀眼的星斗,闪耀在晋中大地。

9月的一天,阳光灿烂,微风徐徐。受薄一波的盛情相邀,彭雪枫如约来到山西国民师范礼堂作报告。

偌大的礼堂内,人头攒动,气氛热烈,大家期待着一睹八路军代表的风采。一位在场聆听的老战士,后来这样描述:

他站在讲台上,年轻英俊,且很有将军风度,他演讲的题目是《抗日战争的战术》。他将十六字诀的战术原则(敌进我退,敌疲我打,敌驻我扰,敌退我追),用"牵牛术""回马枪"等作比喻,讲得生动活泼,深入浅出。

他不是念讲演稿子,而是撇开稿子,侃侃而谈,增添了讲话风采,吸引着热情

"山西青年抗敌决死队"
第一纵队政委薄一波。

的听众。特别是来自中州的青年战士,听着那熟悉的乡音,备感亲切。

10月16日,应第二战区动委会主任续范亭之约,彭雪枫到山西大学,作《游击队政治工作》长篇报告。

一时间,"八路军代表彭雪枫"的大名,在太原官方的报纸上频频出现。彭雪枫成了太原的名人。

不久,中央社、《中央日报》《扫荡报》等报社的记者,千里迢迢,来到太原办事处,要求前去一一五师采访。此时,全国各地的慰问团也纷至沓来,彭雪枫都不厌其烦,一一提供方便。忙碌之余,一些记者对平型关缴获的战利品颇感兴趣,彭雪枫便兴致勃勃地与他们合影留念。

一个阳光四溢的早晨,在大门口,一个披着斗篷、气宇不凡的客人,声称要见彭雪枫,并递上一张精美的名片,上写着:《大公报》记者范长江。

彭雪枫闻讯,在院中高大的枣树下,热情地接待了他。

"我还参加过你们报社的校对考试,可是,我没你有福气啊!"清爽的阳光透过枣树圆圆的翠叶,洒在彭雪枫的笑脸上。

"我那时在场,你就不用考试了……"

"呵呵,范先生是中国的名记者,您的《在中国的西北角》我早已拜读,受益匪浅啊!"

接着,彭雪枫就八路军坚持敌后游击战,做了十分精彩的回答。后来,彭雪枫关于游击战术原则,特意致信在前线采访的范长江:

长江先生:

大函颂悉。前线小捷,蒙过奖,不敢当得很。

……又证之最近数次小的胜利,都是以精干之小部队深入敌之后方,为所欲为。不过这里须首先留心两个大问题:(一)部队素质好,机动性大,敢于脱离主力单独行动;(二)纪律好,且善于做群众工作,能与人民打成一片,随时随地能得到群众之掩护与帮助。……

平型关大捷,给阎锡山很大的压力,逼得他非打一下不可。忻口会战打响了。彭雪枫协助周恩来,向前方献言献策。

依依不舍太原城,学兵队里赞誉声

1937年9月,日军占领平、津后,大举入侵山西,10月底,太原告急。阎锡山的大部分军队一触即溃,闻风向南逃窜,有首民谣形容道:"十月山西人人忙,富人忙搬家,穷人心惶惶。军官扔部属,小兵扔大枪。"

阎锡山本人及省主席赵戴文也于 11 月 4 日撤离太原。绥靖公署给办事处派来了汽车。夜深了,办事处灯光仍然亮着,周恩来正紧张部署抗战和地下工作,不时找来彭雪枫研究。

11 月 6 日上午,已是万分危急时刻,周恩来才指示张震,把办事处的卡车与工作人员,先送到汾河桥待命。又马上让彭雪枫和张震,带电台、译电员跟在他身边。

这时,远方已传来枪炮声。

6 日晚,彭雪枫等随周恩来来到西门。城门的卫兵称,没有傅作义司令的命令,一律不准出城。原来,阎锡山撤退时,留傅部坚守太原。于是,彭雪枫让周恩来坐在车中等候,自己带张震到城防司令部见傅作义。

傅背着手,独自在房间内踱来踱去。

听完来意,傅作义二话不说,写下字条。

此时,已是子夜时分,城门已被沙袋堵死,只留下一个可供单人通过的小道,周恩来果断命令弃车。

回望城内,灯火映天,声语嘈杂,想到两年来的日日夜夜,彭雪枫不禁潸然泪下……一路上,看到出城的人群,逶迤如龙,扶老携幼、哭声连天,彭雪枫的心都碎了,愤怒长叹:"国难民不幸啊!小日本,血债还要血来还!我们会回来的!"

11 月 8 日,太原失陷。

彭雪枫、张震护卫周恩来,历尽艰辛,到达临汾城。

临汾刘村镇彭雪枫办公室兼宿舍旧址。

临汾是晋南的一个大县,美丽的汾河从城西蜿蜒而过,周围丛林茂盛,风景十分优美。

不久,八路军办事处移至临汾城西北的刘村镇。这里距城关六七里路,是一个有几百户人口的大村子。这个村以卖帽子出名,大家称它"帽儿刘村"。办事处设在一个名叫"五同丰"

的地主大院内。外院是政治处,内院住着机要科,还有一个警卫班,彭雪枫 也住内院。

那时,八路军总部在洪洞县南的马牧村,与刘村相距不远,与阎部也可直接联络。这样,办事处的统战工作就减少了。

当时,北方局也住在刘村。按照北方局的指示,办事处的任务,一是掩护北方局工作,二是办学兵队,培养青年学生,为八路军、新四军输送新鲜血液。

学兵队设在刘庄一个大祠堂内,学员达 600 余人,没有教室,就在大树下上课。吃的是小米,睡的是炕铺。

一天,美国海军陆战队情报视察员卡尔逊,路过刘村,他这样描述:

临汾刘村镇学兵队旧址。

傍晚,我们到达向北延伸的山脉脚下的一个村子。

这里的气氛是相当热情和同志式的。除了老人、妇女和儿童,所有的人都穿平纹蓝布衣服。年龄在 18 到 25 岁的姑娘们,都有蓝色的军便帽戴在十分朴素的黑色短发上,自由地和同样年龄的男青年混在一起,这里的每个人似乎都和其他人有较好的关系。

我被引到校长彭雪枫将军的办公室。他,瘦长而结实,精力充沛。

他说,这些青年男女正补习训练去当游击队的领导人。

十一二个学生一班住一个房间。晚间,学生们一群群围坐在炭火旁,讨论感兴趣的文化问题。10 点钟,他们挤着入睡,天亮以前,新的一天开始了……

在此期间,彭雪枫还做了两件大事:

一是组织了大型军民联欢会;二是组织军民发起了驱逐张幕陶的活动。

临汾是晋南重镇,太原失陷后,不少政客、汉奸、托派分子都拥到这里。

张幕陶原来是中共党内的老干部,后来成了托派分子,经阎锡山的介绍来到山西。在阎那里做高级参议。在临汾,他到处散布"打倒国民党"等不合时宜的言论。

张幕陶做过哪些见不得人的事呢?

原来,西安事变之后,张学良送蒋介石回南京被扣,东北军群龙无首,何去何从,争吵激烈。在西安事变中抓到蒋介石的那个营长孙铭九(后来任卫队团团长)和张学良的政治秘书应德田等少壮派军官,同元老派之间矛盾激化,一怒之下,他们不顾大局,枪杀了第67军军长王以哲。

而背后的主谋就是张幕陶!

在北方局的领导下,彭雪枫发动群众采取集会、演讲,扎着张幕陶草人游行等办法,使这个托派分子声名狼藉。

后来,阎锡山的宪兵在其家中搜到"打倒阎锡山的封建社会主义",惹恼了阎锡山,把他送到了西安。后来,经蒋鼎文、胡宗南之手,把他"密裁"了,这是后话。

学兵队的文娱生活十分丰富。有俱乐部、集体舞、办墙报、自编戏剧……熊熊燃烧的抗战热情、一颗颗弥坚诚朴的心灵、吕梁山下粗犷如画的风景,吸引了许多文化名人,李公朴、贺绿汀、欧阳山、吕骥等纷纷前来。

一个阳光明媚的上午,贺绿汀在大树下听彭雪枫讲《游击战术》,不知不觉,被彭雪枫精彩的演讲深深地吸引住了,听着,听着,眼前浮现出无数战士们在硝烟纷飞的战场上英勇向前的英姿……

晚上,他辗转反侧,夜不能寐,忽然,灵感乍现,第二天便创作出脍炙人口的《游击队歌》:

> 我们都是神枪手,
> 每一颗子弹消灭一个敌人。
> 我们都是飞行军,
> 哪怕那山高水又深。
> 在密密的树林里,
> 到处都安排同志们的宿营地,
> 在高高的山冈上,
> 有我们无数的好兄弟。
> ……

1938年1月下旬,在山西省马牧村八路军总部,大家欢送彭雪枫以总部少将参谋处长
的身份赴武汉参加蒋介石召开的军队师以上参谋长会议留影。
左起:彭德怀、朱德、彭雪枫、萧克、邓小平。

第六章 夜幕下的星光

　　激昂的旋律、欢快的节奏,唱出战士们英勇机智、乐观向上的情绪。直
到今天,这首经典之曲,还是感受那段激情岁月的一张名片,珍藏在人们的
情感和记忆深处。

　　一天,毛泽东突然发来电报,要彭雪枫立即前往河南,到豫南确山县竹
沟镇,准备开展河南敌后游击战争。

　　当时,河南属于长江局管辖。彭雪枫告别战友,依依不舍地踏上了南下
的征程。

第七章　运筹帷幄之中

已经有更艰险的伟业在为我们歌唱。

道路已被新的手开辟，火炬从一个高峰举向另一个高峰。

——圣琼·佩斯（法国）

黄鹤楼下，欣然受命，奔赴竹沟

卢沟桥事变爆发后，国民党数十万军队组织的平津抗战，像肥皂泡一样，瞬息破灭。北平、天津相继失陷，毛泽东对原定的 4 万红军加入正面作战的设想，产生了怀疑。同时，平型关大捷，也给毛泽东一个提醒。平型关战斗歼灭日军 1000 余人，而八路军也伤亡 1000 余人，毛泽东认为，这样不行。

就在这时，毛泽东放弃"正规战"转向"游击战"的思想产生了。

这是与他丰富的军事、政治斗争经验分不开的。

毛泽东在总结第二次国内革命战争的经验时说，只有当几个帝国主义列强瓜分中国时，在反动阵营内部出现了各种势力相互割据时，中国的革命力量才能够得以生存和发展。日本帝国主义的入侵，客观上为中国革命力量的发展提供了条件。

此时，日军长驱直入，占据了中国大片国土，但真正控制的是少数城市和交通线。国民党的军队大多撤向大后方。因此，敌进我进，到敌人的后方去，共产党才能获得发展的空间。

8 月 20 日，中共在洛川城郊冯家村的一所小学里，召开了著名的洛川会议。

洛川会议的出名，就在于制定了以游击战为主的战略方针，这是一个重

大的战略转变。这相当于 1978 年中共的十一届三中全会。（制定了由阶级斗争为纲向经济建设转变的策略）

实行这个转变，并不容易。一方面，红军在十年内战后期已习惯于正规军和运动战，一时转不过弯来，另一方面，抗战爆发了，不少人十分兴奋，摩拳擦掌，跃跃欲试，想同鬼子打一些大仗，解解气。

毛泽东又一次展示出他的智慧与决断。因此，他要把他的弟子们像棋子一般布满中国的各个战场。那么，毛泽东为何派彭雪枫到竹沟，而不是派别人呢？

谜团揭开，答案便知。

环顾竹沟四周，驻守的张轸、刘汝明等国民党军官，以及地方派等都与西北军有关，或是西北军旧部，或是彭雪枫在西北军官子弟学校的同学。

少年时期，在西北军官佐子弟学校读书的背景，使他做起统战工作，具有别人无法替代的优势。另外，一旦日军沿平汉线南下，威胁武汉，彭雪枫可带领一部分军队离开竹沟，进入豫西山区打游击。同时，河南是彭雪枫的故乡，从感情上，他是亲近的。

战略家的毛泽东，登高望远，洞若观火。

温柔的斜晖中，彭雪枫带着副官程朝先，风尘仆仆地走出人声鼎沸的汉口火车站。

这是 1938 年元旦前后。

1937 年 12 月 3 日，南京沦陷，国民党兵败如山倒，军政机关一股脑地涌到武汉。许多抗日团体、爱国人士也纷纷来到这里。

一时间，华中重镇——武汉，成了当时全国的抗战中心。

武汉八路军办事处，是共产党在国统区的公开机关，云集了当时许多显赫的人物：王明、博古、周恩来、叶剑英、林伯渠等，还有叶挺、郭沫若。

长江局是秘密机构，机关设在办事处的大楼上。当时，长江局的任务不只是指导长江流域各省的工作，还代表中央向国民党及其他党派进行统一战线工作，具体思路是，派人打进国民党军队，帮助他们恢复政治工作，寄托于他们进行抗战。这实际还是沿袭大革命时期依靠、利用国民党进行北伐的方针。

当时参与此项工作，解放后曾任国务委员的张劲夫回忆道：

我们当时接受的任务，只是明确帮助国民党进行抗战，推动国民党军队进步。至于国民党军队撤退后怎么办，是否留下来组织群众坚持游击战争，没有得到明确指示。

走进素有"九省通衢"之称的武汉,繁华气息扑面而来:高楼林立、商贾云集、车水马龙……七转八拐,暮色朦胧十分,他们来到八路军办事处——汉口府西一路安仁里1号。

晚宴之后,《新华日报》(国统区共产党办的报纸)记者陆诒,闻讯来到彭雪枫住处,采访了他。灯光下,彭雪枫侃侃而谈,特别是谈到八路军如何发动民众,让陆诒难以忘怀:

……就是在民众自发的抗敌情绪极高涨的时候,把他们组织起农民自卫军。这些队伍,最初我们在附近袭击敌人时,只让他们跟在敌人的后边,放在能够听到枪响,而不是敌人有效射程所能达到的地区。

第一步使他们习惯听枪响,对战争的恐怖信念一点一点淡薄起来。要是在第一次、第二次、第三次游击军队截获敌人的辎重时,譬如运输汽车上的粮食,饼干、肉松之类,让他们这些农民自卫军多搬一点,军队可以少拿一点,借以鼓励他们袭击敌人辎重的兴趣。敌人的武器,也要多分给他们一点,武器的获得,会使他们更加兴奋!

最要紧的是,不要轻易叫他们打仗,尤其不能使他们吃到败仗而沮丧,见了打仗更害怕!……

在这里,彭雪枫意外地遇到了谭友林。

谭友林(1916—2006),湖北江陵人,是长征时红二方面军的一个师政委,此时来汇报工作,他们在一个食堂吃饭,住房也是一壁之隔,一来二去,二人就认识了,谭友林回忆道:

他30岁左右,眉清目秀,细高身材,穿一身洗得略褪了色的灰军装,戴一顶军帽,风纪扣、皮带、绑腿都理得很整齐,特别是他那双带有缨子的草鞋非常显眼。这身衣着,给人一种潇洒刚毅而又带有几分文静的感觉,更显出他那年轻英俊的军人风度。

一天晚饭后,彭雪枫来到谭友林的房间,极力劝说他去河南打游击,他滔滔不绝,绘声绘色,说得谭友林有点动心了,他好像看出了谭友林的心思,于是,单刀直入地问道:

"愿不愿意去河南打游击?"

"愿意当然愿意,但要请示周副主席。"

彭雪枫高兴地说:"这个包在我身上了。"

果然,过了两天,彭雪枫跑来说:"周副主席、叶参谋长都同意了!"

"蜀中无大将,廖化做先锋。"到竹沟后,谭友林任竹沟教导大队队长,后来任4师12旅旅长,解放后曾任兰州军区政委,1955年被授予少将军衔,这是后话。

碰巧的是,育德同学路庭训、王志远也在武汉,他们闻讯后,兴冲冲来到办事处。同窗相聚,情深话长,直至夜阑人静。

不久,彭雪枫还参加了全国军队师以上参谋长会议,会上,彭雪枫见到了红军时期的许多战友。

在武汉的半个多月里,彭雪枫度过了一段快乐的时光。

此时,日军已突破黄河天险,向南逼来。2月15日,长江局副书记周恩来主持召开会议,决定在长江、黄河之间设立一个军分区,由彭雪枫负责军事工作。

就这样,彭雪枫带着谭友林等,乘火车离开汉口到确山,又从确山步行到竹沟。

竹沟,又称沟竹,因"篁竹茂盛"而得名。

它位于河南确山、泌阳、桐柏三县交界处。伏牛山、桐柏山余脉交会于此。三面青山,东边是一望无际的大平原,30余公里处就是平汉铁路。

群山环抱,涧水飞溅,丛林深密,地势十分险要。

美丽的大沙河(也叫竹沟河),像仙女的白纱,将不足千人的小镇一分为二,河水两岸,竹林葱茏,远远望去,宛如江南的水乡。

这一带还是豫南革命的摇篮。1927年10月8日,马尚德(抗日英雄杨靖宇的别名)领导的确山暴动,在此播下革命的火种。这位英雄后来成为东北抗联第一路军总司令兼政委。1940年2月23日,在林海雪原中,被人出卖,孤身一人与日军战死在雪地上,当日军剖开他的胸膛,发现肠胃里尽是棉絮、树皮和草根,日本人震惊了!为这位铁人举行了"慰灵祭"。1945年日军投降前夕,曾追杀杨靖宇的日军岸谷隆一郎剖腹自杀,他在遗书中写道:"中国拥有杨靖宇这样的铁血军人,一定不会亡国。"

小镇只有东西一条街,人口不到1000人。彭雪枫住在街心路北一个三间宽三进深的四合院里,大门外挂着一个长牌子,上写着:国民革命军新四军第四支队第八团队留守处。

第八团队的前身是中国工农红军豫南游击队,红军主力长征后,王国华、周骏鸣等创建了鄂豫边区省委,建立了以竹沟为中心的鄂豫边根据地,是南方8省15块根据地之一。1937年10月,游击队奉命改为新四军四支队第八团。

新四军,全称是"国民革命军陆军新编第四军"。

卢沟桥事变爆发后,国共实现了第二次合作。其中一条,就是关于南方8省14个地区红军游击队的改编问题。根据叶挺的提议,游击队改编称为新四军,为什么这样起呢?这里还有一段历史渊源。

1922年黄埔军校成立以前,粤军第一师一直是孙中山倚重的部队,对孙中山绝对听从。1922年孙中山第一次北伐出师桂林时,一师就是主力。

"王老汉"——王国华。

周骏鸣。

后来,在陈炯明叛变中,一师保护孙中山回广州。1926年北伐时一师扩编为第四军,在当时的7个军中实力最强,共产党员也最多。北伐中,叶挺率领的独立团所向披靡,为第四军赢得"铁军"的称号。所以,叶挺对这个番号格外情深。前面加上一个新字,以区别北伐时,可谓用心良苦。但同时,还有另外一层含义,就是希望新部队能发扬、继承铁军的光荣传统。

王、周二人乃何许人也?

王国华,河南确山县大王庄人,在豫南民间颇有影响,老百姓亲切地称呼他"王老汉"。长征前夕,毛泽东、周恩来曾接见了他,毛泽东亲笔题写"党不离枪"四个大字赠给他。1949年后曾任河南省副省长等职。

笔者童年时期,常听村中的老人谈起王国华的故事,爷爷的嘴中时不时会蹦出"王老汉"三个字。他憨厚朴实的外表,仗义豪爽的性格,杀汉奸闹革命的传奇故事,是豫西南老百姓心中宋江一类的人物,民国二三十年代,笔者故乡一带十里八乡有点抱负的年轻人都奔他而去了。惭愧的是,笔者在写此书前,还不知道他的大名。

周骏鸣,河南确山人,行伍出身,曾在西北军冯玉祥部任营长,后在江西"剿匪"时,随董振堂在宁都起义。解放后曾任水利部副部长。

当时的河南省委机关在开封,省委书记朱理治,彭雪枫冒着雨雪,前往晤面。在朱理治的坚持下,彭雪枫任河南省委军事部部长。

不久,彭雪枫致电临汾的张震。张震接电后,迅速带秘书岳若遐(罗岳夏)、王子光、通信队长熊梦飞及警卫连的部分官兵共计31人,奔赴豫南。

随后,彭雪枫对第八团进行了整训,当时,八团兵力除去老弱病残者,仅有一个营的兵力,常言道:"屯里无粮,心中慌慌",怎么办呢?经过商量,他们收编了两支绿林武装。可是,就此却埋下了祸根。

时任河南省委书记的朱理治。

有勇有谋,"杯酒释兵权"

初春。夜晚。

缕缕柔风轻轻吹来,在院中夹竹桃树的枝叶间,轻轻地弹奏着悦耳的小夜曲,灯光下,神情肃然的彭雪枫,来回踱着,时而弹下烟灰,时而眉宇紧锁,眼前不时浮现出令他气愤的一幕幕:

山脚下,东门外的操场上,几十名"新四军战士",吊儿郎当,嘻嘻哈哈,指导员气得青筋暴起……一白发苍苍的老大娘,踉踉跄跄来到八团留守处,向彭雪枫哭诉,一个"新四军战士"抢走两只老母鸡……每日前来告状的络绎不绝,这是共产党的军队啊,怎能出现这样的事情呢? ……看来,得想个办法……

彭雪枫皱着眉头,背着手,在屋子里走来走去,正在这时,门外传来一个熟悉的声音:

"部长,快开门!"

彭雪枫笑着拉开门:"参谋长,这么晚了,怎么还没休息?"

"哎,翻来覆去睡不着……"张震挠着头笑道。

"呵呵,心里有事!"彭雪枫开玩笑地用指头指着张震,"有什么想法,谈谈吧!"说着,彭雪枫拉过两把凳子,二人坐下来。

夜深了,星星眨着眼睛,一阵爽朗的笑声飘荡在竹沟的上空。

这是何故呢?话得从头说起。

当时,豫南一带,土匪四起,烧杀抢掠,无恶不作。老百姓非常痛恨,称他们为"蹚将""杆子",其中有两股"杆子"较大。一个头目叫安可祥,一个叫段永祥,各有七八百人,二三百条枪。当地称"安团""段团"。

这些杆子,聚众山林,与国民党政权对立,时有火并的时候。2月初,两杆子在湖北一带遭到重创。得知消息后,彭雪枫、王国华等决定争取杆子参加新四军。

经过唐河县地下党的大力争取,加上"王老汉"的声誉,他们加入了新四军的队伍。可是,过惯了"山大王"生活的土匪们,积习难改,时不时骚扰四周百姓,造成民愤。

彭雪枫和张震、王国华、周骏鸣商量后,报请长江局和河南省委,决定择日对其缴械整编。

说干就干。

一个春光融融的丽日,彭雪枫、王国华、周骏鸣、张震等,在信阳邢集、竹沟分兵行动。

上午八九点的光景,彭雪枫带领手枪班的战士们,请"段团"连以上干部到竹沟关帝庙赴宴。一脸络腮胡的段永祥,带着几个随从,哼着小曲,昂然而来。

彭雪枫谈笑风生,站在门外,执礼相迎。

一声"上菜",顿时,几桌酒席,吆五喝六的猜拳声,响彻不断。

不一会,彭雪枫站起身,来到段永祥的面前,双手执酒道:"段队长,抗日杀敌,辛苦了!今天我敬你一杯!"说完,一饮而尽。

"哪里,哪里,彭部长······劳苦功高,客气······客气了!"几杯下肚,段永祥已有几分醉意,说话有点结巴。

彭雪枫会意,立即朝身边的程朝先使个眼色,说时迟那时快,程朝先一个箭步,像猛虎下山一般,转瞬间将段永祥扑倒在身下······等到外屋喝得醉醺醺的随从明白怎么回事时,一切都晚矣!

彭雪枫见段永祥等枪械已缴,跳到一个凳子上,大声道:"大家受惊了,但今天别无他意,中国有句古话,叫好汉做事好汉当,看看你们做了些什么!"说着,掏出一沓信,"啪"的一声,重重地摔到桌子上,"看到了吗?这是群众的揭发信······"铁证如山,顿时,一个个像霜打的野菜,蔫在那里。

"念在你们抗日的分上,今天从宽处理,但今后谁再想违反共产党的纪律,不听指挥,现在就为你们送行!"

彭雪枫的话语，干净坦荡，铿锵有力，让在场的段永祥等羞愧交加，纷纷跪下，痛哭流涕……

此刻，"段团"的全体士兵被张震请到竹沟学校会餐。入席前，枪支都放在操场上，都是徒手入席。酒过三巡，张震令冲锋枪排的战士们到操场上，不声不响地把枪支入库。不久，彭雪枫听到禀报，飞马赶到，向在场的士兵讲明了事情的真相……

与此同时，周骏鸣带领老八团的一个营，在邢集顺利地对安团进行了缴械。

彭雪枫将段、安两团集中整训，随后编入八团。

八团的三个营编成后，由周骏鸣任团长，总兵力达 1300 余人，军威大振。不久，遵照新四军军部命令，八团在邢集誓师，开赴皖中。

后来，八团成为新四军二师的一支劲旅。

峥嵘岁月，厉兵秣马，"小延安"美名扬

八团走后，镇上冷清了许多，彭雪枫的心里多少有点失落。

人，毕竟是有感情的动物。日有所思，夜有所梦。正像西方著名心理学家弗洛伊德所云，梦境是心灵冰山的一角。

晚上，他做了一个梦。梦见在蜿蜒曲折的山路上，一队朝气蓬勃的青年，沐浴着春晖，高唱着抗日曲，宛如一条逶迤的长龙，向竹沟奔来……

好梦果然成真。

1938 年 1 月，长江局来电，要求竹沟彭雪枫等，设教导队，吸收青年学生。重要的是创造党的干部。有了干部，就等于建房搭起了檩、梁，剩下的招兵，就是往架子上添草、添瓦了。

一把火点燃了彭雪枫心中的希望，在会上，他动情地说："我们要办出一所竹沟的'延安抗大！'"

招生广告在确山火车站等地贴出以后，不啻是一声春雷，唤醒了一颗颗有志青年饱满沉睡的心灵。十余天之后，300 余名来自山东、河北、河南、湖北等地的热血青年，纷纷来到这个山清水秀的豫南小镇。

山村小镇，一时间变得热闹非凡。

每天，在留守处门前，总是簇拥着一批批来自四面八方的青年，他们衣着不同，口音各异，虽是隆冬季节，寒风刺骨，但阳光下一张张热情洋溢、充满朝气和踌躇满志的笑脸，让彭雪枫颇感欣慰，他不禁赞叹道："多么可爱的青年啊！"

彭雪枫的人生伴侣林颖,就是 1939 年春天来到竹沟的,这是后话。

和张震一起,他每天到报名处,兴奋地回答青年们的各种问题。

一首民谣反映了当时的动人情景:

> 三架山,三道岭,
> 山外下雨山里晴。
> 谷山冲,山重重,
> 冲里来了彭雪枫。
> 穷人穷,骨头硬,
> 要跟雪枫闹革命。
> 一把刀,紫红缨,
> 跟(着)雪枫去当子弟兵。

经过简单的口试,编为三个男生中队,一个女生中队。开始,教导队的负责人是周季方,后来是谭友林。

彭雪枫喜忧参半。喜的是,有志青年纷至沓来,忧的是,现有的房舍、经费,远远不够。

一个夕阳如盘的黄昏,他悄然来到教导队食堂,只见几百号人,正蹲在地上吃饭,看见部长来到,大家纷纷围上来。他走到烟雾四溢的蒸笼旁,顺手拿起一个黑亮的糠窝窝,然后掐了一块,蘸了一点红红的辣椒糊,塞在口中,一边吃一边风趣地说:"同志们,窝窝头蘸辣椒,越吃越上膘啊。"一旁的学员听到这话,不禁哈哈笑起来,彭雪枫顿时来了兴致,朗声道,"大家愿不愿意听我讲一段长征的故事?"

"愿意!"

彭雪枫挥舞着手臂,讲了一段红军过草地时的故事:吃草根、啃树皮……学员们津津有味地听着,久久不愿离去。

夜深了,彭雪枫在灯下徘徊,他明白,说归说,这不过是激发大家的乐观情怀罢了,关键是,实际问题怎么解决……他,想起了三国时的曹操。

曹操是历史上第一个提出"屯田制"的英雄,他的部队摆脱政府的补给,依靠士兵自己的双手,养活了自己。延安艰苦时期,王震率 359 旅南泥湾垦荒,实现了自给,也是同样的例子。

"中! 就按这个来!"他眼睛一亮,狠狠地拍了一下桌子。

……

军政教导大队旧址。

早春二月，春寒料峭。阴霾重重的天空下，在竹沟北三里外的小山上，几百名学员迎着寒风，割草的割草，伐树的伐树，一片忙碌的景象。人群中，穿梭着一个矫健的身影——彭雪枫，他一会儿打草，一会儿给大家鼓劲加油。

穷人的孩子早当家。这些农家活儿，彭雪枫早已轻车熟路。不几天，在他的带领下，建房用的山草、木料一应俱全。水到渠成，在他的带领下，大家打坯，和泥，彻墙，上梁……半个月后，一排排崭新的草房，在竹沟河东的山冈上拔地而起。

臭气难闻的小街旮旯处，彭雪枫手执铁铲，揩着汗水，浑身湿透，对身边的小学员说："小鬼，干革命就不要怕脏！"说完，再次跳进垃圾沟，清理淤泥，战士们一个个也紧随其后……

不久，他又带领学员们到附近的山坡上垦荒，种粮，种菜……

天蓝了，水清了，竹沟百姓的脸上，挂着甜蜜的笑容——整洁的街道，洁白的墙壁，飘荡的歌声，小竹沟俨然成了中原的延安。

3月初的一天上午，清风徐徐，沙河水边的一片树林里，彭雪枫背着手，兴奋地说："同志们，古人云：'一年之计在于春'，在这生机勃勃的春天，我们要大有作为！"

在雷鸣般的掌声中，他首先分析了形势，接着指出当前的任务，最后，号召大家为抗日挥洒青春……

延安抗大、临汾学兵队……在彭雪枫的眼中——闪现，比葫芦画瓢谁都会，但这不是我的风格，彭雪枫心里想。

"希望是无所谓有，无所谓无的，正如地上的路，走的人多了，也就成了路。"他想起了鲁迅先生的话。

"竹沟教导队，应走出一条迥异的路来！"

在几门课程中，有两门课最受学员欢迎，一门是王国华的《豫南游击战》，另一门就是彭雪枫的《游击战术的几个基本原则》。

在树荫下的"课堂"上，他把作战原则形象地概括为："暴风迅雷的突然袭击""集中主力打敌一点""东边打雷西边下雨""牵牛政策(打圈子)""超越近敌袭击远敌"等六个方面。

他以参加红军和长征中游击战的体会和经验,受到学员们的热烈欢迎。

斯大林有句经典的话,即"理论若不和实践相结合,就会变成空洞的理论"。同样,"实践若不以理论为指导,就会变成盲目的实践"。

彭雪枫深深懂得其中的奥妙,并灵活贯彻这一名言。

2008年金秋,笔者在竹沟采访时,年逾古稀的老人告诉笔者,当年,附近的山丘上经常听到"八路军"自己人打自己人的战斗……笔者微微一笑,告之,这是"八路军"的实弹演习。

另外,彭雪枫让学员们经常向群众进行军事表演。

舌战王友梅,不卑不亢"迎"夏团

一天上午,竹沟西南的一条弯弯曲曲的山间小路上,两匹枣红色骏马,腾起阵阵尘雾,为首者英俊干练,目光如炬,此人正是彭雪枫,后面是警卫员,两人策马朝泌阳奔来。

原来,泌阳巨绅、"地头蛇"王友梅,自恃枪多人多,称霸一方,一向对竹沟教导队怀有敌意,年初,曾派兵偷袭独立团,抢走河南民军总司令张钫赠给竹沟八团的1000套军装,双方剑拔弩张。

不入虎穴,焉得虎子。彭雪枫决定单刀赴会。

五六十里的路程,半个时辰就到了。

在一深宅大院门前,一群师爷模样的人,像麻雀一般唧唧喳喳,彭雪枫翻身下马,从容地递上名片,一个戴着眼镜的老头瞥了一眼,不禁大吃一惊:原来是十八集团军少将处长,于是,高声向院中通报:"客人来了——"

话音刚落,一个50岁光景、一身酱色缎子袍、八字须、矮胖身材的老头走出来。

"久仰,久仰,王某有失远迎,请多海涵!欢迎老弟大驾光临!"说话者,正是作恶一方的王友梅。

双方客厅坐定后,王友梅捋着小胡子,淡然道:

"彭将军仅带一名护兵,入我寒舍,你没有项庄舞剑之虑吗?"

"'苟利国家生死以,岂因祸福避趋之',为与王先生修好睦邻关系,为抗日计,我为何不敢在'鸿门宴'上同王先生共饮佳酿呢?"

王友梅一怔,连连竖起大拇指:"气派,气派,彭将军真乃班超之勇也!"

彭雪枫见话已投机,便从文天祥、史可法、岳飞等人的民族气节,联系到抗日救国；

从唇亡齿寒的历史故事，联系到竹沟与泌阳休戚与共；

从两军武装冲突，联系到新四军网开一面，泌阳民团才免遭灭亡；

从"天下兴亡，匹夫有责"，联系到要顺应民意。

……

王友梅被彭雪枫胸怀坦荡、气吞山河的气概所感动，当即答应，归还抢走的1000套军装，并另赠送一批粮食和枪支……

从此，双方化敌为友。不久，王友梅办了"泌阳青年抗日训练班"，走上了抗日的道路。一时间，彭雪枫凛然不惧，舌战王友梅的佳话，在泌阳一带悄然传开。

古人云："木秀于林，风必摧之；堆出于岸，流必湍之。"

竹沟的活动，像一粒顽石投入平静的水面，激起当地的顽固派、土豪劣绅的仇视，他们联名上书，状子一直告到蒋介石面前，振振有词地诬陷说，竹沟新四军在"招兵买马，图谋不轨"。

老蒋大吃一惊，急令信阳警备司令、三十二师师长王修身派部队前往竹沟查办此事，王修身当即委派下属一八八团团长夏华国，来竹沟"视察"，为下一步攻打竹沟，寻找借口。

风声迅速被武汉的周恩来获悉，他立即电告彭雪枫等，做好两手准备。

来者不善，善者不来。

"夏华国原为西北军，这个我可以争取，但同时，我们光明正大，问心无愧，来也不怕他！"会上，彭雪枫神情激昂，拍着桌子道。最后，一致决定以理服人，不战而屈人之兵。

这是5月的一个黄昏。

高天上，阴云团团，不怀好意地在窥视着大地；乌黑的山雀，在林间扑棱棱地飞着，惊起的啼鸣声，回荡在葱茏的山谷间。

灌木丛中，彭雪枫神情肃然，一边擦汗，一边叮嘱道："小心点，别摔着！"王国华、张震等在一旁指挥着，省委机关的几百号人马，陆续疏散到附近邓庄铺一带隐蔽，一部分部队撤离竹沟。

上午，从桐柏出发的夏团，朝竹沟疾驰而来，此前，彭雪枫令竹沟中心区委书记娄光琦带领一个警卫班前往毛集迎接。同时，把留守处的房子腾出来，里里外外打扫干净，以备夏团住宿。

翌日上午。夏华国骑着一匹枣红色的高头大马，趾高气扬，率一连人马陆陆续续进入东寨门。只见东寨门的城楼上，悬挂着"欢迎友军"的红幅，满

第七章 运筹帷幄之中

竹沟东寨门。

街贴满了红红绿绿的"欢迎友军""团结抗战"等标语,王国华和留守处人员,率领群众,敲锣打鼓,夹道欢迎。

扑面而来的,是一张张热情的笑脸、热诚的场面、喜气洋洋的气氛,受此礼遇,夏华国有点感动了……

这一天,彭雪枫没有出面。

晚上,被诚意所动的夏华国,在王国华的陪同下,叩响了彭雪枫的房门。

"笃、笃、笃"一阵敲门声。

门开了。

"这是我们彭处长,这是夏团长……"王老汉热情介绍道。

"今天有失远迎,夏团长,见谅!"彭雪枫笑着迎出屋外,热情地伸出了双手。

"哪里,哪里,听说彭处长少年时代在西北军读过书?"夏华国眯起眼睛问道,并上下打量着彭雪枫,不禁被彭雪枫不俗的气质深深吸引住了,只见彭雪枫一身灰色戎装,朴素、整洁,胳膊上戴着八路军臂章,浑身上下洋溢着青春、英武之气……

"呵呵,那是西北军官子弟学校,夏团长,好像您以前也在西北军谋过职吧?"

"不敢,不敢,只是混饭而已……"

寒暄之后,两人坐下来,兴奋地聊起关于西北军的往事。

翌日,王国华按照彭雪枫昨晚的叮嘱,同夏华国正式晤谈。

生于斯长于斯的王老汉,久经风雨洗礼,看似憨厚,内心却异常机敏。面对夏华国的诘问,他当面指责当局,为何背信弃义,出尔反尔,情到深处,语声哽塞……夏华国听罢,不禁良知萌动,由戒备变为友谊。

第二天,彭雪枫宴请夏团连以上军官会餐,席间,并将随员作了介绍,当夏华国听到王恩久曾是冯玉祥的少将秘书;方中铎是西北军官子弟学校学生,并和王修身师长同为吉鸿昌的旧部时,连声道:

"哎呀,想不到,想不到,诸位都是冯老先生的旧部啊!"说着,起身举杯,动情地说,"来!为咱们过去同为西北军,干杯!"

在国民党派系林立的时代,著名的有张学良的东北军,冯玉祥的西北军,蒋介石的中央军,李宗仁、白崇禧的桂军,刘湘的川军,程潜的湘军等军阀。蒋介石形式上完成了全国的统一,但暗地里各派系并不买他的账,这多少成了蒋介石的心病。他也心知肚明,因此,在与共产党的部队作战中,他常常"借刀杀人",结果,聪明反被聪明误。西安事变,就是下场。实际上,包括解放战争国共大决战,老蒋一溃千里,兵败大陆,这也是失败的一条原因。

酒过三巡。

彭雪枫端着酒杯,走过来,微笑道:"夏团长,敬酒词我都说了,我说一下竹沟的情况,好吗?"

"好,好,你说,你说……"

"常言道,名不正,言不顺,我们可是按照两党协定,奉八路军之命,来竹沟工作的,里里外外你都看到了。"

"那是,那是……"夏华国像小鸡啄食,连连点头。

"天下兴亡,匹夫有责!大敌当前,热血男儿就应挺身而出!发扬西北军爱国精神,同心携手,共赴国难,救民于水火之中!……"

彭雪枫情语真切,一席话,赢得夏团官佐的阵阵掌声,酒席气氛,顿时达到高潮。

第二天上午,在竹沟东门外广场举行了欢迎大会。会后,演出了《大刀进行曲》《我的家在松花江上》等文艺节目。其中,哑剧《团结抗战》,最为精彩,拨动了大家的心弦。

只见舞台上,"日军"四处烧杀抢掠,"妇女""儿童"的哭声,撕心裂肺……

一队"国民党兵",与"日军"厮杀,跌跌撞撞,败下阵来;

"新四军"勇猛冲锋,也未取胜;

农民自卫军与之搏斗,险些丧命;

于是,三方并肩战斗,"日军"很快就被打垮了……

此时,幕后响起一阵雄壮的歌声:"共产党、国民党,我们应站在同一条战线上……"

一时间,会场上掌声雷动,喝彩声一浪高过一浪,彭雪枫、夏华国也被感染了,站起来长时间鼓掌……

狡猾的夏华国,并未就此罢休,而是利用休息时机,明察暗访,结果,无功而返。

10天后,夏华国呈报上级,称并未发现可疑之处,一切相安无事,遂遵命撤离竹沟。

竹沟的天空，又变蓝了。

风云乍起，彭雪枫心定乾坤

火，火，火。

1938 年 5 月下旬，日军攻陷徐州，沿陇海线大举西犯，沿线重镇商丘、开封，相继失守……

6 月 9 日，为阻挡日军进攻，蒋介石丧失理智，竟然采纳陈果夫的建议，采取"以水代兵"之策，命令士兵炸开郑州花园口黄河大堤。

据当年目击者称，参与掘堤的士兵，对着河堤上的关帝庙痛哭祷告："关老爷啊，中华民族眼下遭大难了，我们打不赢，只好扒堤了，淹死的都是老百姓啊，你宽恕我们吧……"悲伤的官兵们齐刷刷地跪在地上，面向波涛汹涌的黄河，放声大哭。

聪明反被聪明误。

滔滔黄河水挡住了日军的步伐，但它却像桀骜不驯的野兽，冲出堤岸，给两岸豫皖苏三省 44 县 1250 万人带来了无穷的灾难，近 90 万人丧生。

一时间，沿岸村落，哀鸿遍野，一片泽国。

举世震惊了！

怎么办？窑洞内，毛泽东眉宇紧锁，一手叉腰，一手持烟，来回踱着，忽然，大手一挥："到敌后去建立根据地！"

可是，去往哪里呢？

竹沟，茅草屋内。

彭雪枫陷入沉思之中，他机敏地意识到，日军暂时受阻，下一步有可能沿长江直取武汉，华北与华中的结合部——豫东，是豫、皖、苏、鲁四省的门户，战略地位极其重要。那里，敌人空虚，是发展的方向……

而要建立根据地，就必须有一支武装来做后盾，枪杆子里面出政权嘛。

7 月，彭雪枫以八路军总部少将参谋处长的身份，到豫东西华、扶沟一带开展统战，为将来出兵到这里打些基础。

9 月 2 日，周恩来来电，指示军事工作重心，应东移，创造苏、鲁、皖新局面。

故都会程潜，钟声悠远，牡丹更香

"离开竹沟容易，但是，走了以后，留守处该怎么办？"大沙河畔，彭雪枫对张震忧心忡忡道。

这是晚饭后的黄昏，彭雪枫和张震在余晖中漫步。

"统一战线条件下，向国民党打声招呼，从法理上获得出兵依据。"张震补充道。

"有道理，再看看程潜能不能拨一点军费给咱们，一举两得啊！"

"主意不错，不错……"

两人愉快地交谈着，此时，暮色降临，小山村一片灯火了。

当时，河南属国民党第一战区，司令部就在洛阳。

9月5日。当佛教名刹——白马寺的钟声袅袅地飘荡在古都的小巷时，彭雪枫与副官，在一片霞光中，策马来到了这座蜚声中外的名城脚下。

"若问古今兴废事，诸君只看洛阳城。"古老的城垣、神秘的大佛，宽阔而严谨的通衢，感受着岁月的余韵中雍容华贵的帝都气象，吟着司马光的诗句，不知不觉，黄昏时分，彭雪枫带着副官，来到了司令程潜的官邸门前。

小桥，流水，楼阁。

铺满石子的小径边，牡丹朵朵，姹紫嫣红，在暮色中散发出沁人肺腑的芳香。在程潜副官的引领下，彭雪枫一行穿过花园，绕过亭阁，在曲径通幽处，身着长袍马褂的程潜，满面春风地迎来了。

程潜（1882—1968），字颂云，湖南醴陵人，清末秀才，曾任孙中山非常大总统府陆军总长，毛泽东曾是他的"士兵"，是国民党元老级人物。1949年与陈明仁在长沙起义，解放后曾任全国人大常委会副主任。

"久闻彭将军大名，钦敬仰慕，可惜无缘谋面，今日晤面，幸哉，幸哉！有请！"

"颂公过奖，雪枫前来拜会将军，万分荣幸，请不吝赐教！请！"

客厅内，二人坐定，程潜呷了一口茶，抬头问道：

"不知彭将军远道而来，有何贵干？"

"颂公爱国丹心，四海之内，无人不知。国难当头，爱国是一家。我奉周恩来副主席指示，前来洛阳，向程将军通报一下我军的下一步行动，并请将军玉成两件大事！"

"不必客气，请讲！"

"徐州失陷后,日军西犯,继而想南下直取武汉,若武汉失守,平汉危机,豫东将要成为日军侵华的基地。那里土匪如毛,训练有素,装备良好。若策略得当,可对他们就地改编,成为反侵略力量。否则,他们将沦为黄协军,助纣为虐,祸国殃民……"

程潜扭过头,眼睛望着院中,心中盘算着,豫东是我的地盘,可是,那里土匪祸害一方,国军屡打,但未能奏效。一旦被日军所用,祸害会无穷的……

想到这里,程潜跷起大拇指:

"明知山有虎,偏向虎山行。将军,乃虎胆英雄也!贵军游击战术素来有名,前去收复失地,维系民心。可敬!可敬!有何难事,请讲!"

彭雪枫欠了一下身,诚恳道:"我军东去后,我们商定,留守处不走。但唯恐一些无视大局之人,制造事端,侵扰竹沟,恳请将军给予关照!"

"没问题!还有呢?"

"我军奔赴豫东,远离延安和武汉,联系不便,拟在洛阳设立办事处,不知将军意下如何?"

程潜当即表示同意。临走之时,程潜送彭雪枫五万分之一地图和十万分之一地图多份。

夜深了,牡丹浓郁的花香和着丝丝清凉的小风,阵阵吹来,弥漫在洛阳的大街小巷。

烽火之中,游击支队应运生,出征之际,父亲来了

经过周密准备,9 月 27 日,新四军游击支队在竹沟成立,彭雪枫任司令员兼政治委员,张震任参谋长。下辖参谋处、政治处、军需处和一、二中队。

万事俱备,只欠东风。可就在这时,彭延泰突然来到了竹沟。

那是晚饭后,彭雪枫正要出门检查工作,忽然,在门口看到老父亲在卫兵的带领下走过来。

望着眼前风尘仆仆的父亲,彭雪枫又惊又喜,不敢相信自己的眼睛。

"爹,您怎么来了?"

彭延泰拍拍身上的土,叹道:

"是刘主任到咱家去了……"

原来,去年夏天,彭雪枫派刘贯一到南阳内乡,与内乡实力派别廷芳联络抗日,嘱其路过家乡时,代为看望一下,不料,念子心切的老人特意赶来了……

月夜,父子两人各搬一小凳,坐在小院内,畅叙久别思念之情。

"爹,俺爷身体还好吗?"彭雪枫望着父亲,心中涌起阵阵波澜。

"人老了,身体一年不如一年啊,哎!"彭延泰叹息一声。

一阵长时间沉默。

"隆兴啊,人家秀芹在家还等着你,你咋还不⋯⋯"彭延泰皱着眉头,不解地望着爱子。

彭雪枫低下头。

战争让女人走开,情感又让女人走来。是啊,人是感情动物,七情六欲谁都有,都有孤独、寂寞的时候,况且,自己已过而立之年,的确需要一个志同道合、贤淑达理的伴侣。可是,和一个自己不喜爱的女人在一起,彭雪枫是一万个不情愿,上次逃婚的一幕涌向眼前⋯⋯

现在,父亲再次提出这件事,彭雪枫沉不住了:

"爹,您还记得我上次离开家时,说过的那句话吗?"

"记得,记得,天地翻身,河水倒流!"

"记得还要提⋯⋯"彭雪枫嗫嚅着,白了父亲一眼。

看到儿子一脸的不高兴,彭延泰便不再说话,只是无奈地摇头。

良久,看着父亲低头不语,彭雪枫心里涌起一阵内疚,子曰:"父母在,不远游,游必有方。"想一想,自己对父母的关心又有多少呢? 可是,自古以来,忠孝两难全啊! 抗日救国,父亲是赞成的,只是在婚事上,父亲不太理解自己,但倒过来想,父亲还是为自己好,这一点,彭雪枫也是明白的。

想到此,彭雪枫的心里涌起一阵异样的微波,不禁连连长叹:"可怜天下父母心啊!"

怕父亲孤独,每天晚上,他都要抽空与父亲拉拉家常。看到儿子总是忙忙碌碌的,没住几天,老人就坐不住了,嚷嚷着要回去。拗不过老人的脾气,彭雪枫只好送父亲回家。

"爹,这是我节省的,您拿着!"在路口,彭雪枫把身上仅有的一块钱送给父亲。

"从镇平到竹沟360里,太少了⋯⋯"跟在身后的张震着急地说道。

听说老先生要走,留守处、河南省委的同志也前来送行,并送老人20元路费,在一旁的彭雪枫,目睹此景,有点急了:

"眼下部队经费紧张,我怎能搞特殊化呢? 不行,一分也不能收!"

说罢,把钱从父亲手中夺了回去。后来,在张震等人的劝说下,他才让父亲接了10元(银元)。

彭延泰回去不久,彭雪枫的几个堂弟兴冲冲地来到竹沟,要求修道哥给个小官当当。原来,彭延泰回去之后,说儿子在竹沟当官了,消息不胫而走。

彭雪枫望着几个远道而来的青春少年,高兴地说:

"欢迎你们来到竹沟,但丑话说在前头,共产党的兵和国民党的兵不一样,既没有钱,也没有白面大米吃,能吃苦就留下,进学兵队背大枪,不能吃苦的,回去生产!"

一席话,说得几个人顿时傻了眼,觉得修道哥不近人情,做了官就六亲不认,连亲戚都不顾了。后来,只有彭修强一人留下来,进了学兵队,其余的几个怏怏不快地回去了。解放后,彭修强曾任解放军海军某部将领。这是后话。

拂晓点兵,儒将美誉传四方

花开两朵,各表一枝。

1938 年 9 月的一个夜晚,万籁俱寂。远处,偶尔传来一阵狗吠的汪汪声,更增添了山村的寂静。

山村的夜晚,温馨而静谧。

村头的一间茅草小屋内,彭雪枫蹙着眉头,倚窗而坐,昏暗的灯光下,往昔的一幕幕浮现在眼前:

童年,冬夜,屋外雪花纷飞,爷爷朗声教自己读书的情景;

1928 年在天津,参加《大公报》的校对考试;

窘困之际,散文系列《塞上琐记》发表了;

红军时期,《猛攻报》闻名全军,毛泽东赞不绝口……

过几天,就要誓师东征了,要是武戏文唱,点墨成兵,有一份随军报纸,那该多好啊!

黎明,东方露出胭脂般的霞光。天亮了,彭雪枫急匆匆地敲响了张震的门:

"张震,张震,快开门!"

里面传来一阵窸窣声。

门开了,张震一边揉着眼睛,一边扣着扣子,笑道:

"部长,什么事啊?这么着急!"

"昨晚我想了一夜,办一份报纸,配合咱们的行动!如何?"

张震笑了:

"好啊,好啊,我双手赞成!"

......

下午，在留守处的办公室内，彭雪枫召开干部会议，会上，宣布成立随军报社，他热情洋溢地说："将来革命胜利了，我要当个新闻记者。真的，我从少年开始，就和报纸结下不解之缘，很多知识都是从报纸上得来的。"他喝口水，接着道，"那时，我就喜欢给报纸投个稿，我对报纸有特殊的感情啊……"

真诚的话语赢得全场的阵阵掌声。

翌日上午，彭雪枫亲自主持编务会，阿乐、易河和单装三名编辑，为报纸的名字争论不休，彭雪枫笑着说：

"5月间，我们办了一个拂晓剧团，我看，就叫《拂晓报》吧，拂晓，代表着朝气、希望、革命、勇敢、奋进有为、胜利就来的意思。军人要在拂晓出发，要进攻敌人了。志士们在拂晓要奋起，要闻鸡起舞了。拂晓催我们斗争，拂晓引来了光明！"

一席话，让听者振奋不已，掌声久久不息。

然后，应大家的请求，欣然挥毫，写下"拂晓报"三个潇洒俊秀的报名。

第二天，《拂晓报》紧急创刊，彭雪枫亲自撰写创刊词——《拂晓报——我们的良师益友》，随军东征。

报纸开始是油印，后来是铅印，此后，《拂晓报》声名鹊起，被誉为"战斗的武器""照耀通衢的灯塔""沙漠中的甘泉"等，深受大家的喜爱。

彭雪枫和《拂晓报》工作人员在一起。

后来，《拂晓报》的影响越来越大，还一度发行到亚洲、欧洲、美洲的大城市。经宋庆龄的推荐，还参加过巴黎举办的"万国新闻报纸博览会"。

1939年，毛泽东亲自给

彭雪枫创办的《拂晓报》。

彭雪枫写信,盛赞《拂晓报》办得好,并给《拂晓报》题词:"坚持游击战争。"

《拂晓报》与拂晓剧团,后来的骑兵团,被称为彭雪枫的"三宝"。

今天,《拂晓报》成为安徽省宿州市委机关报,薪火相传,吸引着一代又一代的读者。

高粱弯腰,歌声回荡群山坳

1938 年 9 月 29 日,周恩来急电彭雪枫:"情况紧急,你宜速去豫东开展游击。"

拨开历史的迷雾,如何看待这一具有战略意义的军事选择?

当时,豫北、豫东相继沦为敌后,豫西、豫南的形势不错。豫西是彭雪枫最早向中央推荐的最佳游击地(考虑是,如果日军占据平汉路,新四军可以依托伏牛山,在南阳一带打游击),豫南可以依托桐柏山、大别山,与江南新四军相呼应。

为什么偏偏命令彭雪枫率部去豫东呢?

主要原因是,豫东受国民党的影响较小,可以减少与国民党军之间的摩擦,另外,豫东主要是出身于西北军的将领的地盘,这样,可以利用彭雪枫的经历与之周旋。

抗战初期,日军蓄谋已久,迅速占领了大半个中国,国民党军依靠半壁河山,苟延残喘。八路军、新四军向哪里发展呢? 除了陕甘宁延安大本营外,大部渗透到敌占区内。由于日伪兵力有限,农村就成了共产党的天下,也就是习惯上所说的敌后根据地。用毛泽东的话来说,就是孙悟空钻到铁扇公主的肚子里了。

20 世纪六七十年代出生的人,想必熟悉《地道战》《地雷战》《平原游击队》等老电影吧,影片就是反映这一时期敌后游击这一历史图景的。"高,实在是高!""李向阳来了!"等台词,以及那神出鬼没的八路军、游击队打得鬼子哇哇叫的情景,至今仍会在梦境中萦绕。

一代人的精神食粮啊!

这一天,终于来了!

9 月 30 日上午,风和日丽,新四军游击支队誓师东征大会,在竹沟东门外广场隆重举行。

"新四军要出征了!"

"彭雪枫要到敌后打鬼子了!"

……

乡亲们眉飞色舞,奔走相告,纷纷涌向东门外看热闹。

会场上,彩旗迎风招展,洋溢着一片喜庆的气氛。不少战士手持一份份刚刚出版、油滋滋的《拂晓报》,兴奋地指点着,评论着……

清风中,嘹亮的《东征战歌》在广场上回荡着:

日本强盗蛮横不讲理,

杀我同胞强占我土地。

全国同胞们,大家武装起,

要把鬼子赶出中国去!

英勇健壮我们新四军,开赴前线杀敌人。

开展游击战,保卫大河南,

不复失地誓不生还!

……

战士们成分不一,有的是投笔从戎的小知识分子,有的是城镇沦陷被迫离开工厂的工人,有的是为抗战激情燃烧而背乡离井的农民……

此刻,他们有的坐着,有的站着,像一叶叶鼓满风帆的小舟,整装待发。

热烈的掌声中,彭雪枫、张震、王国华等陆续走上主席台。

彭雪枫神采飞扬,金色阳光照耀下,更显得英武潇洒,看着这个烽火中诞生的新生儿,内心不禁掀起阵阵波涛,他向前奋力地挥舞着手臂:

"同志们,金秋时节,我们就要上前线了!"

台下,顿时掌声雷鸣,回荡在周围的山坳里。

"岳飞,民族的英雄,精忠报国是他一生的志愿。大家看到了,现在,黄河两岸,哀鸿遍野,我们的兄弟姐妹处在水深火热之中,同志们,我们能袖手旁观吗?"

"不能!"台下,刮起一片地动山摇的旋风。

"谁跑,谁不打日本人,谁就不是中国人;谁贪生怕死,谁就不是抗日的战士!"

接着,他宣布东征的任务:"开展豫东游击战争,收复失地……"

陈少敏(解放后,曾任中华全国总工会副主席)、刘冠一分别代表河南省委、留守处致欢送辞。

霎时间,鞭炮齐鸣,锣鼓喧天,会场气氛达到高潮。

不知不觉,喧闹声中,分别的时刻就要来了。

王国华拉着彭雪枫的手,依依不舍地说:"雪枫,你走了,我老汉心中像少了一块坯,真舍不得你走啊!"

"呵呵,王主任,放心吧,咱们会随时联系的!"

"那里镋将(土匪)如毛,十里一司令,五里一队长,大多是国民党退居乡间的老兵组织的武装,训练有素,你们可得小心啊!"女性的感情总是细腻的,陈少敏特意叮嘱道。

"放心吧,大姐!"言罢,彭雪枫的心里漾起别样的滋味。

家如夜月圆时少,人似流云散处多。人生充满了分分合合,偶然与必然,欢乐与痛苦⋯⋯不是吗?刚才的一张张热情、熟悉的笑脸,一幢幢古朴、温暖的房屋,马上就会变成古铜色的回忆。

"万鼓雷殷地,千旗火生风。"(唐·高适《塞下曲》)"三军甲马不知树,但见银山动地来。"(陆游《出塞曲》)彭雪枫走在最前头,不断地回首挥舞着手臂,他想到长征出发时的情景,心头一热,泪水涌了出来⋯⋯

暮色茫茫,山水树木,都蒙上了一层灰色的纱幔,别了,竹沟!别了,同志们!斜晖中,歌声与光影织成的旋律,在彭雪枫的心里轻轻滑过。

长龙摇动,373 名健儿,携带长短枪 190 支,机枪(苏联造德普式,由于它的弹盒为盘行,射击时不停地转动,俗称"转盘机枪")4 挺,踏上了漫漫的东征行程⋯⋯

第八章　风雨途中

在大海的黑夜里，
穿梭的游鱼便是闪电。
在森林的黑夜里，
翻飞的鸟儿便是闪电。
——奥克塔维奥·帕斯（墨西哥）

麦场里，三军会师尽开颜

已是金秋 10 月。

秋老虎威力不减，知了声声，太阳炙烤着大地。田野里，浓郁的泥草气息交织着芝麻的花香扑面而来……

从竹沟出发，彭雪枫冒着炎炎烈日，率支队跨过平汉铁路，经过上蔡、商水等地，两天后到达豫东平原上的西华县。

进入西华的第一站是砖桥村。

天公作美。正在这时，下起了小雨。丝丝凉意顿时驱散了战士们的疲劳。细雨中，一行人向村子走来，走近一问，原来是西华特委副书记侯香山率人来迎接。

两天后，彭雪枫带领队伍到达杜岗村。

经过 12 天的行军，10 月 11 日，在杜岗，游击支队与先期西渡黄河，从太康、杞县一带赶来的吴芝圃豫东人民抗日游击第三支队、萧望东新四军游击支队先遣大队（8 月份从竹沟出发的），举行了会师大会。

将道

杜岗会师纪念碑。

为什么选在杜岗会师呢?

杜岗,位于西华县西北七八里处,坐落在新黄河(新黄河,又称"黄泛区",是1938年6月9日,国民党炸开花园口大堤,洪水肆虐两岸形成的,水宽处达数十华里)西岸,与敌占区仅一水之隔,是游击支队东进的前沿。1927年大革命失败后就播下革命的火种,1933年北方局派沈东平等来到这里,创建了红军游击队,以后,革命如火如荼,成为豫东一块红色根据地,有"小延安""小竹沟"之誉。

8月间,彭雪枫曾以八路军总部少将参谋处长的身份,到西华、扶沟一带视察。

彭雪枫的眼光,是独到的。

一天上午,碧空如洗,清风荡漾。杜岗东南角的麦场里。

大会在歌声中开始……特别是彭雪枫的讲话,振奋人心,令在场的新战士们热血沸腾。一位当年在场的老战士,后来这样回忆道:

彭雪枫司令员年轻倜傥,衣着整洁,操着爽朗的河南口音,身穿灰色军衣,腰扎皮带,挎上左轮手枪,打着绑腿,透出威武精干的军人英姿……

大会进入高潮,一首三军《大团圆》歌,在蓝天下久久飘荡:

全国总动员,
一齐来抗战。
新四军、三支队开上前线,
今朝来到西华县,
兄弟们大团圆,大团圆!

大会宣布,部队合编为新四军游击支队。彭雪枫任司令员兼政治委员,吴芝圃任副司令员,张震任参谋长,萧望东任政治部主任。

整编后，下辖3个大队和1个直属队，萧大队被编为一大队，队长黄思沛，从竹沟出发的连队被编为二大队，队长滕海青，豫东抗日游击三支队被编为三大队，队长冯胜。

此时，彭雪枫手下汇集了张震、谭友林、吴芝圃、萧望东等几员大将，兵力达1020人，步马枪587支，轻机枪12挺，军马36匹，像一艘马力十足的巡洋舰，要鸣笛长空，向豫东敌后远航了。

这是当时陇海路以南、淮河以北唯一的一支新四军部队。

初战告捷，打出威风

西华整编后，向何处发展？成了大家关注的话题。

夜深了。蟋蟀在悄悄地弹琴。茅草房内，一盏暗淡的油灯，忽明忽灭。彭雪枫、张震、吴芝圃、萧望东等围成一圈，在热烈地讨论着……

最后，彭雪枫扫了大家一眼，清了一下嗓子：

"常言道：'骑着马好找马。'进入敌占区后，我们首先要找个立足点，建立自己稳固的后方，然后再求发展，你们以为如何？"

"说得好！"大家鼓掌一致通过。

接着，张震摊开地图，彭雪枫在地图上疾画了两下："我们第一步先到鹿邑，接着到睢杞太地区……"

10月24日，游击支队依依惜别杜岗，蹚过新黄河，准备东进。从这里渡过，就是一望无垠的豫东沦陷区了。因此，杜岗实际是彭雪枫率部挺进敌后的出发地。

26日黄昏，部队至淮阳棠棣集西窦楼一带宿营，准备住一夜就走。

翌日上午9时，部队正准备出发，突然，"嗖嗖"两声清脆的枪响，划过上空，侦察员跑来报告："南边村庄有日军向我扑来！"

原来，窦楼东3余里有个双庙刘村，村里有个远近闻名的大地主刘老歪，他养了10多个家丁，平日搜刮民膏，为非作歹，横行乡里。这一天晚饭后，刘老歪听说窦楼来了新四军，吓得直哆嗦，心里想，新四军不是为穷人撑腰的队伍吗？他们来了我还有好果子吃吗？不如马上通报皇军，主意拿定，立即派人前往日军据点戴集报信。

戴集位于窦楼东南，是一个有300多户人家的集镇，驻有一个日军骑兵小队。队长是一个30多岁的少佐，叫林津。这个家伙，一双小眼闪着诡秘的目光，听罢之后，决定前来偷袭。

"痛歼日寇,以壮军威!"彭雪枫拔出左轮手枪,当机立断,"直属队到村南!二大队占领马菜园,迂回包围!"他面色镇定,目光中透出逼人的怒火,张震等紧随其后,一会儿就跑出村外,占领窦楼西南一片荒芜的坟地。

不一会儿,一辆淡绿色汽车,嘟嘟着开过来,车上载有几十名日军,后面,还有十来个敌人,骑着大马,耀武扬威,杀气腾腾地冲过来。

部队刚刚组建,多是新兵,此刻显得有点紧张。

情况十分危险。

"嗒嗒嗒——"敌人的机枪扫过来,腾起一阵尘雾,封住了大部队进攻的道路。

"卧倒!"张震喊道,说完,操起一挺轻机枪,一梭子扫过去,把敌人打散了。

"三大队,向左突击!"彭雪枫手提左轮手枪,出现在最前沿的三大队中。

三大队副大队长吴守训,号称"神枪手",弹无虚发,一连击毙多名日军。突然,一个指挥官模样的人,正在挥舞着指挥刀,在一堆坟头边,叽里呱啦地指挥着。

彭雪枫见状,来到吴守训旁:"看到了吗?干掉他!"扳机一动,枪响人倒。此人正是日军小队长林津。

树倒猢狲散。

敌人一看头领被打死,方寸大乱,慌忙抬起尸体、伤员,狼狈逃窜。

"追!"一声令下,在彭雪枫的带领下,战士们像离弦之箭冲了过去,途中,吴守训发现,在一堆坟地后,有几人躲在那里,他命令射击,可对方毫无动静。

"抓活的!"战士们冲过去一看,原来,是几个在田里劳动、来不及躲开的农民。吴守训怒火万丈,正要发火,彭雪枫正好赶到:

"老乡们,受惊了,两军打仗,子弹不长眼,赶紧回家吧!"

说完,转过头来,笑着对吴守训道:"守训啊,你是一个好的战斗员,但还不是一个好的指挥员!"然后,语重心长地说:

"哪能让战士掩护指挥员亲自冲上去抓俘虏呢?你还要不要你这一连人马呀!再说,幸好是几个农民在这儿躲着,假定真的是几个鬼子,那恐怕难免要吃亏的。"

吴守训不好意思地笑了……

此时,双方在马菜园以北,枪声大作,鏖战正酣。敌人受不了三面包围,溃不成军,逃往戴集。

首战告捷,彭雪枫和张震饶有兴趣地来看看战场。只见几名被击毙的日本兵,表情痛苦,横七竖八地躺在地上,都在 20 岁左右,样子并不难看,大概入伍前是公司职员或政府公务员什么的。但日本军国主义改变了他们的生活,把他们变成"武士道"的亡命徒,杀人的恶魔。在日本兵心目中,为天皇效命沙场乃"武士"天职,活着是可耻的,战死才无上光荣。

"我们代表正义和良知,侵略者蹂躏、掠夺我华夏民族,是没有好下场的!"彭雪枫望着远方,抚着腰中的左轮手枪道。

窦楼战斗,游击支队击毙日军十多人,缴获子弹 100 余发。在这之前,日军在豫东一带横冲直撞,如入无人之境,从未遇到坚强的抵抗。此战,打击了日军的气焰,粉碎了"皇军不可战胜的神话",胜利的消息很快传遍豫东大地。

星夜兼程,豫东大地点烽火;高瞻远瞩,随营学校喜诞生

部队离开窦楼,10 月 28 日抵达鹿邑县城郊的大刘庄,开始在这里进行休整。

发展新党员、筹粮筹款、搞统战……一切进行得有声有色。

在大刘庄半个多月的日子里,彭雪枫脑海中,盘旋着把这叶扁舟,变成一艘巡洋舰,劈波斩浪在豫东这片风浪滚滚的大地上……

平静的日子,也有意外的惊喜。

这是初冬的一个早晨,乳白色的薄雾,弥漫在村庄的角角落落,温暖的阳光透过薄雾,轻洒在潮润润的大地上,通往村外的一条小道上,一个熟悉的身影走来了。

"爱萍,可终于把你盼来了!"彭雪枫满面春风,迎上前去,紧紧握着张爱萍的手。

"嗨,听说你拉起一班人马,人手不够,我来给你当兵哩!"

"哈哈哈……老顽童,总爱开玩笑!"说着,二人一前一后进了屋。

彭雪枫倒了一杯热茶,递给张爱萍。

窦楼战斗后,部队继续向敌后挺进。

彭雪枫和时任豫皖边工作委员会
书记张爱萍在一起。

这是延安抗大结束后,两人在他乡第一次相遇,彭雪枫的心情如同寒冬里的小阳春,暖洋洋的。

原来,应彭雪枫的请求,张爱萍奉周恩来之命,从武汉到鹿邑,做县长魏凤楼的统战工作,为游击支队东进提供一个大后方。

彭雪枫坐在炕上,向张爱萍介绍了一下魏凤楼的情况。

他说,魏出身寒苦,大约是1913年冯玉祥在信阳招兵时入伍的,冯玉祥看他为人忠厚,肯吃苦,打仗勇敢,就调在身边当卫士。后来逐步重用,当过卫队旅长,军长,1933年因晋绥同盟军失败后,回到故乡经营果树庄园,不问政治了。抗战爆发后,冯玉祥让他出来抗战,他才积极起来。

"西北军的特点是反帝爱国的,这点和咱们党的目标是一致的,不过,他们也有致命的弱点,就是只相信枪杆子,不相信群众,没有根据地思想,关键时刻,态度游离,你要注意啊!"

彭雪枫长叹了一声。

"呵呵,老兄不愧是西北军子弟,说得好,你放心吧!"

而此前,张爱萍在河南确山,打出"新四军挺进纵队"的牌子在招兵买马,国破山河在,年轻人血液中总流淌着不安分的因子。正当张爱萍想轰轰烈烈大干一场的时候,却接到长江局的命令。放弃好不容易占据的地盘,来为别人帮衬,他实在是不情愿的。可是,这种关系,他又能说什么呢? 哥们儿就得够哥们儿的意思。

时光追溯到20世纪90年代,当张爱萍从国防部长的位子上卸任,和儿子张胜在黄昏中,漫步在什刹海边的四合院中,回首那段往事的时候,心情仍是委屈的:"我还能说

原西北军将领、鹿邑县长魏凤楼。

什么呢？帮他把事情做好吧。"

呵呵，心理印痕在暮年的回忆中，仍历历在目，青春的意气啊。

"床前明月光，疑是地上霜，举头望明月，低头思故乡。"通俗易懂的诗句已成千古传唱，它传达出的游子对故乡的眷恋之情，已积淀在汉民族的心理结构中，永恒而迷人。故乡，总是让漂泊在外的游子魂牵梦萦的。

这时候，原三支队的许多官兵，想到离家乡不远，纷纷要求部队到自己的家门口打几仗。

思乡乃人之常情，另一方面，由于三支队的离开，睢杞太一带坚持斗争的马培善部，见风使舵，投入了敌人怀抱，造成20余人牺牲等重大损失。

这点燃了原三支队战士的怒火，打回去的呼声不绝于耳。经过再三考虑，爱兵如子的彭雪枫，同意了这一要求。

11月20日，黄昏。彭雪枫、张震等率游击支队，沐浴着最后一缕斜晖，踏上了进军睢杞太地区的征程。

这里汉奸、土匪多如牛毛，为避开这些散兵游勇，一路上，部队星夜兼程，彭雪枫健步如飞，走在队伍的最前面。

时任支队政治部主任的萧望东，后来这样回忆：

140里的行军中，还要通过敌人的几道封锁线，他跟着大家一道走，没有骑过一分钟的马，纵然双脚满是血疱，但他毫无倦容，泰然自若，沿途还不断勉励战士前进，从而胜利到达目的地。

两天后，部队顺利到达睢杞太地区。

"这里临近开封，不宜久留，战术上，我们要速战速决！"彭雪枫道。

于是，在以后的几天里，部队迅速展开战斗，先后打掉了睢县的西陵寺，杞县的陈寨、宋庄等据点，歼灭了马培善、胡挥生等几股伪顽武装2000多人，顿时，豫东抗战局面焕然一新。

在敌占区，彭雪枫何以敢在敌人的鼻子尖上跳舞？

"我看敌人玲珑透亮，敌人看我漆黑昏暗。"他细致的侦察，声东击西、牵牛鼻的战术，就是这句话的注脚。

一个好汉三个帮，一个篱笆三个桩。

彭雪枫深谙统战的力量。于是，支队在杞县、太康交界的板木，召开了睢县、杞县、太康地方武装首领大会。

当地 60 位绿林首领闻讯后,都骑马挎枪,前来看热闹。凛冽的寒风中,彭雪枫侃侃而谈,最后送了两句话:

"手中有枪,抗日救国方称好男子;勇武豪侠,血洒战场才算真英雄!"

精诚所至,金石为开。

发自肺腑的话语,深深打动了这些以武界俊杰、绿林好汉自居的"草头王",最后,这些人纷纷表示,"愿意与新四军合作抗日"!

"新四军来了!"

每天,驻地门前,大批青壮年像飞鸟遇到了树林,欢呼着,踊跃报名参军,其中不少是中学生,望着充满活力、眸子里对未来充满渴望的青年,彭雪枫心头热乎乎的,他扭过头来,对张震说:

"在临汾时,咱们办'学兵队',到竹沟时办'教导队',这次,咱们办一所'随营学校',为支队下一步发展培养干部,怎么样?"

"司令员高见!好主意!"张震跷起大拇指,开起了玩笑。

11 月 26 日,随营学校在河南杞县傅集正式成立,彭雪枫亲任校长。

在此后的日子里,它数次易名:抗日军政大学第四分校,雪枫军政大学……仗打到哪里,学校就办到哪里,它被誉为"马背学校"。

"放下枪就上课,背起枪就打仗",这是当年的真实写照。

岁月悠悠。今天,在六朝古都——南京,碧波荡漾的扬子江畔,坐落着一所闻名全军的高等军事学府——南京陆军指挥学院,而它的前身,就是昔日彭雪枫创办的随营学校。

在人们津津乐道彭雪枫将军著名的"三宝"时,笔者认为,应该再加上一宝,那就是"随营学校"。

军中奇葩——拂晓剧团

"缴枪不杀!不然送你回老家!"

"长官,投降能吃白面馍吗?"

"没出息,就想吃的!"

……

屋内不时爆发出一阵阵笑声和掌声,气氛十分热烈。

这是隆冬的一个下午。雪花飞舞。一茅草屋内,生了一盆火,火光熊熊,映得满屋红彤彤的。

彭雪枫坐在前边,他兴致盎然,不时地回过头来,对身边的萧望东等道:

"话剧就是有鼓动性,对战斗很有益处,应多演些……"

原来,这是支队拂晓剧团在演出话剧。

说起拂晓剧团,不能不说到临汾学兵队,那时,学兵队里,有俱乐部、戏剧社、墙壁画。到了竹沟,竹沟教导大队第一期毕业时,彭雪枫邀请延安来的木刻家刘岘等,组建了一个剧团。

1938年5月4日,彭雪枫亲自将其命名为拂晓剧团。

1938年12月下旬,彭雪枫率支队离开睢杞太地区,返回鹿邑南,准备休整。路上,彭雪枫宣布,拂晓剧团重新建立。

拂晓剧团演出剧照。

剧团开始多半是活报剧、街头演唱、小型舞蹈,成员也不过十多人,多是些十三四岁、十五六岁的小鬼。

1939年10月初,剧团女演员王雨琴,由于带病排练《出发之前》一剧,致使病情突然恶化,不治而亡,年仅15岁。

正是花季年华,却早早离开人间,彭雪枫闻讯后,十分难过。在追悼会上,他沉痛地说:"小小孩子,离开了父母和温暖的家庭参加革命,来到部队这个大家庭,领导同志就应该像父母一样关心照顾他们,小团员王雨琴得了病竟然不能治好,这说明我们没有照顾好这个孩子,没有尽到责任。"

责己之心,可谓深矣!

沉痛之余,他写下一副挽联,寄托自己的哀思:

童年多敏感,几经谆诱,居然顿悟,不

拂晓剧团参加文艺汇演。

愧我党优秀分子；

壮志犹未酬，出发之前，竟成永诀，又弱吾军健儿一员。

细微之处见真情。

拂晓剧团团员朱子峥，在晚年，深情地回忆了这样一件感人的小事。

1942年春天的一个早晨，黎明时分。

洪泽湖畔一个普通的小村庄，静悄悄的。

拂晓剧团的小演员们，还在梦乡中遨游，忽然，窗外传来分队长的喊叫声：

"快起床！快起床！彭师长来了！"

一听说是师长来了，这群少年顿时像注了兴奋剂，一骨碌爬起来，谁不爱师长，谁又不怕师长呢？

说话间，彭雪枫和警卫员已走进了院子。

师部离这里不远，一会工夫就到，闲暇时，彭雪枫常来这里看看。

彭雪枫一边听着分队长的介绍，一边走进屋子。

"彭师长早晨好！"大家慌乱地站成一排。

"你们怎么刚刚起床啊？"彭雪枫进门就问。

"昨天晚上演出，今天是星期天，想让大家多睡会儿。"分队长挠着头，不好意思地说道。

"师长，您坐这儿，我再给您加一个背包，高一些！"副队长说着，转身又搬一个。

"不用了，一人一个背包，我坐一个就行了，大家都坐吧。"

彭雪枫坐下后，顺手摸了一下稻草："大家晚上冷不冷啊？"

当时，支队睡的都是地铺，就是把稻草铺在地上，就是很好的床铺了。

"不冷，不冷，一点都不冷，大家挤在一块儿，可暖和了！"挨着彭雪枫坐的一个小团员，笑嘻嘻道。

"铺草要干燥，免得受寒。"彭雪枫抓起一把稻草，仔细地感受一下，"被子也要经常晒一晒，免得生虱子！"

话音一落，人群中传来一个稚嫩的声音："革命虫是免不了的，干革命哪有不生革命虫的？"大家扭头一看，是调皮鬼小黄。

彭雪枫皱了一下眉头，盯着小黄，不紧不慢地说道："小黄啊，你这话我不能同意，那不是革命虫，那是吸血虫，害人虫。要赶快消灭掉，越快越好！"

小黄一听，知道说错了，伸了一下舌头，缩缩脖子。

人群中一阵笑声。

将道

彭雪枫也笑了,又问道:"你们有办法把虱子消灭干净吗?"

"有的是办法,烧一锅开水,把生虱子的衣服用开水一烫,就消灭掉了,叫它一个也活不了!"有个小鬼道。

小黄又来了:"连它的儿子——虮子都死光,我叫它断子绝孙!"

彭雪枫露出赞赏的目光:"小黄灭虱子的决心很大,要斩草除根,这很好!说干就干,现在就行动,好不好?"

屋内异口同声:"好!"

于是,大家纷纷站起来,准备行动。

分队长接着道:"我去叫伙房烧一锅开水,今天大家都烫衣服,灭虱子!"彭雪枫一听,笑了,拍着分队长的肩膀道:"烧一锅开水,我看不够,多烧一锅,大家用热水擦擦澡,也很好嘛!"

大家哈哈大笑起来。每个人的心头像春风吹过一样,暖融融的。

嗜书是彭雪枫最大的爱好。他的藏书,对拂晓剧团的团员,是开放的,由此可见剧团在他心中的位置。

在殉国前两年的一次干部会上,彭雪枫曾深情地说:"如果让我凭兴趣挑选工作的话,我愿意做拂晓剧团团长,骑兵团团长,拂晓报社的编辑和记者。"

言为心声。"三宝"中,就有"两宝"与文艺有关,可见,彭雪枫书生的情缘是多么绵长。

练兵白马驿,风雪结情缘

出师有道,占到先机。

从竹沟到鹿邑,短短几个月的时间,队伍由出发时的 373 人,迅速扩大到 3000 多人,星星之火,呈现出燎原之势。

一路上,彭雪枫的心情,如浴春风,望着深邃的蓝天,高兴地对张震说:"只要咱们高举抗日大旗,做好统战,豫东抗战局面会大不一样……"

张震点点头。萧望东却露出一丝忧虑。

明察秋毫的彭雪枫马上问道:"望东,你有什么顾虑吗?"萧望东苦笑一下,只好一五一十地道出了原委。

原来,连日的打仗、行军、扩大队伍,出现一些意想不到的现象:有些战士吃不了苦,偷偷开小差走了;有的不习惯,无事生非,寻衅闹事……

的确,昨天是"日出而作、日落而息"的农民,昨天是占山为王、四处打劫的土匪,今朝衣服一换,就成了新四军战士,名称变了,但思想观念这个弯儿,并不是一朝一夕就能转变过来的,换汤没换药啊!

这也是共产党建军史上的一个教训。从红军时期三湾改编,把党支部建立在连队之上,使党真正指挥枪,克服以往的流寇主义,到眼下战士们动机、目的芜杂,面临着同样的问题。

"成分不一,再加上长途跋涉、人困马乏,给养困难,如不休整,长此以往……"萧望东眉宇紧锁,似有难言之隐。

彭雪枫全明白了,他眉头一皱,厉声说道:"事不宜迟,马上整顿!"彭雪枫、张震、萧望东等商议之后,决定带队伍寻找一个地方,休整一下。

大家把目光投向了白马驿地区。

白马驿位于鹿邑、亳州、太和三县交界处,是一个古镇,位置相对偏僻,四周寨墙坚固,敌人来往较少,适于驻扎。

在这里,支队进行了三项整顿:政治教育、军事训练、统一战线。

不知不觉,1939年元旦来临了。

这是出征后的第一个冬天,寒气逼人,部队衣着甚单。

"让爱萍找魏凤楼去交涉!"彭雪枫道。彭雪枫5月时曾经拜访过他,有一面之谊。当时,张爱萍任魏凤楼的参谋长。

那么,平时支队的经费、给养,到底是怎么解决的呢?张震在回忆录中,这样写道:

因为我们没有政权,只能靠打鬼子、捉汉奸,搞点物资,补充经费,或是与国民党地方政权商量,靠统战关系,解决部队的供应。

张爱萍不负众望,魏凤楼也够意思。一天黄昏,天下着鹅毛大雪,魏凤楼派车将棉衣送到游击支队司令部。由于天气太冷,押运棉衣的一位同志,站在屋外的雪地里,冻得直跺脚。

张震闻声,连忙叫警卫员:"请那位同志进来!"

进屋一看,竟然是位女同志!

"不好意思,让你受冻了!"张震搓着手,满脸歉意道。

"哦,没关系……"她低下头,轻轻地说了一声。只见她脸冻得通红,军装领口露出红衬衣,与盆中炭火相映,更添少女的羞涩。

仔细一问,她叫马凌嵩,16岁,河南宜阳人。初次见面,就给张震留下了美好的印象。不料,有情人终成眷属,后来,她竟成了张震的夫人。两人相濡以沫,携手走到今天。这是后话。

大刘庄、白马驿,两次整训,都是支队成长时期的"三湾改编"。

没有规矩,不成方圆!

包河湾躲年,一片赞叹;书案店卖马度饥荒,赢得"天下文明第一军"

整训之后,部队士气大振。但何去何从,大家心中没底。

正在这时,毛泽东来电了:"你们在豫皖苏地区发展游击战争,创立根据地的计划是对的,并已开始获得成绩,望放手去做,必获大效……"

消息传来,支队上下,备受鼓舞,决定继续向东发展。

不久,彭雪枫率支队进入到豫皖苏边区的永城、亳州、萧县一带。

1月8日夜,二大队长滕海青率部夜袭卢家庙,歼灭伪军300余人;

不久,参谋长张震率一、二大队进入永城地区,消灭"两黄加一周"(指3个土匪头子,两个姓黄,一个姓周)。

……

2月9日,彭雪枫率支队机关,抵达豫皖交界的书案店。

书案店,又名乐安店,是河南永城县南的一个小镇,有300多户人家,1000多口人。在敌占区,算是一个比较大的镇子。

忽如一夜春风来。军号嘹亮,战马嘶鸣,加上拂晓剧团的"喧闹",俨然是一首军乐大合唱,飘荡在小镇的角角落落。

昔日贫寂的小镇马上变得热闹起来。

说话间,春节来了。这是游击支队挺进敌后的第一个春节。

2月19日,大年初一。小镇的空气中,噼噼啪啪的爆竹声,饺子的菜香,小孩子的嬉闹声,交织在一起……

常言道:"穷年不穷节。"乡亲们纷纷端着热腾腾的带汤饺子,到驻地看望战士们,可是推门一看,屋内空空如也,不见人影,哪里去了呢?

正在纳闷之际,远处传来阵阵歌声——一队队战士,唱着歌回来了。

上前一问,原来,除夕晚上,彭雪枫听说,乡亲们第二天邀请战士们吃饺子,十分不安。他想,老乡们一年忙到头,省吃俭用,就吃这一顿白面饺子,几千号人得多少饺子啊……彭雪枫不敢想了,当即和张震等决定,到附近的包河湾"躲年"……

"彭司令,你们整天替咱老百姓打鬼子,打汉奸,过年了,乡亲们也没啥好吃的,这碗饺子是点心意,您就尝尝吧!"一位小脚老大娘,端着岗尖岗尖的一瓦碗饺子,双手颤巍巍地递给彭雪枫。

"大娘,您和乡亲们的心意,我代表大家领了! 可是,乡亲们一年忙到头,也没吃上啥,您还是端回去补补身体吧!"

彭雪枫一挥手,战士们敬个礼,唱着歌,向营地走去。

在瑟瑟的寒风中,老乡们端着饺子,望着秋毫不犯群众的子弟兵远去的背影,一个个久久地伫立在那里,泪水不禁簌簌地落下来……

春节过后,一件让支队上下叹气的事情来了:吃饭成了问题。

当时,国民党贪官勒索,土匪打劫,散兵游勇的敲诈,劣绅的层层盘剥……加上正值冬去春来,青黄不接,老百姓食不果腹,无力接济刚到此处的新四军。

每天,三分钱的菜金就难保证,部队能吃到红薯干、高粱面掺糠菜蒸的黑窝窝,喝清汤汤,就已很不错了。一位战士编了一段顺口溜:

三九天,早春天,我军东进书案店。
天天吃尽红薯干,两月不见油和盐。
腊月三十推石磨,一斤高粱辞旧年。
彭司令率咱渡难关,饿死也不把纪律犯。

一天,午饭时,彭雪枫走到战士中间,左手拿起一个红薯,微笑道:"这叫什么? 这不叫红薯,这叫'无产阶级香肠',"右手又拿起一块黑糊糊的窝头,边嚼边说道,"这不叫窝头,这叫'猪肝',"战士们被司令乐观、幽默的话语逗乐了,"还有呢!"说着,又端起一碗照见人影的稀汤,咂了一口,笑道,"这叫'抗战牌'牛奶!"

笑声中,战士们的目光变得更加明亮了。

可是,夜晚,想到一个个面如菜色、衣带渐宽的战士,彭雪枫又难过得辗转反侧……

对于这段生活,后来,面对记者的提问,彭雪枫这样回忆道:

一天两顿吃不饱的红薯汤、杂面馍。吃麦苗、啃树皮的日子是经常过着的。冬天雪地赤脚作战,血痕斑斑的日子是经常过着的。三个月不发一文零用钱,冬天穿单,夏天穿棉的衣服的苦楚是经常受着的。

一天,三大队政委张辑五奉调蒙城工作,临行前,到司令部请示工作,谈话间,不知不觉日上头顶。

"中午,就在这儿吃饭吧!"彭雪枫关心道。

不一会儿,警卫员端来三碗坏红芋,一点菜都没有,彭雪枫苦笑了一下:"实在过意不去,你今天离军远征,本应弄点好吃的,实在没办法,就这样吃一顿吧!"

说完,彭雪枫大口大口地吃下去,可是,张辑五看着司令员和战士们吃一样的"饭菜",心里很难过,勉强吃了半碗,就再也吃不下了。

饭后送别,彭雪枫掏出两元钱相送,张辑五一阵心酸,热泪潸然而下:"不不,现在支队正困难,还是您留着用吧!我就是饿着肚子,也要走到蒙城去……"

"拿着,拿着,穷家富路,出门在外不比在部队,没钱时借都没处借……"两人争执不下,在一旁的张震过来相劝:"司令员的一点心意,收下吧!"

张辑五慢慢低下头,眼圈有点红了,哽咽道:"……好吧,不过,我只收一元……"

后来,张辑五在回忆录中感慨道:"当时的一元钱,胜过和平时期的一千元,一万元啊!"

春荒还在加剧。

黄昏,饭后,寒风中,杨树林在呜咽着。

彭雪枫和警卫员一前一后,默默地走着。"白杨多悲风,萧萧愁煞人。"彭雪枫忽然想起这句诗,觉得格外亲切。这时,远处匆匆走来一个模糊的身影,走近一看,原来是供给处处长资凤。

"司令员,'金库'里仅剩一元五角钱了,明天,明天部队就要断炊了……"

资凤双手拢在袖管里,一脸的焦急。

资凤是井冈山时的老红军,平时克勤克俭,是个当家理财的好手,但巧妇难为无米之炊啊……彭雪枫难过地低下头,陷入了沉思和忧愁之中。

从竹沟出发时,带的家底快花光了,靠统战,只是权宜之计,打汉奸、土豪,也得看时机。常言道:"兵马未动,粮草先行。"一顿饭不吃就不行,人是铁,饭是钢啊……

"司令员,要不,发动战士们,到周围挖野菜吧!"资凤眼睛一亮,像抓到一根救命稻草似的。

"不行！"

"为什么？"

"艰难时候，挖野菜也是与民争利的行为。我们再苦、再饿，也不能麻烦乡亲们！"

资凤缓缓低下头，泪水簌簌地落下来。

……

"司令员，司令员，好消息！"正在几人愁眉苦脸之际，通讯员上气不接下气地跑过来。

"什么事，这么慌！"

"报告司令员，萧主任在永城打了胜仗，缴获十多匹战马……"

"是吗？"彭雪枫惊喜地问了一声。

他在心里暗暗地盘算着。

忽然，他紧锁的双眉，慢慢地舒展开了。

"不是有出《秦琼卖马》的戏吗？秦琼受困，把黄骠马卖了，英雄没有末路，我们也卖掉一些战马，人是第一，然后再从敌人手中夺马！"

"卖马？"资凤大吃一惊。

当时，马匹很少，打起仗来，马非常重要。资凤好像不太相信自己的耳朵，反问道：

"部队行军打仗！离不开马呀！"

"是马重要，还是人重要？'秦琼卖马'的故事你知道吗？……战时是'武器'，困难时就是'口粮'，不但别的马要卖，我的马也要卖！"

"什么？"

资凤目瞪口呆，险些瘫倒在地，他疑惑地望着彭雪枫，久久说不出话来。

翌日，司令员要卖马的消息不胫而走，警卫员赵运成哭成了泪人，伏在枣红色的大马旁，说什么也不让拉走。那还是彭雪枫在临汾时骑过，后来张震到竹沟时带过来的，号称"千里驹"，人见人爱。此刻，红马似乎通人性，温驯了许多，眼睛里流露出依依不舍的目光……

彭雪枫何尝不想留下这匹马啊，但眼下的窘状，使他不得不狠下心来。他拍着小赵的肩膀，安慰道：

"小赵啊，你的心情我能理解，人非草木，孰能无情？但做事不能感情用事，现在正值春荒，群众也没粮吃，所以，我们决不能向群众征粮，你想想，不卖马买粮，还有什么办法吗？"

……

战士们把卖马的钱称作"救命钱"，就这样，部队暂时解了燃眉之急。

快要春播了,可书案店四周的田野里寥寥无人,一打听,原来农民还没有种子,彭雪枫闻讯后,急忙让部队送去一些钱,以渡难关。

乡亲们看到部队这么艰难,不但秋毫不犯,而且还帮助自己,深为感动,赞誉游击支队为"天下文明第一军"。

对于敬爱的彭司令,老百姓编了几句顺口溜,广为传唱:

新四军,彭司令,人民群众夸不停。

你种田,他帮忙,你打麦子他扬场。

日本鬼子来扫荡,指挥抗敌办法强。

军民团结一条心,打跑鬼子保家乡。

细雨中,他下定决心,进军淮上,度过峥嵘岁月

"好雨知时节,当春乃发生。"

蒙蒙细雨,像烟,像雾,给小镇蒙上一层薄如蝉翼的细纱。彭雪枫悄然漫步在镇外的树林里,树枝上的雨珠,惊叹一声,落在他灰色的军装上。

他长长吁口气——难熬的春荒,终于烟消云散了。

对下一步行动,彭雪枫思忖了许久。兵不厌诈。住久了,必将引起敌人的窥伺,现在,支队处在敌人的夹缝中。以卵击石,无疑是自取灭亡。必须先下手为强,未雨绸缪,走在敌人前面。想到这里,一股力量涌上脑际:

"警卫员,回去!"

很快,彭雪枫召开会议,会上,他面色凝重,分析道:

"这里地处豫皖苏交界,北靠陇海路,东傍津浦路,西临黄河,战略地位极其重要。不管我们向哪个方向发展,这里都可作为我们的根据地。我们不但要开辟根据地,而且将来还要建设好根据地!"

全场鸦雀无声。接着,他又提醒道:

"目前,敌人强大,我们弱小,必须开展游击战,声东击西,掌握主动权……"

在书案店,支队还进行了整编,将大队改为团,支队组建了两个团。第一团团长张太生,政委李耀。第二团团长滕海青,政委谭友林。还有一个独立营,营长冯胜,政委张辑五。

"新四军又要去打仗了!"

撒野的顽童们,疯跑着,高喊着,引来无数群众到道口送行。

已是 5 月中旬,西南风正劲,田野里麦浪滚滚,彭雪枫挥手告别乡亲们,率领第二团、三团向淮上(淮上,是指淮河以北,浍河以南,津浦铁路以西,宿县至蒙城公路以东的广大地区)进军。

兵贵神速,出其不意。

6 月 3 日,第二团在宿县南湖沟集一带,击毙日伪军 20 余人;

6 月 20 日,二团冒雨袭击怀远县城,击毙日伪军六七十名。

接着,游击支队一鼓作气,共四次袭击怀远县城的日伪军。

日伪军被打蒙了!

"彭雪枫,大大的厉害!"

一时间,新四军的威名在淮上传开了。

众人拾柴火焰高。

7 月 30 日午后,彭雪枫应邀在耿村集做了一次特殊的"统战工作"。

烈日炎炎,一青砖灰瓦的礼拜堂内,黑压压地站满了虔诚的基督徒。他们期待的目光中流露出一丝丝担心和淡淡的疑惑。

"新四军司令,就会打仗,耶稣,他知道吗?"

"抗日,基督,风马牛不相及,他能说些啥?"

一些教友一阵阵嘀咕。

掌声中,彭雪枫面带微笑,信步走上讲台。

各位教友,各位父老兄弟姐妹们:

"……

第一,基督教的基本精神是"博爱众人",全部教义归纳起来,无非是拯救世人脱离苦痛的、罪恶的深渊;而共产党在这一点上与基督精神是一致的。

共产党人奋斗的目标,就是为救大多数的人,为求民族的解放,把几万万在日本帝国主义压迫之下的中国人解放出来;

同时,我们认为单单中国人的解放还不够,我们还要求得社会的解放,使全世界受罪的人,受苦的人,受压迫的人得救……"

……

话音刚落,掌声雷鸣,经久不息,像一阵阵旋风刮起来。

"彭雪枫太神奇了! 啥都懂!"

"就凭这一点,新四军一定能打败日本人!"

这就是彭雪枫著名的《基督教友和共产党人联合起来》的演说。

这场别具风格的演说,站在今天的角度看,仍然闪耀着灼人的光辉:在时代的洪流面前，一个政党与一个宗教，在精神上，该如何风雨同舟。

——精彩！永恒！

原来，彭雪枫早在育德中学时，就学过《圣经》，还会唱《赞美诗》等歌曲，他虽不信教，但基督教义中博爱的情怀，始终汨汨流淌在血脉里，从这点上看，他是半个基督徒。

踩着黄昏的脚步，夜，悄悄地来了。

这是初夏一个静谧的夜晚。

低矮的茅草房内，弥漫着一缕缕发霉潮湿的气息，令人窒息。暗淡的灯光下，蚊蝇凑趣，演讲一天够累的，可彭雪枫全然不顾，一边擦汗，一边伏案疾笔。

夜深了。远处的蛙声，响亮高昂，连绵起伏，仿佛是一首悦耳的催眠曲，隐隐而来。可是，眼前一个个跳跃的字眼像一个个熟悉的老友，面带笑容，向他招手……他正在写《平原游击战的实际经验》一文。

理论与实践相结合，是彭雪枫治军的一大特色。

这个草稿，从窦楼战斗之后，就像影子一般，在心灵深处徘徊，那就是，"谁能战胜谁"和"在平原地区能否打游击"……

跳跃的火苗前，映出一张老红军黧黑的笑脸："司令员，过去打游击，主要在山林间，打得敌人鬼哭狼嚎，而今，在大平原上，面对敌人的机械化部队，新四军能应付得了吗？"

老红军凝望着彭雪枫，眼睛里流露出期待的眼神，渐去渐远……

能行吗？能行吗？——彭雪枫内心的回音壁上，一声声质问，像山谷间的喊声，在回荡着。

"没有攻不破的碉堡！"彭雪枫沉不住气了。

一年来，游击支队纵横驰骋在江淮原野、豫皖大地，数次战斗的场面像电影一般不断地在眼前一一浮现……多少个不眠之夜过去了，现在，终于写完了！

像陷入乱军重围，忽然冲出了敌阵；

像穿过万里漆黑的隧道，忽然遇到了一缕阳光；

像干涸已久的田野，忽然遇到一场甘霖。

他长长地出口气，伸个愉快的懒腰，此时，夜色渐散，雄鸡啼鸣，推窗望去，东方已露出一团绯红的云霞。

天刚麻麻亮，门外就传来一阵"笃、笃、笃"的敲门声，译电员跑来报告："参谋长在永城收编了一支 900 多人的抗日队伍！"

"太好了！发给《拂晓报》，祝贺一下！"彭雪枫高兴道，双喜临门，倦意顿时消退了一半。

原来，张震在永城东北活动时，遇到一支抗日游击队，领导人叫鲁雨亭，原名鲁鸿逵，很有正义感，鲁雨亭在当地影响很大，被誉为"抗日英雄"。

8月底，彭雪枫率游击支队离开淮上，挥师永城、涡阳边境，终于见到了鲁雨亭。

那是一个彩霞满天的黄昏。几匹战马"嘚嘚"地自远方而来，马到门前，张震身后跃下一名中年男子。只见他上身穿着白色的粗布褂子，后背背着一顶粗糙的大草帽，紫铜色的脸上胡须丛生，显得质朴刚劲。

"司令员，这就是雨亭先生！"

"雨亭兄，一路辛苦了！屋里请！屋里请！"彭雪枫满面春风，早已迎出屋外。

"彭将军，相貌堂堂，一表人才，久仰！久仰！"

寒暄之后，年长彭雪枫8岁的鲁雨亭，讲述了自己的过去。

原来，鲁雨亭之父也是西北军的。鲁雨亭19岁时进入国民党开封军校，毕业后任军法官，1938年永城沦陷前，曾任永城县县长。1938年秋，他返回家乡山城集，卖掉了自己的全部田产，组织抗日队伍，从开始时的"十八勇士"，后来发展到900多人。

"当今天下，日军猖狂，侵我河山，炎黄子孙，无不切肤痛恨，雨亭兄率军加入新四军，共举抗日大计，真乃有胆有识的热血男儿！雪枫钦佩！钦佩！"

"过奖，过奖，雨亭不才，误落尘网数载，久闻将军大名，雨亭愿举家资加入抗日洪流，赴汤蹈火，在所不惜！"

"你们故乡有孔夫子驻足的'夫子崖'，汉高祖斩蛇的'芒砀山'，自古以来，都是风云际会的地方，出产'慷慨侠士'啊！"最后，彭雪枫开了一个玩笑。

哈哈哈……

后来，鲁雨亭还把自己的战马——"火车头"送给了彭雪枫。该马青白色，高大、体健，越壕过沟，腾跳自如，在陇海铁路边赛过火车，绰号由此而来。

这时，津浦路东国民党专员来信，要求派干部到该区工作，大家商议，派张爱萍去工作。

"爱萍，你的任务不轻啊！"

"我给你们打前站！"

生死与共的战友又要分别了,彭雪枫看着张爱萍的鞋子,已经开了花,心里很不是滋味,遂向供给处负责人喊道:"给爱萍书记做双鞋!"

后来,当张爱萍回想起那段艰苦的生活时,感慨万千:"那时的生活啊!"

秋天,是收获的季节。

1939 年 9 月 1 日,在涡阳曹市集一座潘姓人家的祠堂内,游击支队召开了第一次党代会。

这是一次不同寻常的会议。

雨后见彩虹,多么激动人心的一刻啊!回首誓师东征一年来,无数健儿浴血奋战,在窦楼的田野里、在睢太公路的寒夜里,在书案店的日日夜夜中……

一幕幕,一桩桩,念及于此,彭雪枫心潮澎湃,难以平息。

竹沟的父老乡亲们,我们没有辜负你们的期望,一年来,从敌人手中缴获 1400 余支轻重武器,唤醒了 3000 万呻吟在日寇铁蹄下的同胞,你们种植和灌溉的小树成长起来了!

1939 年 9 月 1 日游击支队第一次党代会主席团成员合影。

前排左起:李耀、谭友林、彭雪枫、滕海青、萧望东、方中铎。

后排左起:张先舟、张震、岳夏、吴芝圃。

多少战友静静地倒下了:窦楼战斗中,英勇冲锋的排长阎立泰;商丘坞墙战斗中,两腿中弹的老红军营长陈光勋……九泉之下的战友啊,您瞑目吧,你们的鲜血没有白流!

古希腊科学家阿基米得曾说:"给我一个支点,我能撬动地球!"历史给了彭雪枫一个支点,一年来,他率领支队从竹沟出发时的 373 人,已壮大成 1 万多人,成为一支活动在豫皖苏边区的抗日劲旅,彭雪枫功不可没!

会议传达了中共六届六中全会决议,讨论了豫皖苏边区的形势和任务,选举了出席党的七大代表谭友林,另外一个重要决定,就是要大刀阔斧开辟豫皖苏根据地。

会议结束后,在祠堂门口,大家嚷嚷着合张影,留个纪念。

"好!怎么站,我听你们安排!"彭雪枫道。

"司令员,同志们,往这里看!"

"咔嚓"一声,刹那间,留下青春的记忆,留下烽火中战友的深情。

第九章　山河多姿

> 请给我一支长笛，
> 让我吹起。
> 笛声倾诉心中的正义，
> 荡涤罪恶之后，
> 笛声依然萦回大地。
> ——纪伯伦（黎巴嫩）

金秋时节，一个神秘的来客，忽至新兴集

秋天是喜悦的，因为它给大地带来了累累硕果。

秋天是迷人的，因为它给万物披上一层艳丽的金装。

就在秋高气爽、丹桂飘香的 10 月，一道清脆悦耳的电波，跋山涉水，从宝塔山下飞到一个古老的皖北小镇——新兴集。

——刘少奇要来了。

刘少奇（1898—1969），大名鼎鼎，一名资深的布尔什维克，有党内"小诸葛"之称，性情稳健，是党内早期著名的工运领袖，后来又成为白区工作的执牛耳人物。1949 年后，曾任中华人民共和国主席。"文革"中，危难时刻，他留给孩子们特殊的"遗嘱"——"我死了以后，你们要把我的骨灰撒在大海里。像恩格斯一样。大海连着五大洋，我要看着全世界实现共产主义。"后被迫害致死于河南开封。

刘少奇这个时候为什么来这里呢？

原来，1938 年 10 月，党在延安召开六中全会，会上批判了把抗战胜利寄希望于国民党军队，把人民命运寄托于国民党统治下合法运动的错误倾

1939 年前后的彭雪枫。

向。当时,华北发展起来了,华中则冷冷清清,会上决定:"巩固华北,发展华中",长江局一分为二,分为南方局和中原局。南方局书记非周恩来莫属,而中原局呢?众望所归,刘少奇上路了。

1939 年 1 月,刘少奇到达河南确山竹沟,开始指导华中的工作。不久前,刘少奇率中原局 100 多名干部,从竹沟出发,经过汝南、项城、沈丘,11 月 4 日来到新兴集,这是他行程的第一站。

新兴集位于豫皖交界处,是豫皖苏边区根据地的"首府"。党代会结束后,彭雪枫率支队司令部及机关于 9 月 6 日移驻到这里。而对于部队进驻新兴集,当时,还引发了一场小小的争论:

"这个地方太小,回旋余地不大!"

"地势低凹,一下雨,汪洋一片!"

……

会上,众说纷纭,莫衷一是。

彭雪枫听罢,笑道:"此言差矣!古人云:'恩生于害,害生于恩',利害是相互的。这里虽然小,但战略位置重要,向北是沟通华北八路军的枢纽,向东是苏北敌后的前哨,向南是华中战场的后方,正所谓'天高任鸟飞,海阔凭鱼跃'嘛!"

"至于水患嘛,"他顿了一下,兴奋地挥了一下手,"事在人为,它能难倒抗战杀敌的新四军吗?……"

一席话,让大家茅塞顿开,信心倍增。

刘少奇(化名胡服)要来的消息,一经传出,宛如甘霖喜降,整个部队沸腾了!

好事成双。11 月 2 日,新四军军部来电:"游击支队宜改名为新四军暂编第六支队。"由于国民党对新四军始终采取歧视、限制的态度,只限于原来几个支队,所以对五、六两支队只能加上"暂编"二字。

11 月 4 日。上午。碧空如洗,枝头飘香。

涡阳北,弯弯的田野小道上。

刘少奇、徐海东、刘瑞龙等一行 100 余人,策马前来,彭雪枫、吴芝圃、张震、萧望东等率直属队,迎上前去。

这是一个让人心情荡漾的时刻!

远远地,彭雪枫翻身下马,走到跟前,"啪"的一声,敬个军礼:

"胡服同志,一路辛苦了,我代表支队全体同志欢迎您和同志们的到来!"

只见刘少奇面容消瘦,一身洗得发白的灰布军装,干净整洁,岁月的沧桑染白了双鬓,含笑的双眸蕴涵着睿智和谦和。

"呵呵,雪枫同志,气度非凡,能文能武,果然名不虚传,豫皖苏的将才啊!"

"过奖,过奖了……"

"从竹沟出发时的 300 多人,到现在的近万人,可不是简单的事啊!"

"都是大家的功劳,我只是做了很微小的一部分工作,不足挂齿,还望您多多指教!"

两人一见如故,畅所欲言。其实,自临汾一别,掐指算来,已有四个春秋了,所以,此次见面,二人都分外高兴。

一路上,看到道路两旁,战士们手持鲜花,呼声如潮,性格谨严的刘少奇深深地感动了,他举手示意,颔首微笑,一股暖流在领袖和群众之间无形地流淌……

7 日,是一个不同寻常的日子——苏联"十月革命"22 周年。

这天,第六支队在新兴集北门外大操场,举行盛大的阅兵式,隆重庆祝这一伟大的节日,同时,欢迎胡服一行的到来。

偌大的操场上,彩旗猎猎,歌声飘扬,整个会场洋溢着一片热烈的节日气氛。

彭雪枫主持大会,阅兵之后,掌声中,刘少奇站起身来,激动地说:

"来到豫皖苏,我要说的第一句话是,同志们辛苦了!"

顿时,台下响起海啸般的掌声。接着,他高屋建瓴地说:

"……游击支队的发展、豫皖苏根据地的创建,证明党中央、毛主席进军敌后的方针是完全正确的,证明在平原地区开展游击战是完全可能的……"

最后,他高度赞扬道:"游击支队是我党在游击战争中,在敌后创建的最好的一支部队……"

话音一落,掌声响彻天宇,久久不息。

在干部会上,刘少奇读起自己的"心得"——《论共产党员的修养》,成为他此次之行一道独特的"景致"。

它像一幅色彩绚丽、格调激昂,带有精神涅槃般的油画,成为在场的干部们视觉的盛宴;

它像一首旋律雄壮、节奏明快,充满大时代气息的贝多芬生命交响乐,使每人的内心得到了一次升华和洗涤。

……

据说,在当时,许多敌后有志青年,偷偷看完此书后,热血沸腾,夜不能寐,朝圣般地奔赴宝塔山,奏响了生命历程的新乐章。

彭雪枫也一样,把它当做枕边之书。

它的独特魅力,就在于它在党的理论建设方面的独特性。它从历史唯物主义观点出发,阐述了由一个幼稚的革命者,变成一个成熟的、老练的革命家,要经过很长的锻炼和修养的过程。他详细论述了共产党员思想修养的重要性、修养的方方面面和修养的方法,是马克思主义中国化的代表作。

刘少奇的《修养》一书问世后,先后印刷数十次,总印数达千万。同时,还有英文、日文、捷文、荷文、西班牙文等多种译本,在数十个国家发行。

今天,人们提到刘少奇的名字,除了马上会想到他曾经是国家主席之外,还有这本不朽的杰作。道德箴言式的经典,仍散发着特有的馨香,成为党员人格、精神历练的蓝本。

寒夜,降临了。茅草屋的窗棂下,橘黄色的油灯光,映着刘少奇癯瘦的脸庞,他点燃一支烟,彭雪枫坐在旁边,聆听他畅谈……

在新兴集20余天的日子里,刘少奇分别同支队干部一一谈话,他着重阐述了为什么要建立政权,怎样建立政权,从而得到人民的支援,克服经济的困难。

抗战初期,国民党军队像老鼠见猫一样,败退千里,县长大多跑了,各地的旧政权垮了。机不可失,时不再来。刘少奇指示,要迅速抓住机会,建立政权,克服过去"扛枪要饭吃"的局面。

胡服的一番话,犹如一股春天的煦风,吹醒了大家,也温暖了彭雪枫的心灵。他终于明白了过去艰苦的原因:只注意发展军队,忽视政权建设,自然就缺少源源不断的给养补充。

刘少奇走后不久,彭雪枫雷厉风行,率部在豫皖苏边区的永城、夏邑、萧县、宿县等地迅速建立了政权。这是我党在华中地区建立最早的政权。从此,部队不再为吃穿发愁了,抗日情绪日益高涨。

新兴集的水,更美了,天,更蓝了。

"后院失火",彭雪枫拍案而起:"丧心病狂!"

天有不测风云。

1939 年 11 月中旬,就在彭雪枫率支队在新兴集准备大展身手的时候,传来了一个令支队上下无比愤怒的消息:

"竹沟遭到敌人的进攻! 200 余名官兵及群众惨遭杀害!……"

"无耻! 丧心病狂!"彭雪枫手持电报,火冒三丈,像战场上厮杀红眼似的,大声地咆哮着。拿着这份鲜血染成的电报,他浓眉紧蹙,愤怒的目光中浮现出惨不忍睹的一幕:

1939 年 11 月 11 日拂晓,天,阴沉沉的,寒风,轻轻地刮着。黎明前的竹沟,一片寂静,人们似乎还沉浸在冬日的梦香中。无人能料到,罪恶的双手在伸向他们,此刻,一群群匪徒端着枪,冷笑着,悄悄地逼近东寨门……

后来证实,是国民党三十一集团军少将参议耿明轩,纠集确山、泌阳、信阳三县反动武装,共 1800 余人,向竹沟留守处发动突然袭击,机关、医院被捣毁,财物被洗劫一空,新四军伤员、军人家属、群众 200 余人被杀害……

消息见诸报端,举国哗然,这就是震惊中外的"竹沟惨案"。

太阳慢慢地跃到头顶,临近中午了,茅草房内。彭雪枫、张震、吴芝圃等围在一起,低着头,心事重重,谁也没有去吃饭。

此时,门外,士兵们云集在一起,海啸般的呼声此起彼伏:

"我们是竹沟的子弟兵,不能坐视不管!"

"打回去! 惩罚匪徒!"

"为竹沟死难军民报仇!"

……

许久,张震缓缓地抬起头,庄重而诚恳地望着彭雪枫道:"战士们情绪很大,我们是不是采取一下行动?"

彭雪枫看了张震一眼,没有言语,目光徐徐移向窗外,思绪却不禁翻滚起来……

古人云:"路见不平,拔刀相助。"这是妇孺皆知的道理。更何况,战士中相当一部分是竹沟人,他们的亲人惨遭不幸,谁不感到痛心而摩拳擦掌呢? 男子汉大丈夫,'富贵不能淫,贫贱不能移,威武不能屈',逆来顺受,那是懦夫一个……可是,大敌当前,应三思而后行,否则,做莽汉是要吃亏的……君子报仇,十年不晚,毛主席不是有句话吗? 叫有理、有利、有节……

想到这里，彭雪枫慢慢抬起头，他难过地说道："战士们的心情可以理解，但眼下我们处于弱势，时机还不成熟，我想，先暂时忍耐一下，先向胡服同志发电报，然后向国民党提出严正抗议和交涉……"

不久，彭雪枫召开连以上干部会，讲述了"竹沟事变"的来龙去脉。

"竹沟惨案"发生在国民党顽固派华北受挫后，是在华中地区蒋介石欠下共产党人的又一笔血债。

恶有恶报。"竹沟惨案"的罪魁祸首耿明轩，在淮海战役中被解放军俘虏，后被判处死刑，1953 年 12 月执行。这是后话。

雪枫沟，鱼水情

郁闷的心情，像阴霾一样笼罩在战士们的心头，日子在沉闷的气氛中无声无息地滑落。不知不觉，1940 年的元旦快要来了。

新的，总让人有一丝感奋。

这是一个阳光很好的上午，彭雪枫和张震等正在开会，忽然，门外传来一阵锣鼓喧天的热闹声。

"报告司令员，乡亲们抬了一块石碑来了！"警卫员话音刚落，根据地抗日民主政府的几位同志，带着一群老乡，敲锣打鼓，笑容满面地来到了院子里。

彭雪枫迎出门外，上前一问，原来是为彭雪枫送德政碑来了。

这是怎么回事呢？

原来，自从刘少奇走后，彭雪枫率部大力建设豫皖苏根据地，他深深地明白，部队的兵源、军饷无不来自根据地。只有处理好军民、军政关系，支队这条小舟才能在豫皖苏根据地的大海上自由游弋。为新兴集挖排水沟，就是光辉的一例。

那是秋天的时候，淫雨霏霏，下个不停，新兴集遇到了百年不遇的多雨日子，水往低处流啊，于是，麻烦就来了。

新兴集俗称"龙奶庙"，名字的来历是这样的：新兴集地势低洼，四周是一片洼地，洼地东西长 30 里，南北宽 20 里，名叫李家湖，新兴集就是这个湖上的一个"孤岛"。十年九涝，每年遇到雨季，老百姓就苦不堪言，外出逃荒习以为常。为了祈福避祸，老百姓修了一座龙奶庙，求神保佑。久而久之，龙奶庙成了新兴集的别称。

可是，1939 年的秋天，天公似乎是要与新兴集一带的百姓过不去，大发淫威，一月之内，雨一直下个不停。

烧香、求神，无济于事，正当乡亲们绝望之际，彭雪枫率支队技术干部洪波赶来了，他决定助乡亲们一臂之力。

问题并不难。经过勘察，一致认为，只要在李家湖南岸的高岭子上开条沟，导水入沱河，就可解决水患。于是，彭雪枫找到农抗会主任赵清山。

"赵主任，眼下洪水成灾，我们想挖一条沟，把灾水引出去，为老乡们解点忧愁！"一见面，彭雪枫就开门见山。

"行是行，只恐怕……"赵清山吞吞吐吐。

"恐怕什么，有话请讲，但讲无妨！"

赵清山慢慢地低下头，讲述了一段心酸的往事。

原来，在李家湖南岸，有一条长达几十里高的岭子，岭南就是沱水，也叫沱河，历史上有名的沱水之战，就发生在这里。岭子挡住了新兴集的积水流入沱河的去路，岭北人想开沟放水，可岭南人害怕一旦洪水过岭，会造成水灾，还有，岭南人特别迷信，他们认为，开沟过水，会带来邪气，不吉利。为此，历史上，一岭之隔的两家"邻居"打了多年的官司，最后也不了了之，事情不但没有解决，反倒结下了冤仇。

……

"岭南岭北都是一家人，没有过不去的坎儿，马上开沟导水，岭南的工作，我们来做！"彭雪枫拍着赵清山的肩膀笑道。

赵清山和一群老乡半信半疑地鼓起了掌……

经过一番开导，岭南人终于明白了，答应开沟。

"挖沟了！新四军开始挖沟了！"

"彭司令带领新四军挖沟了！"

……

喜讯传来，新兴集沸腾了。

乡亲们扶老携幼，扛着铁锹、耙子，纷纷赶来，加入到工地上来。

可是不大工夫，绵绵细雨，却飘飘洒洒地落下来，顿时，四野笼罩在茫茫的雨雾中。秋雨，沙沙的，洒落在秋日的江淮大地上，洒落在每个人的心坎上，甜丝丝的，美滋滋的。

彭雪枫、张震、萧望东等卷起裤管，和老乡们一道，赤着脚，挥锹挖沟……忽然，一位白发苍苍的老大爷，走了过来。他一手拄拐，一手拉着小孙子，混浊的眼里，闪烁着苍老的泪光。

"彭司令，俺老汉今年80岁了，经历了清朝和民国，年年受灾，当兵的光糟蹋老百姓，共产党、新四军一来，就为老少爷们开沟除灾，真是开天辟地第一回啊！"

言毕,"扑通"一声,跪了下来,彭雪枫急忙上前,将其搀扶起来:

"大爷礼重了!新四军,是咱乡亲们的子弟兵,乡亲们给子弟兵吃和穿,你们有了困难,我们能不管吗?我们能袖手旁观吗?"

汗水在恣意地流淌,笑容在脸上绽放。

七天过去了。一条几十里长的排水沟赫然出现在乡亲们的面前,乡亲们请彭雪枫赐名,他想到,这是新四军、新兴集乡亲们汗水的结晶,于是取名为"新新沟"。

滴水之恩,涌泉相报。朴实的乡亲们,决定自发募捐,刻下一块石碑,用民间最崇高、最高贵的方式,来表达心中的真挚情意。

于是,就出现了前文的一幕。

……

碑上镌刻着:

"陆军第十八集团军总司令部参谋处长兼陆军新编第四军游击支队司令彭公雪枫德政碑"37个大字。

碑文如下:

我新兴集,地本下湿,田似平湖,每遇淫霖,禾黍淹没,居民苦之。今夏暮月,阴雨连绵,积潦四溢,弥望滂沱,耕锄俱废,秋收锐减,灾黎疾首,哭声载地,为状尤惨。被灾之氓,群相告语:非疏瀹宣泄,无以御水患而裕民生。惟事无首倡,工不克举。幸我新四军司令彭公,率吊罚之师,驻节于兹。见田园尽成泥淖,街市形同泽国,叹水利之不兴,恨灾祲之未已,遂动恻隐之心,欲勤决排之手。乃商同县长廖公在新兴集东,开挖新新沟。上自李家湖,下通浍河,军民合作,不日告成。时秋季九月也。沟渠既辟,隐忧尽去,乡里欢腾,万众悦服。愧无以报至德于万一,遂众议勒碑记铭,嘱予为文。予不辞聋聩,谨书俚词,聊表德政云。

前清五品衔尽先前即选知县联辉刘奎壁撰

涡阳县第三区新兴乡

中华民国二十九年元旦　敬立

深厚的古文功底,让今天的学子看后,当感慨不已、叹为观止吧。

1940年春节刚过,应永城南李寨的请求,彭雪枫、张震、萧望东等又带领战士们,从永城的李寨村到新兴集,又修建了一条长达十多里的排水沟,使积水从李寨流出,汇入"新新沟",最终流入浍河。

当地民众为感谢新四军,在沟旁竖碑,冠名为"新四沟",并镌刻了对联:

前引前导与五亿袍泽谋乐利
耐苦耐劳为三区广众造腴田

后来,涡阳、永城群众把"新新沟"和"新四沟"合成"雪枫沟",表达对彭雪枫永久的怀念。至今,这里仍流传着一首民谣:

彭师长领导咱们挖沟打塘,
水涝虫灾一扫光,
"新新沟"流清水,
年年洼地变粮仓。

斯人已去,风范长存。2008年深秋的一个傍晚,笔者慕名来到"雪枫沟"拜谒。此刻,落霞满天,层林尽染。俯瞰如镜的渠水,闪烁着万片金鳞,远远望去,宛如一条美丽的巨龙,在腾挪飞滚……

大地如歌。长眠九泉的英雄啊,您的英灵永远在这里放光!

悲痛长叹:"在公则损一良将,在私则失一良友"

光阴荏苒。不觉间,干枯的小北风,失去了昔日的威风,露出一丝少有的温柔。路沟里的积雪悄然融化了,积成潺潺的小溪,缓缓地吟唱起来。杨树枝头,豌豆大的褐色蓓蕾,在探头探脑地张望着。一群麻雀,站在枝丫间,唧唧喳喳地跳跃着,似乎在相互诉说着什么……

哦,江淮的早春姗姗地走来了。

早春的2月1日,奉新四军军部命令,支队名字去掉"暂编"二字,正式改为第六支队。彭雪枫仍任司令员兼政治委员。吴芝圃任副司令员,张震任参谋长,萧望

"雪枫沟"。

东任政治部主任。

此时,游击支队由竹沟出发时的 3 个连 373 人,发展到 12 个团 1.7 万余人,成为活动在东抵津浦线,西依黄泛区,北枕陇海铁路,南至涡河一带的一支劲旅。这样,包括皖东北、睢杞太等在内的豫皖苏抗日民主根据地,基本建立起来了。

美好的时光总是短暂的。就在彭雪枫率支队厉兵秣马,大力发展豫皖苏根据地时,一场暴风雨却悄悄地来临了。

1940 年,蒋介石掀起了抗战时期的第一次反共高潮,小日本趁火打劫,趁机加紧了对豫皖苏边区的"扫荡"。

以其人之道,还治其人之身。彭雪枫指挥部队,采取迂回包围、声东击西的战术,打得敌人晕头转向。小日本气得咬牙切齿。鬼子卷土重来了。

4 月 1 日,驻扎在永城、砀山、萧县等地的日军 1000 余人,狗腿子伪军 2000 人,乘坐 30 余辆汽车,分路围攻永城东北山城集地区的新四军第六支队第一总队、第三总队。

"让这些狗崽子有来无回!"电话中,彭雪枫狠狠地骂道,他命令鲁雨亭、孔石泉避敌锋芒,转入外线,然后一网打尽。

不料,行至鲁雨亭的家乡——李黑楼,被日军重兵包围。

双方展开了一场拉锯战。

壕沟中,鲁雨亭不幸面部负伤,面对数倍疯狗似的敌人,他临危不惧,关键时刻,振臂高呼:"同志们,我们一定要坚守住阵地! ……同志们离家别亲,不就是抗日打鬼子吗?现在能真正打鬼子了,我们一定要狠狠地打!人在阵地在!"

战斗进入胶着状态。

天,渐渐地暗下来。

乘着夜色,鲁雨亭指挥部队突围,这时,"嗖嗖"两声枪响,从鲁雨亭头顶呼啸而过,鲁雨亭身子一歪,应声倒下……

"悲莫悲兮生别离,乐莫乐兮新相知。"(屈原)噩耗传来,彭雪枫不胜悲痛,长叹:"在公则损一良将,在私则失一良友。"4 月 3 日,在新兴集精忠堂召开鲁雨亭追悼大会。他哽咽着,做出了最高的褒奖:

"豫皖苏边最大的不幸,最大的损失,最沉痛的日子,是在这一次的'反扫荡'的胜利中,失去了我们的雨亭同志!失去了一个最亲密的战友!"……

人们常说,在生命的旅途中,亲情、爱情、友情,是阳光,是雨露,是生命的润滑剂,是遮风避雨的擎天巨伞……

亲情,与生俱来,生死相随的行囊;

爱情，生理因子的吸引，使生命之花绽放出绚丽的色彩；

而友情，则是两颗灵魂的相互欣赏与抚慰，从而使个体心灵时时备感人间的一份温暖。

鲁雨亭的豪爽正直、忠厚勇敢，给彭雪枫留下深刻而美好的印象。友人先我而去，何

永城鲁雨亭之墓。

第九章　山河多姿

其沉痛！经历了无数次生死考验的彭雪枫，悄悄地留下了眼泪……

他是一个重情义的人。当生命之花在友谊的芳香熏染之后，会变得更加绚丽、动人！

六一战斗，处乱不惊，镇定指挥，扭转乾坤

田园风光是美丽的。

这是一个晚饭后的黄昏，彭雪枫、吴芝圃、张震和警卫员一行，到村外散步。

已是暮春4月，但见落霞满天，麦浪翻滚，与葱绿的村庄相映，宛如一幅富有动感的油画。脚下是松软的泥土和迎风起舞的青草，大家指指点点，赞美着、欣赏着。

走着走着，彭雪枫停下来，他，深深地陶醉了。他想起了故乡槐花满天的情景，想起在北平的春天，和同学们一起到北海看白塔、划船的快乐时光……更令他高兴的是，4月的一天，毛主席亲自来信表扬了他们，信中说，一年来，在中央的决策下，豫皖苏边区发展迅速，主力和地方武装不断壮大，工作很有成绩，中央是满意的……

满意就是无言的肯定！

满意就是潜在的支持！

望着眼前生机盎然的景色，彭雪枫内心激起一股情感的力量和内心的欲望：

"芝圃兄，趁着这大好时光，咱们也要大干一场，首先各单位开展练兵大

赛,如何?"

"一年之计在于春,我看好!"教书出身的吴芝圃微笑着点下头。

"参谋长,你看呢?"

"好!"

于是,一场如火如荼的大练兵比赛在新兴集各支队展开了。

不久,彭雪枫和吴芝圃、张震等商量后,决定在六一这天举行庆祝"五卅运动"15 周年活动,并检阅一下部队。

6 月 1 日上午,碧空万里,田野飘香,新兴集的乡亲们前呼后拥前来看热闹。

在新兴集东北操场上,支队各单位济济一堂。大会刚开始不久,彭雪枫正在讲话,留守南面村庄的炊事员,神色慌张地跑来报告说:"鬼子进村了!"

彭雪枫脑海一闪:日军怎么知道我们的行动呢?是巧合吗?还是另有原因?……

原来,会前有汉奸告密,敌人纠集了永城、商丘、夏邑等地伪顽 1000 多人,分四路袭来。

说话不及,一颗炮弹呼啸着,在会场旁爆炸了,巨大的轰响,使会场顿时出现一阵骚动……

敌人坦克的履带嘎吱声,隐约可闻。

情况万分危急!

"同志们,不要怕,静一静。西方有句名言,叫'带着刀剑来的人必将被刀剑杀死!'今天,小日本从哪里来,我们就让他从哪里去!"彭雪枫镇定地大声道。

看到司令员镇定自若,会场顿时安静了许多。

彭雪枫部署完战斗,最后一个走下主席台,刚走几步,"哐!哐!"两颗炮弹就落在主席台边爆炸了。

没多久,日伪军在数十辆坦克的掩护下,号叫着,向新兴集包围过来,一时间,炮弹的爆炸声,枪声、战马嘶鸣声连成一片,新兴集淹没在硝烟之中……

彭雪枫亲自到最前沿二团一营指挥战斗。

"准备好了吗?"

"下命令吧,司令员!"战士们一看彭雪枫来到身边,信心大增。

"不要怕!"他指着坦克说,"那玩意儿是死家伙,咱们下路沟,让它过去,专门打后面活的(指步兵)。"

路沟,又名抗日沟,是军民为应付敌人坦克,专门挖的壕沟。这种沟,一人多深,一米多宽,通向芦苇荡和青纱帐。敌人来了,战士们就像《封神演义》里的土行孙一样,钻进去,土遁了。

说完,他亲自指挥一连的机枪射手,一梭梭子弹,带着愤怒的火舌朝敌人射去,鬼子倒下了,转过火力,朝这边射来。

营长赶紧把彭雪枫拉下路沟里,转到侧翼……

敌人被激怒了,占领了新兴集,烧毁精忠堂,杀害百姓……

暮色渐重,枪声渐稀,鬼子丢下100多具尸体后,狼狈逃窜。

敌人虽然逃跑了,但支队暴露出的问题:疏于侦察,流于形式,让彭雪枫感到有些内疚起来……

雨后彩虹,黄克诚来了

4月,山城重庆。迷雾蒙蒙。

南京失陷后,这里成了国民党的陪都。

黄山官邸。晚饭后,在满眼翠绿的山间青石板小径上,一身褐色丝绸长袍的蒋介石和着猩红锦缎旗袍、洁白披肩的宋美龄,手挽手,一副很亲昵的样子,缓缓地在山林中散步。

林木翁郁,山风习习,一泓瀑布飞流而下,溅起万粒玉珠。

"达令,你看这景色,多美呀!你趁机调养一下,不然,头痛病又犯了!"宋美龄柔声细语,相当体贴。

"哎呀,夫人哪,你不说,我还好些,你一说,我更头疼了……"

宋美龄微微一笑,她明白丈夫的"头痛病":小日本的疯狂进攻,共产党不断地发展壮大。

魔爪开始悄悄伸开。

1940年春,蒋介石在华北掀起第一次反共高潮后,继而在华中制造了一系列摩擦事件,企图将新

蒋介石在重庆的黄山官邸云岫楼。

四军撤至黄河以北,而后借助黄河天险,置新四军于死地。

从 3 月份开始,国民党骑二军、骑八师,向涡河沿岸推进。安徽省主席李品仙令其一部,密谋进攻新兴集。敌人步步紧逼。

面对敌顽的夹击,作为一个近两万人马的领导者,彭雪枫十分清楚六支队当前面临的一些困难:

没有红军老部队做骨干;缺乏大兵团作战经验;根据地初创不久,尚不巩固。

……

知彼知己,百战不殆。经过和张震、吴芝圃等讨论后,他们先后几次致电延安,请求毛泽东派八路军南下增援。

此时,抗日战争进入相持阶段,六届六中全会已提出"巩固华北,发展华中"的方针。共产党在华北敌后的战略完成后,胸怀大略的毛泽东,很快把目光投向了华中局领导的淮河流域一带,即江苏、安徽、河南交界处。

这是一片令战略家们瞩目的地方。

横跨东西的陇海线和纵横南北的津浦线交会于此,北连华北,西抵中原,东到大海,南抵华东,直接威胁到国民党的心脏南京、上海,战略地位可想而知。

毛泽东望着这片蕴涵奇迹的土地,沉思许久,遂提出一个战略计划:调三四四旅到陇海、淮河之间,协助彭雪枫创立根据地,并策应胡服,将来再调一部深入苏北,为将来八路军、新四军连成一片,打下基础。

如果说八路军是大哥的话,那么,新四军就是小弟,他们都是中共领导的抗日劲旅。兄弟有难,大哥岂有袖手旁观之理?血浓于水嘛!

他们果然来了。

1940 年春天,黄克诚率领八路军第二纵队主力第三四四旅、新二旅,共5 个团 1.2 万余人,分两个梯队,先后南下。

6 月 20 日,第一梯队终于来到豫皖苏首府新兴集,和彭雪枫的六支队会师了。此次南下,黄克诚带领的部队,底子是由原红二十五军和陕北红二十六军编成的红十五军团,该部曾参加过平型关等战役,是八路军的绝对主力之一。

黄克诚也是原三军团的,所以,大家见面,分外高兴。

"有朋自远方来,不亦乐乎?欢迎你啊,老战友!"彭雪枫在槐树荫下,紧紧握着黄克诚的手。

"几年不见,你变得更帅了!"

"你也一样啊!"

黄克诚在彭雪枫、张震等人的簇拥下,频频颔首,不停地打着招呼。

只见他一身灰军装,朴素、大方,身材颀长,鼻梁上架一副黑色眼镜,更增添几分儒雅和文气。黄克诚也是一名老资格的共产党人,为人处世,

抗战时期的黄克诚。

低调理性,考虑问题,缜密而长远;性情温和,但却外柔内刚。

两人相识于 1930 年 5 月,在上海到苏区的轮船上,后来,都在彭德怀领导下的三军团任职。1933 年,彭雪枫在八角亭战斗中负伤,就是由黄克诚接替他的职务的。

1955 年,黄克诚被授予大将军衔。性情耿直的他,在庐山会议上遭到错误的批判,20 世纪 80 年代曾任中纪委书记。这是后话。

夜色渐浓,淡蓝色的炊烟像一缕缕绸纱,缠绕在林子的脖颈上,晚归的牧童,应着父母的喊声,骑着水牛,三三两两走去。

彭雪枫、黄克诚饭毕,一起到野外散步。

"老战友,几年不见,手中已有几万人马,你真厉害啊,佩服你! 佩服你!"黄克诚连连夸奖。

"老兄过奖了,都是在党中央、毛主席的领导下,我做了些微不足道的工作,还任重道远啊!"

黄克诚年长彭雪枫 7 岁。

"这次南下,带来这么多人马,克诚兄想过没有,该怎么使用?"

"呵呵,南下时,主席曾经说过一些,但具体情况,只有到这里之后,才能做出决断……"

连日来,两人共叙别情,谋划运筹,常常通宵达旦。

6 月 27 日,中央军委发出命令,由黄克诚部与彭雪枫部合编为八路军第四纵队,彭雪枫任司令员,黄克诚任政委,张震任参谋长,萧望东任政治部主任。

这样,第六支队又变成了八路军。

接着,又进行了整编,下辖 4 个旅,及特务团共 11 个主力团。

望着眼前兵强马壮的敌后劲旅,彭雪枫的心情,宛如夏天雨后涨水的小溪,汪洋而出,充满了激越与亢奋。

7 月下旬,刘少奇根据中央决策和华中情况,提出"向东发展,向西防御"的方针。黄克诚根据此精神,将三四四旅(欠六八七团)由旅长刘震、政治委员康志强率领,留在彭雪枫部,以加强主力(第三四四旅后来改编为第十旅),教导营也留下来一半给彭雪枫部,率领剩下的部队,离开新兴集,跨过津浦线,挺进到皖东北。

白鸽,飞翔在新兴集的蓝天下

春去秋来。

1940 年深秋的一个夜晚。

一弯皎洁的新月升起来,清晖轻轻洒落在一座高大的草房的屋顶上。

这个大草房,名叫"精忠堂",是彭雪枫取岳飞"精忠报国"之意,亲笔题名的。这是彭雪枫等率支队来到新兴集之后修建的大礼堂,用于开大会和演出用。

土台子上,拂晓剧团的两个小演员在锣鼓声中,正在表演《两个小战士的一天》。

台下,战士们席地而坐,掌声不断。

汽灯嗞嗞地响着,耀眼的灯光照在前排彭雪枫的脸上,他不时地带头鼓掌,朝身边的张震耳语一番。

突然,通讯员走进来,低声报告道:"任泊生部长急电!"

彭雪枫站起来,拍拍手上的土,笑着对张震道:"说曹操,曹操到,任泊生真乃快马呀!"

说完,就和张震一起离开了会场。

果然不出彭雪枫所料,支队联络部部长任泊生,从河南沈丘骑二军军长何柱国处发来电报,说翌日郎参议来访,做好接待和准备工作。

看罢电报,彭雪枫轻轻递给张震。张震一看,笑了:

"咱们一片诚意,何柱国也够朋友,有好戏看啦!"

"老蒋想着何柱国会听他的话,想不到,算盘又打错了,估计又该骂娘希屁了!"说完,彭雪枫哈哈大笑起来。

这是怎么回事呢?

原来,自从刘少奇走后一年来,彭雪枫率部在三省边区大力建立政权,到 1940 年秋,豫皖苏边区发展到东起津浦路,西达新黄河,南临淮河,北迄陇海路,24 个县面积达 3 万多平方公里。

边区的存在,让老蒋如鲠在喉,因为这个地方太重要了。

它是侵华日军连接南北,掠夺资源的重要地带;是国民党顽固派苏北、山东、河北向华中根据地进攻的必经要冲;是共产党联系华北、华中之间的枢纽。

当时,四周的敌人是,徐州附近驻守的日军是敌华北派遣军,皖北的是敌二十一师团,豫东地区是敌骑兵第四旅团。伪军有 5 个师。

蒋介石也盯紧了这块肥肉。

平原作战,骑兵最有优势。于是,他把从青海来的回军马彪的骑八师和桂军一三八师调进,不久,又派东北军出身的何柱国,率其骑二军,驻扎在河南沈丘一带,到处制造摩擦。

一则消灭新四军,二则消灭杂牌部队,一箭双雕,是蒋介石一贯的伎俩。

在顽军中,尤以何柱国部最强大。素有爱国之心的何柱国,早已心知肚明,可是军令如山,不执行命令是要杀头的,正当何柱国彷徨之际,彭雪枫的特别代表任泊生前来拜访。

出人意料的是,双方一交谈,大有相见恨晚之意。

原来,何柱国是广西容县人,曾留学日本,学习骑术,而任泊生是广东人,也留学日本,由于地缘的关系,素来有"两广是一家"的说法,两人都讲广东话,于是越谈越投机……

翌日,何柱国派少将参议王中义回访。

几天后,又派心腹干将郧参议来到新兴集,实地核实一下王中义的说法是真是假。

这是一个阳光灿烂的下午。

碧蓝的天空下,一朵朵白云,悠闲地行走,雪白的鸽子在天宇里翱翔,金黄的田野里到处是忙碌的身影……到处呈现出一片宁静、丰收、喜人的景象。

一身戎装的郧参议率随从沿田间小道,骑马向新兴集走来。

彭雪枫像上次接待王中义一样,率张震等迎出村外,拂晓剧团的演员也吹响了迎宾曲。

在新兴集,郧参议在彭雪枫等陪同下,饶有兴趣地四处参观。几天来,新四军的生活给他留下了深刻而美好的印象。

在"精忠堂"召开的欢送会上,郧参议激动地说:

"首先,我感谢彭雪枫司令员几天来对我们一行的关照!"

接着,他高声道:

"在新兴集,敝人亲眼目睹了新四军的训练、生活,贵军是一支作风、纪律严明的军队,是一支以抗日为大计,并与人民水乳交融的文明之师!敝人深受感动!"

说着,目光朝彭雪枫望了一眼:"敝人与彭雪枫司令员多次交谈,彭司令知识渊博、待人诚恳,尤其是治军打仗、战略战术、抗日救国,他都胸有成竹,敝人深表敬佩,此行是不虚的!"

……

郗参议回去后,把他在新兴集的所见所闻,一五一十地向何柱国作了汇报。

得知此情况后,何柱国深受感动,不久,给支队送来大批子弹。后来,还对去延安路过沈丘、周口、漯河、郑州洛阳等地的新四军干部,提供食宿,并派兵暗中保护。

两军还交换了密电码,互通情报。

正是彭雪枫的统战关系,何柱国部一直没有与六支队发生摩擦。

1948 年,何柱国退役时定居杭州,没有去台湾,后任全国政协常委。这是后话。

鏖战板桥集,痛快淋漓

一计不成,蒋介石是不会善罢甘休的。

1940 年 10 月间,蒋介石又污蔑我军"破坏团结、破坏抗战",命令黄河以南的新四军、八路军部撤到黄河以北地区,妄图聚歼我军,掀起了第二次反共高潮。

11 月 16 日,驻徐州日军,以及驻蚌埠、宿县之日伪军共 5000 余人,汽车 70 辆、坦克 20 余辆,在飞机的掩护下,沿宿县、蒙城公路西犯涡阳、蒙城等地。

驻该地的国民党军闻风丧胆,迅即向太和、阜阳方向溃逃。

"欺软怕硬的东西!"彭雪枫愤愤地骂道。

"打,还是转移?"张震盯着彭雪枫,等着下命令。

彭雪枫神情凝重,沉思良久,用坚定的口吻道:

"咱们不管那么多,以大局为重,狠狠打一仗,灭灭小日本的气焰!"

经过商定,伏击地点选在蒙城以北的板桥集。

板桥集是当地一个大镇子。宿蒙公路从中穿过,四周有高厚的圩墙,墙外有环形壕沟,南、北、东三面有砖砌的寨门炮楼。

五旅旅长滕海青接到命令后,率部队迅速集结在板桥西地区,准备出击。

17日上午,天空,阴沉沉的。

一分钟,两分钟……半个小时过去了,日军还没过来。刺骨的寒风吹得大家有点沉不住气了。

"日军是不是有变化?"

"日军害怕了吧?"

……

"沉住气!注意前方!"滕海青手持手枪,毛腰来到最前沿。

10时许,敌先头部队,举着"膏药旗",气势汹汹,慢慢地进入我军的伏击圈。

"开火!"一声令下,顿时,手榴弹、机枪声响声大作,敌人像高粱倒地一般死伤一片,接着,敌人波浪般地冲向五旅阵地,结果,都是徒劳无功。

日军进攻受挫后,恼羞成怒,集中兵力向东门的十二连进攻,在烟幕弹的掩护下,正当敌人匍匐着接近城墙根时,十二连的战士猛烈开火,并将炸药包和由700多个分散捆绑的集束手榴弹,如疾风骤雨般投入敌群,炸得敌人鬼哭狼嚎,尸横遍野。

下午,疯狂的敌人又组织一次次进攻,敌人的子弹、炮弹如雨点般落入我军阵地,一场血战展开了。正在这时,数架敌机嗡嗡着飞临板桥集上空,一颗颗炸弹扬起长长的尖鸣声,落在我军阵地上。

突然,一架敌机脱离机群,欲要逞能,耀武扬威地超低空朝五旅阵地俯冲过来,"娘的,太欺负人了!"三名重机枪手一边骂着,一边瞄准了敌机,"嗒嗒嗒""嗒嗒嗒"……几梭子弹带着愤怒的火舌,呼啸而去,"击中了!"随着一声欢呼,敌机拖起一溜长长的黑烟,"轰隆"一声,坠毁在蒙城以北的石山子上。

这是抗战期间新四军打下的第一架飞机。

日本鬼子气急败坏,遂增派部队蜂拥而至,企图包围我军。

天,渐渐地暗下来,滕海青想,这是敌后平原游击战,敌众我寡,有利于敌人的机械化部队行动,长此下去……

"撤!"乘着夜色,滕海青率五旅,顺着西门外的抗日沟迅速撤离到板桥集西北。

18日拂晓,夜雾浓浓,转移途中,突遇敌人。

狭路相逢勇者胜。部队迅速展开,占据有利地形,打响了第一枪。敌人惊慌失措,乱作一团,坦克横冲直撞,低空飞行的飞机也慌忙爬向高空。

战士们如饿虎扑羊,怒吼着冲入敌阵,枪炮声、喊杀声交织在一起,敌人被震慑住了,狼奔豕突,乱逃乱窜。

……

经过两天一夜的鏖战,取得了毙伤日伪军1200余人,击毁敌汽车、坦克19辆,击落敌机一架的辉煌战果。但我军光荣牺牲、负伤者共300余人。

彭雪枫闻讯,分外高兴,和张震一起来到五旅中间,高声道:

"同志们,这一仗打得猛! 打得痛快! 打出了我们新四军的威风!"

战士们举枪高呼:

"贯彻首长的战术!"

"再接再厉!"

最后,彭雪枫和张震一起来到被击落的敌机残骸前,饶有兴趣地看起来,"看来,敌人也没啥了不起的!"彭雪枫摸着光溜溜的机翼道。

清冷的小风,轻轻地抚摸着他的脸庞,彭雪枫感到一丝凉意,凉意中又夹杂着一丝快意。

彭雪枫和张震在敌飞机的残骸前留影。

望着飞机残骸,他似有所思,眺望远方,惊心动魄的一幕渐渐闪入眼帘:弹雨中,成百上千的战士们挥舞着大刀,像山洪暴发一般地呐喊着,冲入敌群中,大刀飞舞,枪声大作,所到之处,鬼子哭爹叫娘,不一会儿,战士们同敌人扭打在一起,旷野中,厮杀声冲上云霄……

"留张影吧,司令员,也算小日本送给我们的纪念!"张震走过来笑道。

"哦",彭雪枫从沉思中缓缓转过头来,表情凝重,用低沉的声音说道,"张震,我们永远不能忘记,那些为国捐躯的英雄们!"

"是啊,血洒疆场,多么勇敢而伟大的战士,我们要永远铭记着他们!"

拗不过张震的请求,在敌机残骸前,彭雪枫双手插在裤兜里,面带自信、从容,方寸之间,留下了永恒的记忆。

12月初,彭雪枫派人护送飞机残骸到涡阳、洛阳一带展览,受到驻洛阳国民党第一战区司令长官卫立煌的表彰。

第九章 山河多姿

将道

第十章　勇斗魑魅魍魉

重大之打击,决不能击倒坚强之人,反能增强其勇气!

——德国民谚

皖南惊雷,举世震惊

江南的寒冬,冷风凄厉,阴云低垂。

1941年1月7日,皖南泾县云岭地区。

顾祝同、上官云相,两名蒋介石的心腹干将,指挥7个师8万余人,在茂林的密林草丛中设伏,向途经这里的新四军开火。

军长叶挺同国民党谈判时被扣,副军长、政委项英被叛徒刘厚总杀害。

9000余人,血战7昼夜,除1000余人成功突围外,其余全部壮烈牺牲。

这就是震惊中外的"皖南事变"!

怎么看待这一历史悲剧?

任何历史事件,只有放到当时的历史环境中去考虑,才能弄清它的来龙去脉。皖南事变也一样,让我们拨开岁月的迷雾,重回那段特殊的岁月吧。

"皖南事变"发生地——泾县茂林以东的丕岭地区,新四军在这里遭到伏击。

抗战开始时的情形是,敌人在前面疯狂进攻,国民党唯恐娘给的两条腿短,惊慌往后逃跑,炸花园口黄河大堤不是在阻挡人家日军前进吗?有个"飞将军"刘峙(据说,是杀害彭雪枫族叔彭禹廷的背后主谋。李宗仁说,蒋介石喜欢的就是像刘峙那样"绝对服从"、自己毫无主张的庸才,淮海战役时居然还是"剿共总指挥"),就是因此而得名。后来被蒋介石处置的山东军阀韩复榘,也是因"飞"而丧命,蒋要杀鸡儆猴啊。

1938 年 10 月,武汉会战之后,日军像一头巨兽,经过数回合的厮杀,虽然将对手打败了,但自己也是伤痕累累,元气大伤,躺在地上喘息起来。中国地盘大呀,肥的给你拖瘦,瘦的给你拖死。此时,说白了,小日本有点强弩之末了。小日本于是改变了策略,采取政治诱降为主、军事进攻为辅的办法。

现在,敌人终于停止了进攻,国民党可以喘口气了,可扭过头来一看,啊,"风景这边独好"——华北敌后是一片红啊,原来敌后也可以经营!这还了得!地盘原来是我的,你在这里占着算老几?这引起国民党极度不满和恐慌。统一战线算什么?那只是幌子,遂采取严格打击共产党的政策,颁布了《限制异党活动办法》等。从这时起,欺软怕硬的国民党反动派开始到华北敌后"找事"了,即 1939 年的第一次反共高潮。碰了一鼻子灰后,并不死心,觉得华中是块"软肋",好欺负,于是便把目光投向我江南的新四军。

皖南事变就是在这样的背景下发生的。

消息传来,举国哗然!血与火,仇与恨,阴险与邪恶……

延安愤怒了。毛泽东桌子一拍,大发雷霆:"血

华北各界民众抗议国民党顽固派制造"皖南事变"。

债需用血来还！新四军是斩不尽，杀不完的！"远在重庆的周恩来，在《新华日报》上愤怒地写下："为江南死国难者致哀""千古奇冤，江南一叶。同室操戈，相煎何急！"

豫皖苏边区军民的心，也在滴血。

"无耻之尤！"彭雪枫没有看完，就把电报狠狠地摔在桌子上。不久，彭雪枫、黄克诚、张震等代表第四纵队，发出最强烈的抗议通电：

此次皖南事变我叶军长被劫负伤，身陷囹圄，所率全部将士壮烈殉难，噩耗传来，我全军莫不泣血锥胸，眦裂发指！

新四军坚持大江南北抗战，奇勋特著，威震中外，竟因信仰政府当局，堕入圈套而被歼，竟因遵令北移，遵照指定路线而被歼，是则政府威信何在!?

包围进攻血战八昼夜，为时不为不久，而在举世愤慨，各方函电雪片飞驰紧急营救中，乃当局阴狠毒辣，一方面佯称已下令解围，一面暗下一网打尽，生擒叶、项之密令，是则仁义道德之何在!?

……

后来，当有《拂晓报》记者问到彭雪枫的心情时，他愤慨地说："以我个人而论，实在痛心之至，叶、项军长与皖南殉难的干部战士，与本人都是共生死、同患难的多年战友，抗战以来，功在国家，功高受戮，天下还有真理的话，此仇是非报不可的！"

彭雪枫感激地回想起，1939 年 7 月，派谭友林南下，找叶挺争取支队番号之事。后来，部队取得第六支队的番号，叶挺同时指示拨来 5000 元现款和一批西药、弹药……

今天看来，皖南事变的罪魁祸首，仍是老蒋。但是，新四军政委项英，也是导致悲剧发生的另一个重要因素。

项英，一名老资格的共产党人，红军长征走后和陈毅等领导红军和游击队，在山林中和敌人周旋，特殊的环境养成了独断专行的作风。"将在外君命有所不受"，对中央的指示常常打折扣。

政治上幼稚。在新四军转移的第二天，居然把转移时间和行军路线报告给蒋介石，

项英。

当枪声响起时,还抱有幻想,丧失了突围的最佳时机。华中局的掌门人刘少奇,在其自述中说,他们在反共顽固派阴谋和无理进攻的面前没有警惕性,一味退让,重复大革命时期陈独秀式的右倾机会主义错误。他们没有在中央屡次指示之下改正自己的错误,一直坚持错误到底,最后又在军事行动上犯了错误。

叶挺。

和军长叶挺不和,也是另一个诱因。

叶挺,成名于北伐,参加指挥了八一南昌起义,是解放军的缔造者之一。

项、叶的矛盾由来已久。叶挺出任新四军军长以后,党籍始终没有恢复。作为一名党外人士,项英对其抱有成见,有事不与其商量,一些重要的指示,不让叶挺参与。这多少伤害了自尊心强、性格倔犟的叶挺。

叶挺有一种被架空的感觉。

离开皖南前夕,叶挺对其莫逆之交沈其震曾坦言道:"我做军长,却什么事情也决定不了,我多次要求辞职,又次次被追回来。我的心是贴着党的,但我的处境却好像是夹在两个轮子中间的一粒沙子。"

苦衷是显而易见的。从对知己的话来看,和项英的裂隙是很深的。果然,在最危急的时刻,项英带着几十人出走,不和叶挺打招呼。

1945年5月1日,时为新四军军长的陈毅,在党的"七大"上回顾道:"严格说来,皖南事变不是一个什么战争,而是国民党头子蒋介石利用其抗战统帅地位,布置陷阱以歼灭其部属的罪恶阴谋。叶、项的错误不在于其违抗命令,而在于忠实地服从命令。"

江苏盐城泰山庙。新四军军部重建地。

野火烧不尽,春风吹又生。1月20日,中央发布重建新四军的命令,任命陈毅为代军长,刘少奇为政委,赖传珠为参谋长,邓子恢为政一师师长粟裕。　　　二师师长罗炳辉。　　　三师师长黄克诚。　　　四师师长彭雪枫。

五师师长李先念。　　　　六师师长谭震林。　　　　七师师长张鼎丞。

治部主任，华中的新四军整编为 7 个师。其中突围出来的一千余名新四军官兵整编为第七师。

正如一首诗词形容的那样：

皖南奇冤，蒋日猖狂；重建军部，誓缚天狼；
莽莽海疆，浩浩串场；将星云集，万众慷慨；
政委少奇，勋业辉煌；雄才大略，陈毅军长；
江淮河汉，纵横决荡；砥柱华中，铁壁铜墙。

2 月 18 日，八路军第四纵队奉命改为新四军第四师，彭雪枫任师长兼政委，张震任参谋长，萧望东任政治部主任。

四师下辖四个旅，即十、十一、十二和萧县独立旅。

此刻，新四军下辖的 7 个师，就宛如七支钢枪，守望着绚丽无比的华中大地：

粟裕的一师在苏中，与国民党心脏南京、上海地区对峙；

罗炳辉（电影《从奴隶到将军》中主人公的原型）的二师在淮南；

黄克诚的三师，在运河以东的苏北，东靠大海，北抵山东；

彭雪枫的四师主要在淮北一带；

李先念的五师远在武昌周围鄂豫皖边区；

由谭震林和张鼎丞分别执掌的六师和七师，则分别在纵深的苏南和皖南地区。

全军计 9 万余人，在西起汉水，东到黄海，北达陇海铁路，南跨长江两岸约 25 万平方公里的战场上纵横驰骋。

新四军的历史由此掀开了新的一页。

风云突变,血雨腥风骤来,陈团起义,反戈一击

蒋介石对华中新四军的存在,如芒刺在身,皖南事变"尝到甜头"后,又令其心腹汤恩伯指挥 14 万国民党顽军(所谓顽军,指抗日战争阶段,消极抗日而打击八路军、新四军的国民党部队),云集在豫皖苏边区,大肆扬言,欲将新四军"斩草除根"。

牛皮不是吹的。

大兵压境,彭雪枫等率四师健儿严阵以待。

就在这"阴霾重重,暴雨将至"的时刻,历史出现了戏剧性的一幕。

日军为了逼迫蒋介石投降,实施军事压力,集中 5 个师团,于 1941 年 1 月下旬,突然发起豫南战役。

其中一路从东向西,由宿县进犯涡阳、蒙城、太和、界首等地,在平汉铁路以东,企图围歼汤恩伯、李仙洲、李品仙等国民党军。

欺软怕硬的数万顽军,惊恐万状,遂掉转方向,由涡阳、蒙城、太和之线向西逃窜,顿时,豫东、皖北大地沦入敌手。

战场风云,瞬息万变。面对突如其来的局势,支队该怎么办呢?

"加强侦察警戒,密切关注局势变化,并向延安请示!"彭雪枫叮嘱张震。

不久,毛泽东来电:敌至何处,新四军即应至何处……但不要去得太猛、太吓人,同国民党未全面破裂之前,是打击日寇,而不是打击顽军。

但同时,一种不祥的念头闪入彭雪枫脑际:国民党十多万人,一枪不放,就望风而逃,是否另有见不得人的阴谋呢?

日伪军、国民党顽军、共产党军队。相互之间,矛盾重重,时刻争斗着。

兵法曰:"动若脱兔,静如处子。"

1 月 31 日,夜,悄悄地走来了。

晚饭后,彭雪枫等率部队迅速出动,在西进过程中,一路凯歌,不断痛击

日伪军,收复了涡阳、蒙城等地。四师主力迅猛前出至上百公里之外,根据地一下子扩大了一倍还多。可是,他们忽略了,兵法上还说"兵不厌诈",在没有与敌主力决战之前,占据过大的地盘,绝非是件好事。

果然,2月9日,一个令人意想不到的消息突然传来:日军突然停止向国民党进攻,撤回原防。

——豫南战役像泡影一般,忽然闪现,又匆匆地破灭了!

得知这一消息,彭雪枫、张震、吴芝圃等,多少感到有点措手不及。因为自1月28日接到西进的命令以来,都是尾敌西进。部队分散,通信联络又跟不上,一时难以集中,现在,倘若顽军乘机反扑过来,势必造成被动……

果然不出所料。就在彭雪枫下达收缩的命令时,2月10日晨,雾霭沉沉,阴风呼啸,隐蔽在新黄河以西的顽军第九十二军、骑兵八师、第三师等部,兵分三路,以9个师14万兵力突然杀个回马枪,像疯狗一般,向张村铺、王市集、江口集等纵队的前沿阵地,发起猛攻。

此时的四师,由于向西、向南突进过猛,兵力分散在收复国民党留下的城镇据点上,根本来不及收拢部队,面对7倍于己的国民党军,四师陷入重重的灾难中。

从2月10日至17日,在彭雪枫、张震等的指挥下,四纵官兵在江口集、马店子等地给顽军以重创,但因寡不敌众,损失较大。

2月下旬,已被我解放的涡阳、蒙城均告失守。

3月初,反顽之战进入白热化。在蒙城以南的半古店,十旅二十九团的一个营与顽军两个团,激战竟日,杀敌500余人,但该营突围后仅剩80余人。

不久,在罗集战斗中,该团另一营的两个连与骑八师,白刃拼搏到最后,大部壮烈牺牲。

……

乌云遮蔽,大地悲鸣。

夜幕降临,大地沉沉地睡去了,敌我双方停止了枪响。

初春的夜晚,寒气依然袭人,远处村庄的狗吠,更增添了大地的寂静。一小村的茅屋里,灯火通明,烟雾缭绕。中原局、军部的电报一份接一份,重重困难面前,是坚持还是撤退?彭雪枫、张震、吴芝圃等召开旅以上干部会议,大家你一言我一语:

"困难是前所未有,可是根据地的乡亲们,反而更加支持我们了,愿与我们风雨同舟,我们就这样走了,能对得起他们吗?"吴芝圃深情地说,眼眶里有一丝红润。

"可是,几天来部队伤亡很大,而且十分疲劳,长此下去,仗怎么打啊……"有人道出了一丝担心。

"不流血的战争是不存在的,关键是怎么打!"

"发挥我们游击战的特长,以分散与集中相结合的办法!"张震指着地图说道。

……

最后,大家把目光投向师长兼政委彭雪枫。

他缓缓地站起来,掐灭烟,轻轻地弹去落在袖口的烟灰,动情地说:

"豫皖苏根据地,是山东和苏北的战略支点,是我们的衣食父母,放弃它,那就是唇亡齿寒,那里的父老乡亲将面对一场灾难!"说着,他顿了一下,"得寸进尺,素来是顽军的本性,决不能让他们的阴谋得逞,不到万不得已,决不放弃!"说完,他在空中重重地挥了一拳。

部队在奋力地抵抗着、还击着,在运动中寻找战机……就在这时,一件令人鼓舞的事给彭雪枫沉重的心灵带来一点喜悦。

4月17日,黎明时分,在一个小村子里,部队正要出发,忽然,警卫员前来报告:

"师长,有两个自称姓孙、姓屠的商人,有急事要见您!"

天刚亮,就有人来,会是什么人呢? 彭雪枫心里暗忖着。

"走,出去看看!"正要出门,只见大门口,两个商人打扮的中年男子在秘书的带领下,已来到院中。

上前一问,一个叫孙兴魁,另一个叫屠凤麟,两人分别任国民党九十二军一四二师四二五团的副团长、指导员。

原来,两人此行是奉中共地下党员、该团团长陈锐霆之命,前来商谈起义之事的。

……

低矮的茅草屋内,彭雪枫背着手,来回踱着,兴奋道:"你蒋介石不是要消灭我们吗? 我让你内部开花,精神上给你一刀!"

"对,战场起义,对瓦解敌军意志,意义重大!"吴芝圃补充道。

"不过——"彭雪枫皱了一下眉,"话说回来,起义也要看时机,现在是否妥当,值得研究,来,咱们商量一下!"

经过讨论,决定先派师部侦察参谋罗会廉,以商人身份,前去打探一下。

罗会廉性格沉静,办事老练,一天后,顺利而归。

中央认为,在派系林立的蒋介石部队里,四二五团系杂牌,对杂牌欲处置而后快,是蒋的一贯手腕,陈锐霆升官与发展,都很困难,而关系一旦暴陈锐霆。

露,则容易被一网打尽,或者被调往后方,从此,很难与我军接近。所以,不宜长期埋伏。

机不可失,时不再来。

4月18日一早,彭雪枫率骑兵连赶赴十一旅三十二团驻地陈巷子,亲自谋划、主持陈锐霆起义之事。

4月19日,在陈锐霆的率领下,四二五团在怀远县褚集举行起义。

20日晨。一个叫陈巷子的小村庄。

东方曙色熹微,空气中,弥漫着缕缕的草香,淡蓝色的烟岚,像轻纱一般缠绕在高大的老槐树上,一群喜鹊站在枝丫间,唧唧喳喳地叫个不停。小村的黎明真美啊!

"陈团长来了!"话音刚落,一个身材魁梧高大的军人,从外面一阵风似的走来。

"锐霆同志,你辛苦了!"在一座干净整洁的农舍前,彭雪枫迎出门外,紧紧握着陈锐霆的双手。

"久闻师长大名,今天一见,备感荣幸!"

"过奖,过奖,'你今天终于解放了!'十分不易啊! 我代表党中央、毛主席欢迎你归来! 关键时候,给蒋介石一刀,让他尝尝难受的滋味!"

后来,陈锐霆曾任四师副参谋长、第三野战军特种兵纵队司令等职。解放后,曾任中央军委炮兵副司令员,1955年被授予少将军衔,这是后话。

阴云仍在头顶徘徊。

已是暮春时节,但似乎一点也没有感到春天的气息,整个大地笼罩在一片血腥的气氛中。夜深了,但彭雪枫辗转反侧,夜不能寐。

三个月来,四师健儿,左右冲杀,给顽军以迎头痛击,但自身也陷入了前所未有的困境:根据地急剧缩小;减员严重;弹药缺乏;部队十分疲惫……

全师伤亡几千名生龙活虎的战士。

想到此,爱兵如子的彭雪枫,心如刀割、义愤填膺,一个个可爱的战士,还没有杀日本鬼子,却倒在自己同胞的刀下,同室操戈,多么令人悲哀和气愤的一件事啊! 他握着拳头,恨不得一拳把蒋介石的光头打碎……

四师该往何处去?

4月25日,华中局两封急电:"目前,四师在津浦路西,困难重重,坚持下去,可能性不大,迅速撤到皖东北地区。""张爱萍,率三师九旅并统一指挥北调的二师五旅,封锁津浦线,掩护接应彭雪枫部撤入皖东北地区……"

这就是史书上所称的彭雪枫 3 个月的反顽斗争,国民党军与日军配合得竟如此天衣无缝,令人惊奇! 是巧合还是阴谋? 让后人深思。

暮雨潇潇,挥泪告别:"我们会回来的!"

撤离用鲜血换来的热土,心情是不甘,也是难过的。

傍晚时分,余晖静柔,风儿无语。

战士们默默地开始收拾行李,动作那么轻,那么慢,仿佛有千钧压在心头。此刻,桀骜不驯的骡马也似乎明白了什么,安静下来,候在一旁,流露出难舍的眼神。

一种悲情、压抑的气氛笼罩在空气中。

据张爱萍后来回忆:

开始,我和彭雪枫通电话说,不行就早点到路东这边来。彭雪枫说,暂时还不到这种程度,还能坚持。我是太了解彭雪枫了,以他的脾气,不到最后一刻是绝不会放弃的。

"相聚时难别亦难,东风无力百花残。"

四师的战士们,大多是路西人,离开生养自己的故土,想到战斗的日日夜夜,一个个铮铮铁骨的汉子,禁不住潸然泪下……

目睹此情此景,彭雪枫的心也在流泪,他神情严肃,仰望静穆的蓝天,几朵灰褐色的闲云交头接耳,仿佛在密谋着什么。一股股复杂的心绪涌上脑际,想到离开亲手创建的豫皖苏根据地,彭雪枫心都碎了……

他激奋而慨然地说:

"同志们,君子报仇,十年不晚,从哪里跌倒,从哪里爬起来! 路西是我们的家,将来我们一定要打回来!"

……

得知新四军要撤离的消息,乡亲们扶老携幼,从四面八方赶来送别。房前屋后,挤满了前来相送的人们。

出发了,黑暗的人群中,有人开始在轻声啜泣。

白发苍苍的房东大娘,迈着一双小脚,颤颤巍巍地拉着彭雪枫的手,混浊的眼里闪烁着泪光:

"你们这一走,不知啥时能回来,鬼子汉奸又来了,日子又不好过了,俺

第十章　勇斗魑魅魍魉

真舍不得你们走啊！……"

"放心吧……大娘……早晚有一天,我们会回来的!……让您受苦了!……"彭雪枫语调低沉,喉咙里仿佛藏着万般的痛苦,声音有点哽咽了。

夜色苍茫,四野无声。

天边一团硕大的乌云缓缓移过来,转眼间,沙沙细雨下起来了。

夜雨,潇潇的,仿佛是为四师健儿唱起一首低婉伤感的曲子。

晚风,呜咽着,仿佛是为四师的离去而暗暗悲吟。

滚雷,隐隐而来,仿佛是为四师的悲壮而鸣不平。

……

雨雾迷蒙中,彭雪枫转过头来,含着泪水,朝打着灯笼的乡亲们不断地挥手……

雨,越来越大了……

战争素来是残酷的!

战争是没有道德可言的!

战争是一场生死角逐!一旦被对方咬住了,要想翻过身来,谈何容易?从1927年的"四一二"大屠杀开始,到对红军的五次围剿,到长征途中血染湘江,乃至不久前的"皖南事变"……国民党反动派剿杀共产党人是从来不会手软的!

撤到路东的我军不足万人,枪不足五千,血的代价啊!

第十一章　洪泽湖畔

真正的爱情能鼓舞人，唤醒内心沉睡的力量和潜能。
　　　　　　　　　　　　　——薄伽丘（意大利）

仁和集，痛定思痛，卧薪尝胆，只待时日

1941 年 5 月 5 日夜，彭雪枫率师直属队等跨过津浦铁路（津，天津；浦，南京浦口。即今天的京沪铁路线），来到皖东北地区。

这里，陇海与津浦两大铁路交会于此。南京、徐州、蚌埠等重镇"触手可及"。战略地位太重要了！

先期而来的张爱萍，在这个国民党、日伪军、共产党三方龙争虎斗的弹丸之地上，和皖东北地下党领导人之一的江上青（1927 年参加革命，共产党第三代领导人江泽民的养父，牺牲时年仅 28 岁）等经过一番打拼，站稳了脚跟，创建了这块宝贵的根据地。张爱萍等在此创建了四师九旅。

据记载，四师主力由路西撤到路东，进入皖东北根据地后，先在灵璧县南边的濠城安营扎寨，那正是霸王别姬的地方，有些不吉利。

张爱萍后来回忆道：

彭雪枫见到我，第一句话就说，逃难逃到你这里来了。我说，这是什么话啊？我到这里来不就是给你搞后方根据地的嘛！不要想那么多，这里就是你的地方嘛。

两人争来争去，彭雪枫执意不去半城，直到仁和集会议以后，对路西受挫有了结论，才从管镇搬过去。

患难见真情。张爱萍说了很多安慰的话,两人还像长征时,相互关照着。

5月中旬,在洪泽湖西南岸的官镇,首先召开参谋长会议,总结、反思三个月来军事工作的经验教训。彭雪枫也讲了话,但讲着讲着,他就有点心痛了,毕竟,摸伤口是一件很痛苦的事。

……

8月,司令部移住洪泽湖畔西侧的半城镇。

半城,是一个具有2000多年历史的小镇,春秋时徐国曾建都于此,古称徐城。南北朝时设置半城镇,因古城墙犹存少半,始称半城。

在这里,成立了以邓子恢为书记的军政委员会,部队还进行了整编。

到路东后,张震发现,彭雪枫脸颊瘦了,像变了一个人,以往老爱说话的他,现在变得沉默不语。看到师长心情不好,性格开朗的他便寻找各种借口,和吴芝圃一起,邀请师长到驻地不远的洪泽湖边散步,聊天。

美丽的洪泽湖,古称富陵湖,两汉后称破釜塘,唐以后称洪泽湖。

湖泊东西约50公里,南北约60公里,是旧黄河、淮河冲积而成的内陆湖。碧波荡漾,一望无垠,宛如镶嵌在苏北大地的一颗明珠,闪耀着熠熠的光彩。

周围数百里,水浅、滩宽、港汊多,密密厚厚的芦苇随风摇曳,一眼望不到边,是伏兵的好去处。

杨柳岸微风草动,尖尖的小船在岸边轻摇慢摆,湖水轻柔地抚摸着滩头的乱石,发出"哗——哗——"有节奏的响声。

抬眼远望,烟波浩渺,锦鳞游泳,水鸟啼鸣,翱翔于一色的水天之间。

"真美啊!"

"将来革命成功了,我要在这里盖座房子,像陶渊明那样,工作、学习!"

"呵呵,我很羡慕芝圃兄的美好设想……"

彭雪枫却一言不发。

旖旎的景色,没有吸引住他的目光。二人的聊天也没引起他的兴趣。

他沉浸在痛苦的回忆中。

自从撤离路西的刹那,他的心中就像打翻了五味瓶,有说不出的难受。转瞬之间,多少战友血洒路西,这是他自长征以后,从未经历过的。想起来,就感到阵阵难过和内疚。生命如花,对每人只有一次,无数风华正茂的有志青年,血洒江淮,先我而去,长眠在那块古老的大地上……

"张震,你说,这次咱们三个月反顽,算是失败了吗?"彭雪枫突然回过头来,驻足盯着张震道。

张震微微一愣:"不,我认为主力尚在,只能是受挫,面对敌人7倍于我的兵力,能完成中央交给我们的任务,就已经不错了。遭受损失,我也有责任!"说完,张震低下了头。

"雪枫,不必过于内疚,胜败乃兵家常事,'留得青山在,不怕没柴烧',来日方长,我们还有报仇雪恨的日子!"

"对,我们要报仇的!早晚有一天,要打回路西去!替死难的烈士报仇!不过,'事不避难,义不逃责',我是一师之长,要负主要责任。男子汉大丈夫,敢做也要敢当,在哪里跌倒了,就在哪里爬起来,磕掉了牙齿,和血吞下去!"

张震、吴芝圃望着律己甚严的彭雪枫,良久,两人眼睛慢慢湿润了……

2009年盛夏,笔者前往洪泽湖畔采风。

采访之余,乘兴前往洪泽湖畔,一睹湖光波影的风采。午后,驻足湖边,但见翁郁丛生的矮树林中,栖息着千万只白鹭,霎时间,千万只白鹭惊恐地飞起,天空顿时像张开了一张白羽的网,蔚为壮观。湖中,薄雾朦胧,一片浩渺。

岁月蹉跎,昔日的古战场,此刻悄无声息,哪里还有当年的影子?清朝人孙髯翁的对联曰:"汉习楼船,唐标铁柱,宋挥玉斧,元跨革囊。伟烈丰功,费尽移山心力……都付与苍烟落照。"

抚今追昔,让人感慨。

……

不久,部队东渡洪泽湖,7月19日,在淮宝县(解放后撤销,划归淮阴、淮安、宝应)仁和集,召开团以上干部会议。

在这里,彭雪枫代表师部,总结了三年来豫皖苏斗争的经验教训,并对路西反顽中自己的一些缺点和失误,做了自我批评。

可是,少数人无端攻击指责,甚至对豫皖苏三年的工作全盘否定,矛头直指彭雪枫,出现了"至为苦人"的局面。彭雪枫采取了"一不辩驳,二不还击,三不伤身"的态度。

最后,华中局代表、新四军政治部主任邓子恢,站起来做了总结发言:"在这次路西三个月的反顽斗争中,四师坚决执行中央和华中局的指示,面对7倍的顽军,顽强奋战,完成了阻止顽军东进和北上的任务。这本身就是很大的胜利!"

阳光透过古槐的翠叶,洒在邓子恢的脸上,他喝了一口水,继续道:

"天下从没有常胜的将军,我们不能一叶障目,雪枫同志在创建四师和邓子恢。

豫皖苏边区的过程中,功勋卓著! 并把主力带到路东,这很不容易!"

场下一片静寂。

最后,他站起来,大声说道:"这次反顽虽然损失不小,但从全局来说,不能称失败,只能算是挫折!"

"哗——"热烈的掌声,久久地响起来,回荡在小院中,一阵阵微风吹来,槐树婆娑起舞,仿佛也在鼓掌、欢欣。

后来,张震在其回忆录中这样写道:

他(彭雪枫)虚怀若谷,主动承担了全部领导责任,充分表现了共产党人的高风亮节。子恢同志也为雪枫坦荡无私、光明磊落、不诿过于人的高尚品格所感染。

前事不忘,后事之师。

仁和集——

一个四师战史上擎起航标灯的殿堂;

一片让四师的老战士难以忘怀的热土;

一个让彭雪枫内心世界得到升华、生命绽放绚丽光芒的新的一隅。

在这次会上,应彭雪枫的请求,主持会议的新四军军部政治部主任邓子恢,被留下来,担任四师的政委。

邓子恢(1896—1972),福建闽西人,闽西苏区的创始人之一,在根据地建设和群众工作方面,经验十分丰富。解放后曾任国务院副总理,主管农业。

7月25日,会议仍在继续进行,谈到部队整编时,彭雪枫掏出手帕,擦了一下汗,严肃地说:

"整编,就是有的要合并,有的要地方化,有的要撤销……路西我们吃了顽军骑兵的亏,这个,我同张参谋长多次谈过,我们要搞一支快速反应部队。也就是说,我们要新建一个骑兵团!"

"噢,要搞支骑兵……"旁边的邓子恢,扭过头来,笑眯眯地插了一句。

彭雪枫微微点下头,继续道:

"事出必有因:第一,这里是大平原,骑兵能发挥比较大的作用,南宋名将岳飞有句名言:'步利险阻,骑利平地',元朝的成吉思汗的骑兵,'来如天坠,去如电逝',所向披靡,俄国十月革命后,三年内战,在顿河大草原上,就是用骑兵打败白匪军的。

第二,这里能买到马,洪泽湖边上草多,喂马没问题。

第三,我们把路东的事情做好后,还要打回去。那里的敌人有骑兵,以其人之道还治其人之身,我们也要搞一支骑兵,来对付他们!"

三个月反顽,彭雪枫吃亏最大的就是没有骑兵。那三个月,四师被马彪的骑八师追着打,毫无办法。这个敌骑兵师,原是国民党西北军马步芳的部队,号称"黑马队",士兵多是回族,非常彪悍。红军过草地时,其曾在松潘大草地北边设伏偷袭,给红军造成不小的麻烦。抗战爆发后,国共两党建立了统一战线,蒋介石令马家军派出一支部队东去抗日,马步芳便派出这支部队,师长叫马彪。不料,后来成了进攻新四军的卒子。

会场的气氛,像村庄的黎明上空,突然飞来几只喜鹊,顿时热闹开了……

几分钟后,邓子恢挥着半旧的芭蕉扇,从容地站起来,微笑道:

"我完全赞同!雪枫同志有一个全面的建军指导思想:既有主力部队,又有地方武装,另外,还有一支机动性很强的快速部队,也就是骑兵团。这样结合起来,我们整编后的部队就全面了。"

掌声响起来,在小村庄的上空经久响彻。

经过筹备,8月1日建军节,在苏北洪泽县的岔河镇,召开骑兵团成立大会。彭雪枫临时有事,张震代表他宣读骑兵团正式成立的决定,任命黎同新任团长兼政委。

骑兵团由师部直接指挥。

从此,在淮北的大地上,有了一支让敌人闻风丧胆的骑兵。用今天的话来说,就是四师有了一支快速机动反应部队。

骏马啸啸,淮北大地起劲旅

师部特务团有一个骑兵连,十旅、十一旅都有骑兵排,凑在一起,骑兵团的底子出炉了。

刚组建不久,就发生了一次战斗。

那是8月下旬的一天下午,烈日炙烤,天地像一个蒸笼,战士们正在遛马避暑,忽然接到命令:"到陈圩子歼灭敌人!"

当时,盘踞在苏北泗阳一带的,是国民党顽固派王光夏的部队,经常勾结日军伪军,四处抢劫骚扰老百姓,弄得民不聊生。

骑兵团的战士都是步兵团的战斗骨干,在路西时都吃过顽军骑兵的亏,现在自己当上了骑兵,一听说去打顽军,都很兴奋。

"上马!"团长一声令下,几十匹战马,嘶鸣着,扬起一溜尘烟,飞驰而去。

小试牛刀,结果却是失望而归。这是为什么呢?

时任骑兵团副团长的周纯麟(解放后,曾任南京军区副司令员,1955年被授予少将军衔)回忆道:

有些新买的马,只能驮载、拉车,不善奔跑,上了战场跟不上队,战士们只好下马拉着走。

马具更差:有的是木鞍,有的是驴鞍,有的干脆没有鞍,用条破棉被绑在马背上,走不多远,就会连被带人滚落马下。

马缰绳各式各样:有的是用腰皮带剪开,有的用麻绳,一用劲就拉断。……

一些没有受过训练的马匹,听见枪响就朝树林里乱窜,使部队跑得七零八落,不成队形……王光夏手下的常备队,开始看到新四军的骑兵,吓得四下乱跑。后来,看到队形混乱,胆子壮起来,很快围拢过来,高声喊"抓活的"……

俗话说:"吃一堑,长一智。"

夜深了,远处,蛙声齐鸣。茅草屋里,橘黄色的灯光下,蚊子飞舞。

彭雪枫抽着烟,皱着眉头来回踱着,苦闷之时,在烟雾升腾中,让思绪飘然驰往,内心会感到一些轻松和微甜的平静,不知不觉,苦闷烟消云散,减轻了许多。

他想到了1928年,随育德中学撤往绥远,在茫茫的大草原上,自己在内蒙古练习骑马的情景……学了三个月,才仅仅是一般的骑手,而眼前的这支骑兵,成立才十多天,看来,要想驰骋疆场,路漫漫其修远兮……

他又想到在路西的情景。那是4月中旬的一个下午,在蒙城东北围歼了顽军一个支队,黄昏悄悄来了,部队转移到附近的大、小营子休息,第二天拂晓,部队刚要出发,敌人的骑兵就追来了。四师的主力老二团,那是自己最心爱的一个团,损失了六七个连队,想到这里,心就开始淌血……

办不好骑兵团,我就不当师长!他心里暗暗发誓。

不久,黎同新去延安抗大学习,副团长周纯麟走入了彭雪枫的视野。原来,周纯麟也是一名老红军,西路军兵败祁连山后,他辗转到新疆,当过骑兵连长,对骑兵很在行。

经过考察,周纯麟被任命为骑兵团团长。

困难,从来没有难倒过彭雪枫。他下定决心,不惜重金,办好骑兵团。他找到周纯麟,决定拿出 3 万元(淮北币)给骑兵团。

那时,每人每天的菜金大致是淮北币

骑兵团战士在训练。

两角。3 万元淮北币,相当于当时全师半年的菜金。大家一听师里给了这么多钱,纷纷说:"彭师长建设骑兵团的决心真大啊!"

俗话说:"步兵的脚,骑兵的马。"战士们爱马,夏天天热,战士们拿自己的津贴买鸡蛋、绿豆、西瓜给马吃,马瘦了,便买油条补养(当时津贴很少,战士们自己是舍不得花钱买油条吃的),都给自己的马起了有趣的名字,"小花""小红""小豹""草上飞"……

有的还编了爱马快板:

> 自古英雄爱战马,
> 马壮才能杀敌人。
> 当骑兵,马是命,
> 不加爱护马会病。
> 别人打仗上前线,
> 你只能掉队拉马行。
> 平时若把马匹调理好,
> 战时不负有心人,
> 待到疆场杀敌时,
> 人马一起立功勋。
> ……

"士不先教,不可用也!""人常死其所不能,败其所不便,故用兵之法,教戒为先。"于是,在军事训练上,彭雪枫提了一句响亮的口号:

骑兵团的战士们。

"你们上马要像蚂蚱一样敏捷,骑在马上要像磐石一样的稳固!奔驰像风雷一样迅即!"

在周纯麟的带领下,骑兵从养马、护马,到马上战术训练,日渐长进。

不仅有好马,还要有好刀。大家博采众长,最后设计了一种比日军马刀长5公分,比国民党骑兵马刀长10公分的马刀,战士们起名叫"雪枫刀"。

团里流行着一首快板:

雪枫刀,明晃晃,
千锤百炼是好钢。
一马扑到敌阵前,
势如破竹谁敢挡。
杀个东西南北趟,
好比关公斩蔡阳。
……

时间久了,一些战士有点飘飘然了。一天,一些战士遛马,马吃了老乡的庄稼,还不以为然。老乡们有意见了,找上门来,彭雪枫闻讯后,十分生气,放下手头工作,心急火燎地赶到骑兵团,召开全团大会。

在会上,他严肃地说:"我们是人民的骑兵,在敌人面前我们永远是猛虎,在人民面前我们永远是绵羊。我们与人民是鱼水关系。没有水,鱼就要死。没有群众的支持,我们就要打败仗,就不能最后战胜敌人,就不可能夺回我们的路西根据地!"

一席诚恳的话语,说得一些战士红了脸,不好意思地低下了头。

会后,骑兵团根据师长的指示,制定了三项制度:一、为了防止马啃树皮,一律不准在树上拴马;二、为了防止马啃庄稼,马嘴一律带笼头;三、切实执行"三大纪律八项注意",部队离开驻地时,一律派专人检查。

常言道:"是骡子是马拉出来遛遛。"

1942年,初夏。麦浪滚滚,一派丰收在望的景象。

蛰伏在附近屏山、黑山的鬼子出来抢粮,接到部队的命令后,骑兵团一、三大队的战士们像乳虎下山,半个小时的光景,300余名鬼子,被全部消灭。

消息像春风一样吹过,彭雪枫脸上洋溢着难以掩饰的喜悦。

胜利总是让人兴奋的,兴奋之余,他想让骑兵团成为一把锋利无比的宝剑,关键时刻,让敌人一剑封喉。于是,他号召各单位首长把自己的战马送到骑兵团去。

他首先把自己的"火车头"大青马送来,一听说师长要把"火车头"送来,大家都惊呆了,那可是鲁雨亭送给他的"宝贝"啊!

1941年3月三十二团路西失利时,彭雪枫正在前线指挥作战,顽骑兵已攻到面前百米的距离,他还不肯撤退。旁边的师骑兵连的战士们急了,不由分说,把他拥上"火车头",在马屁股上猛抽一鞭,这马便风驰电掣般地突出重围,使师长安全脱险。

这也是彭雪枫在路西反顽中最危险的一次战斗。

现在,师长亲自把"火车头"送来,一阵阵海啸般的感情之潮袭过每个人的心头。

……

雄师狂飙起江淮,铁骑雄风扬美名。

在广袤的大平原上,骑兵团的传奇故事,已广为流传:

新四军骑兵,真是来时从天降,去时一阵风!骑在马上的是眼灵手快的"猴子兵"!

骑兵团像条龙,行动起来一二十里长,遇到敌人把龙尾巴一卷,就把敌人卷掉!

彭雪枫和骑兵团战斗英雄们在一起。
前排右一为骑兵团团长周纯麟,右二为彭雪枫。

那些马是神马,逢山越山,遇水过水,跑起来四个蹄子不沾地,可以在荷叶上走,只要水里有点草叶,马蹄一踮就过去了……

马背上,骑兵战士豪情万丈,激情地唱道:

逐鹿中原飞骏马,心中豪气贯长虹。

长驱直入冲敌阵,不灭日寇誓不还。

……

彭师长有三宝:

拂晓剧团,骑兵团,

还有一张拂晓报。

解放后,曾被彭雪枫誉为"红色哥萨克"的骑兵团,大部被改编为坦克部队,多次受到毛泽东、周恩来、刘少奇、朱德等国家领导人的检阅。

今天,这支英雄部队,隶属于北京军区某"万岁军"的坦克师,成为新时期人民的钢铁长城。这是后话。

九月的天空,霞光万道,美丽而多姿

爱情,是人间最美丽的生命之花。

爱情像一张巨大的网,让尘世间的芸芸男女难以逃脱。

爱情是两颗敏感的心灵的剧烈碰撞,像闪电,像雾中看花,充满期待、希冀和新奇。

……

问世间情为何物? 直教人生死相许! 古人早已给出了答案。但它来无影,去无踪,正像佛家所言,这是缘分,三千年一开花,五千年一结果,不修不来。

是啊,茫茫人海,无数男女擦肩而过,为什么我与他(她)有缘呢? 也许,冥冥之中,是命中注定,也许,是上帝的安排……这是生命旅途中一件很有意思的事情。

34 岁的彭雪枫,正值生命之花绚丽多姿之时,心灵的芳草地难道真的没有蝴蝶飞入吗?

到路东以后,他变得多思起来。清风明月的夜晚,他常常独自在月光下徘徊,对生命、对往昔、对一切的一切,渐渐多了一份思辨和感悟,多了一份审视和回味。包括自己的情感,这种苦闷、自责、痛苦像常青藤一般紧紧缠绕着自己。哪个少男不善钟情，哪个少女不善怀春，何况自己已过而立之年呢，但是，烽火连天的岁月，哪有闲暇时间来考虑……

但的确，生命中，几个女子与自己休戚相关。和秀芹，啊，那是"朱安"——父母送给自己的礼物；李桂敏，那是"许广平"——让自己怦然心动的女孩，可惜，红颜薄命……他想到了自己敬佩和欣赏的大文豪——鲁迅先生……

哎，也许，难道真的像林语堂所言，人生的本质就是缺乏和不完美？

他的确有点挑剔，不过，挑剔有挑剔的理由。七尺男儿的彭雪枫，像古书所云，相貌堂堂，一表人才。英俊飒爽的仪表，文武兼备的才能，举手投足之间，洋溢着东方美男子的阳刚之气……这一点，他应该是清楚的。

那么，他心中的她，到底应该是什么样子呢？也许，这是个谜，但谜早晚是要揭开的。

1940 年 5 月，远在重庆的邓颖超来信了，信中，提到要给彭雪枫当红娘。看完之后，他摇头一笑，28 日，写下这样的回信：

> ……特向大姐郑重声明，我个人问题并未解决，也不打算解决，海阔天空，独来独往，岂不惬意？已经老了，已经老了！……

显然，这是自嘲之词，他仍在寻寻觅觅的等待中。

真的是那么难找吗？在彭雪枫心中，他的爱情观究竟是什么呢？后来，在给林颖的第三封信中，这样披露：

> 一种小资产阶级的恋爱观，是另一种——花前月下卿卿我我，这究竟是小资产阶级的呀！无产阶级先锋队则不然，这首先建立在政治上、工作上、性情上和品格上，自然同样也有花前月下，然而已经不是卿卿我我了，而是花前谈心，月下互勉，为了工作，为了事业，为了双方的前途！
> ……

这就是一个坚定的布尔什维克对爱情的理解。

千呼万唤始出来。这时，生命的长河中，一股巨大的波涛呼啸着，掀起万丈狂澜，终于撞开了他那久闭深锁的情感大门！

——她，一个皮肤白皙，脸庞俏丽、一双清澈的大眼里透出无限热情与喜悦的女孩，笑吟吟地向他悄然走来了。

她叫林颖，原名裕群，又名楠，姓周。林颖是后改的名字。1920 年 3

月,生于湖北襄樊一个富裕的家庭,接受新思想后,先到竹沟,后到豫皖苏边区,现在淮宝县任县委妇女部长,是根据地有名的美女。

那是 6 月的一天黄昏,晚饭后,彭雪枫正要下连队检查工作,淮北区党委副书记刘子久、淮北行政公署主任刘瑞龙,步履匆匆,兴冲冲走过来。

"师长,哪里去? 我们有好事找您!"

"哪股春风把二位吹来了,快说说,有啥好事啊? 让我高兴高兴!"说着,彭雪枫拉过两把凳子,三人坐下来。

刘子久神秘兮兮地朝刘瑞龙一笑,刘瑞龙挤了挤眼。

彭雪枫看看这个,望望那个,急了:

"搞什么名堂,弄得多神秘似的,再不说,我就走了!"

这样,两人才把事情的来龙去脉讲了一遍。

"呵呵,我知道,那是一个很大方、很秀气的同志!"说着,彭雪枫的脸微微红了,一张似曾相识的笑脸连着一桩桩往事涌上心头。

那还是 1938 年在竹沟的时候,大批热血青年从四面八方来到竹沟,参加竹沟教导大队,其中,几个女孩子格外引人注目。后来,在豫皖苏边区,他曾接见过她们一行。

……

当刘瑞龙把他们的打算告诉林颖时,她在惊喜之余又略显迟疑,对刘瑞龙说道:"我还不太了解彭师长,等我们接触一段时间,看看彼此感觉能否一致再说吧。"

女性总是用各种借口当做挡箭牌,实际上,是想在兴奋中让奔腾的感情之马停下来,平息一下慌乱的心绪,再做出判断。毕竟,这是终身大事啊!

其实,林颖早就认识彭雪枫了。

两年前,当她刚刚跨进豫苏皖根据地的那个晚上,她便同其他立志投身抗日洪流的热血青年们一道,受到了时任八路军第四纵队司令员彭雪枫的设宴款待。席间,彭雪枫兴致勃勃地同青年们握手,并询问了每个人的姓名。当彭雪枫走到林颖面前时,林颖就被他英俊的相貌、脱俗的气质和出色的口才所吸引……

一弯上弦月穿过厚厚的黑云,露出皎洁、柔和的笑脸,大地像在牛乳中洗过一样。

夜晚,彭雪枫住处。

"雪枫,就看你的了!"当刘瑞龙把林颖的想法告诉彭雪枫后,便甩下一句话,笑呵呵地跨出了门槛。

温柔的灯光下，林颖那乌黑的眸子，甜甜的笑靥，娟秀静美的身影，时时在他眼前浮现，他宛如怀揣一个扑扑乱跳的小鹿，脸庞红彤彤的，心境再也无法平静下去。

踱来踱去，于是，他终于鼓起勇气，摊开纸，提笔向她射出第一支丘比特之箭：

林颖同志：

事情或者过于突然，但敌后两年我们是相互了解着的，所以又不见得如何突然。由于子久、瑞龙两同志的美意，使我们得有通信的机会。

我想，你对我也许比我对你了解的更多一些，因为那是党的生活使然，然也许双方了解得一样，那也是党的生活使然。

既然是"终身大事"，必然要格外慎重，正因为如此，我已经慎重了十年了。我心中的同志，她的党性，品格和才能，应当是纯洁，忠诚，坚定而又豪爽，军人究竟还是军人，我的军衣已经穿了十八年了。

我是一个十分平凡的共产党员，有许多缺点，很需要一位超过同志关系的同志，更多的了解我，才能更多的帮助我。也才能更多的相互帮助。

有时间，我们需要长谈，但为了先使我了解得更多一些，盼望你能抽暇写信给我。

要写的话很多，会晤时详谈吧。

此致

敬礼！

顺祝

健康！

彭雪枫　1941年9月4日

写完信，他像手持一件千斤重物似的，小心翼翼地装到信封里。他把自己的一颗心也装进去了！

收到彭雪枫的来信，林颖的心湖荡起圈圈涟漪，心情充满了喜悦、激动、忐忑，同时，又有一丝担忧。她眼前浮现出彭雪枫飒爽的身影：他既有儒雅、多情的文人特色，又有豪爽、刚毅、豁达的军人气质，讲起话来非常潇洒……就是追起女人来，也那么坦然、率性，毫无矫揉造作之气。也许，这就是男人的魅力所在吧。

一颗敏感的心啊，开始堕入情感的旋涡中……

在采访中，老人告诉我，当她接到彭雪枫的第一封来信时，心情确实是林颖晚年在家中。

复杂的。

她说，一方面，当时的知识女性，已沐浴五四的风雨，思想在悄悄地发生变化，"娜拉出走"已深深地印在心灵深处，个性凸显，反对走首长路线，做官太太。

另一方面，对彭雪枫的文武兼备、仪表不凡而深深爱慕。只是，由于东方女孩深受儒家传统文化的洗礼，养成害羞、矜持、内敛的心理，很少有火辣辣的情感表达，只好把这份特殊的情感深深地埋在心底，生发，蒸腾……

多么幸福的烦恼啊！

今天，80后乃至90后的年轻人，有了他们的爱情观。但纯真无瑕的爱情，古往今来，总是相通的。周星驰导演的《大话西游》中，紫霞仙子向着太阳飞去，在那里，她将化成灰烬。突然，她转过身来，对她的心上人投去了最后一瞥，说道："能够让我去爱的男人，必定是个盖世英雄！"

她，已芳心相许了！

峥骨柔情，战地黄花分外香

9月5日，"鸿雁"飞来了！6日，彭雪枫迫不及待地写下第二封信，信中，他这样写道：

林颖同志：

昨夜月色皎洁，正开着会，接到你的信！怎么读下去呢？那样靠得近的好几个同志，而会又开得那样长，二时半才散了会，读了你的信，三时就寝，左右睡不着，翻了几个身，司号员已经打号音了，于是只好起床，到河边去了。我想了许多问题。

……

9月，这月份对于我有特别意义，是我生平过程中的转折点，阴历的八月初二（往往是在阳历的九月）是我的生日（不必为外人道），1926 年的 9 月 2 日是我由当时的青年团转入党的日子，1930 年的 9 月我们从长沙入江西开始建立苏维埃，而 1941 年的 9 月呢，终身大事得以决定了！这叫做"巧合"吧，我总以为我还是个小孩子。

……

我的想象中，你的信，雪片般的飞来！

祝你

平安！

> 雪枫　9 月 6 日午后 3 时于半城

鸿雁传书，感情渐渐浓烈，浓烈中，是殷殷的思念和牵挂。从 1941 年 9 月到 1944 年 7 月，彭雪枫共给林颖同志写了 87 封"情书"。信中，大多是充满对人生的抱负和为理想而献身的壮志豪情，同时，流露出对年轻爱妻的缠绵悱恻的柔情。以作者有限的阅历，这在毛泽东那一代老一辈人中，像彭雪枫这样将文人雅士的多情善感与金戈铁马的军人气质集于一身的，还没有第二人！

古人云，人生有四大美：一曰久旱逢甘雨，二曰他乡遇故知，三曰洞房花烛夜，四曰金榜题名时。婚姻排在中国人重视的科举之前，由此可见，它在人的生命中的重要性。

千呼万唤中，这个特殊的日子终于姗姗地走来了。

——1941 年 9 月 24 日。

半城，洪泽湖边一个千年小镇。8 月 1 日，彭雪枫率师直移驻到这里，从此，这里成了淮北边区苏皖抗日根据地的"首都"。

黎明，一幢整洁的小院内。

树影婆娑，肥硕的芭蕉，含笑起舞。几只喜鹊，站在高大的槐树上，喳喳着，仿佛为这喜庆的日子昂首歌唱。

树下的茅草房内，成了欢乐的海洋，在师供给处资凤处长的带领下，十几名《拂晓报》、拂晓剧团的美术人员，说说笑笑，在为师长洞房装扮一番。

其实，屋内除了一张床、一把椅子、一张写字桌之外，什么都没有。他们只是打扫一下，在屋内贴些画，添些气氛。

"师长哪里去了？"

"会不会是接新娘去了？"

"那还用问吗？"

果然如此,彭雪枫一大早,带着警卫员,就来到洪泽湖畔,静候林颖的到来。

漫步在湖边的草丛中,晶莹的露珠,闪着银光。清新湿润的空气,夹杂着稻花的芳香,轻轻地吹拂着还在睡梦之中的洪泽湖。湖中,鳞光闪闪,光影迷离,清风徐来,令人眩晕。

彭雪枫有点陶醉了。这个清新的天地,是属于他的,在这个喜庆而不凡的日子里,一阵阵情感的波涛,撞得他有点目眩……他微微闭起眼睛,摸摸扑扑乱跳的心——那颗赤子之心啊!

不一会儿,一阵船桨击水的哗哗声,渐渐传来,近了,又近了,只见一位英姿飒爽,乌黑齐耳短发,明眸皓齿,笑意盈盈的女孩,立在船头上。

——林颖来了!

船靠岸边,彭雪枫趋步上前,低语笑道:"你一路辛苦了!"说着,轻轻拉着林颖的小手。刹那间,一股温暖的电流,闪过全身,她浑身战栗了一下。

林颖莞尔一笑,脸颊已飞上了两片红云,望着英气逼人的彭雪枫,轻柔道:

"咱们走吧!"

……

邓子恢、张震等站满了一院子,看到彭雪枫、林颖一前一后进了院,顿时鞭炮齐鸣,喧闹声中,有人大声地祝福道:

"欢迎新郎新娘走入'洞房'!"笑语声中,二人被簇拥着,来到焕然一新的小屋内。

只见床上那条白被子,补丁摞补丁,那还是1937年在临汾时,一爱国民主人士执意相送的。但今天收拾得整整齐齐,一尘不染,墙壁上,红红的喜字与样子可爱的鸳鸯戏水民俗画,给小天地增添了几分浪漫,惊喜中,只见那张"古董级"的写字桌上,还放了一碟喜糖。

"吃喜糖!吃喜糖!"众人一片嬉闹,望着温暖的小家,两人满意地笑了。

年轻人总是好奇的,采访中,当笔者饶有兴趣地问到"何以芳心相许?"时,饱经沧桑的老人脸上露出难得的笑容,淡淡道:

"一是文武双全!二是长得帅!"

老人还告诉我,当时结婚时,除了身上的衣服,什么都没有,一切都是师供给处提供的。

那个时代的婚礼啊!

时过境迁,当今天的物质主义日渐盘踞年轻人的心灵时,汉民族的一些传统美德、观念也在悄悄地发生着变化，纯洁的爱情似乎成了奢侈的笑谈，车子、房子、票子……浓浓的铜臭公然撕开虚伪的面纱，堂而皇之地登上大雅之堂，这是时代的迷茫。

令人深思。

晚上，大家吃着"丰盛"的晚餐，喝着醇香的喜酒，沉浸在一片快乐和喜庆之中。

夜深人散，喧闹的洞房开始寂静下来。橘黄色的灯光下，二人面对面，沉浸在温馨的柔情蜜意里，咫尺之间，仿佛能听到对方的咚咚心跳。

"雪枫，我和你的差距很大，你以后可要帮助我啊！"林颖满脸娇羞，坐在床沿，低声细语。

"我也有不少缺点，以前，批评人很严厉，做事急躁，人家都怕我。到路东以后，我改了不少，但还不够，我喜欢读书，在读书中提高，这方面，咱们互相学习吧！"

说着，彭雪枫起身走到林颖身旁，缓缓坐下来。

"我也有自己的工作，我不喜欢做官太太，希望你能尊重我！"林颖眨着双秋水般的大眼，望着心爱的人，深情的眸子中带着一丝期待。

"呵呵，没问题，我就喜欢你这样的，免得人家说闲话，你说是吗？"言毕，彭雪枫轻轻地把林颖揽在怀中，在林颖娇美的脸上重重地亲了一口。

……

月儿害羞地躲到云层后边去了，静穆的星空，几颗星斗兴奋地眨着眼睛，窃窃私语，仿佛是为彭雪枫和林颖送来深情的祝福……

看看彭雪枫新婚时和林颖在洪泽湖上的合影，总让人想起苏东坡那传诵千古的篇什名句："遥想公瑾当年，小乔初嫁了，雄姿英发……"

一个英雄，一个美人，天地做合的姻缘啊！

美妙的时光，总是短暂的。

还没有细细品尝蜜月的滋味，三天后，林颖就要返回淮宝工作了。

林颖与彭雪枫新婚留影。

两人明白,虽是新婚宴尔,还沉浸在无限柔情蜜意中,但战地黄花已开得格外灿烂,芬芳四溢了,只需用心灵的泉水去哺育、浇灌。

夕阳西下,披着抹抹余晖,彭雪枫、林颖肩并肩,向洪泽湖畔走去。

"裕群,烽火连三月,家书抵万金,我希望咱们经常通信,减少点思念,你说好吗?"不知怎的,彭雪枫心头多了几分儿女情长。

"只是我的文笔不如你,写起来力不从心,不要怪我呦!"

"我怎么能怪你呢?你能回信,我就很高兴了,咱们是夫妻,互相学习、互相帮助嘛!"

"嗯!"林颖凝望着自己心爱的人,点点头。

慢慢地,洪泽湖湿润的气息,一缕缕扑鼻而来了。

"颖,我舍不得你走,等打败了小日本,我好好地陪陪你,好吗?"杨柳依依,蓊郁的树林下,彭雪枫一边说着,一边把包袱递给林颖。

"还记得宋朝秦观的名句吗?"

"记得,两情若是久长时,又岂在朝朝暮暮!"说完,林颖娇羞地低下头,脸像桃花。

"让我们铭记着,分别是为了更久的团聚,到那边来信,多保重!"

……

彭雪枫怅然地望着小船渐去渐远,最后,变成一个模糊的黑点,消失在水天之处。

工作之余,一股思念之情悄然啃噬着彭雪枫的心。几天后,他又写下一封信:

颖:

别离才仅三天,好像已经三月了,这一形容并不过火,理智排除情感,总是一件需要斗争的事,何况是在 24 日之后,又何况是在长夜倾谈而话才吐出了千分之一的以后呢。我不愿写出这种情思,生怕引动你的更加浓厚的惦念之情,然而事实如此,叫我有什么法子呢?人们说我是个感情丰富的人,过去可以压得下,近来有点异样了,一个人的影子,自早至晚怎么样也排遣不开! 外人知道了,真是有些好笑!

数日以来,月色如画,唯少一月下谈心的你,可谓辜负良夜太甚! 此情此景此事,何日才能到来呢!? 你有同感没有? 比如今夜——29 日,你在做什么呢? 不见你的信,难见你的信! 然而我又知道你是昨天才到的淮宝,何忍责备你呢? 真是矛盾!

纸短言长,夜深人静,下次再写吧。是谁先给谁写呢? 记着我们的时间，也许此刻现在，你同样在握笔疾书吧？

祝你

愉快！

枫　9月29日夜1时23分于半城众人入梦时

小别胜新婚。对爱人的思念与惦记，跃然纸上。剪不断，理还乱，真是才下眉头，又上心头。侠骨柔肠啊！

奔赴程道口，途中遇顽军，化敌为友

清风吹起，清风中裹着芳香，但也夹杂着令人作呕的臭味。

正当彭雪枫喜结良缘，沉浸在幸福的喜悦之中时，顽军阴鸷的双眼，正虎视眈眈地盯着彭雪枫部。

不斩草除根，他们是不会善罢甘休的。

国民党江苏省政府主席韩德勤，趁日军向苏北"扫荡"之际，派其保安第七旅旅长兼第三纵队司令王光夏，率两个团，侵占淮海区泗阳县西北的程道口。

程道口是一个小镇，夹在六塘河（自东向西，流入运河）、大运河之间。居民大都姓程，但也称"陈道口"，位置历来十分重要。

王光夏，为人凶狠残忍，杀人成性，是泗阳县一霸。占领该地后，强拉民夫1000多人，大兴土木，经过50天经营，筑起3个圩子：西小圩子、东小圩子、老圩子。四周是丈把高的围墙，寨外挖了战壕、水沟，并设置铁丝网四道。兵力达3个团。

古人云："器小则盈。"不知天高地厚的王光夏，查看完工事后，得意扬扬地对民众吹嘘道：

"就凭这工事，连日本鬼子都打不开，就别说新四军啦！"

王光夏为何如此狂妄呢？

原来，鬼子曾经试探性地放了几炮就走了，王光夏自以为固若金汤，敌人没有办法，就飘飘然起来。同时，觉得自己是有靠山的：东有韩德勤，西有李仙洲，将来一旦遇险，两部赶到，来个里外夹击……

王光夏早已打好了如意算盘。

1941年10月16日，彭雪枫再次接到陈毅的电报："令部队星夜赶往程道口一带。"

新婚后的彭雪枫，心境是微甜的、愉悦的，接到电报后，宛如身上注入一股兴奋剂,有使不完的劲儿。当日下午,彭雪枫携师部侦察科长罗会廉,火速由半城出发。

节外生枝,在赴老陈圩子的途中,一件意想不到的事情发生了。

17日下午,两人正策马向前奔去,突然,彭雪枫那匹枣红色大马扬起前蹄,长长嘶鸣一声,彭雪枫勒住缰绳,定睛一看,原来,是王光夏的一支队孙玉波的部队。

打吧,众寡悬殊;撤吧,已来不及了。处境十分不妙。

"一〇一(彭雪枫代号),这恐怕危险,要不,咱们绕道而行!以免惹起不必要的麻烦?"

半路杀出一个程咬金,怎么办?彭雪枫脑海里迅速闪过往昔遭遇土匪、顽军时的画面……

明知山有虎,偏向虎山行。彭雪枫浓眉紧蹙,目光坚定,当即道:"化干戈为玉帛。顽众当前,走是来不及了,孙玉波和王光夏素有矛盾,不如趁此机会,做孙玉波的工作,协助我军消灭王光夏!"说着,让人送去自己的名片。

彭雪枫和罗会廉来到孙玉波的驻地陈庄,孙玉波早已迎出门外。二人寒暄之后,互相执礼。

彭雪枫想起一月前,孙玉波曾经写过信,谈到他与王光夏的矛盾,在派系林立的国民党部队里,军官之间心存芥蒂,他很气愤。孙曾任国民党八十九军的参谋主任,并以勇敢善战、精于射击而小有名气。此人还有点正义感,但知人知面难知心啊……

"孙队长骁勇善射,山河破碎,给王光夏卖命,可是枉了一世之才啊!"

罗会廉。

"不敢,彭将军过奖了,哎,一言难尽哪……我孙某只是炎黄子孙的一粒,抗日大计,是大家的事,我愿与将军携手!"

"孙队长爽快!"见孙玉波有抗日诚意,彭雪枫让罗会廉从行囊中取出1000元。

"这是一点意思,弟兄们辛苦了,权当一点茶水费吧。"

孙玉波大为感动,接钱时,手有点微微抖动,表情激动。

"滴水之恩,涌泉相报。这点做人的道理,我无论如何还是知道的,为了感谢彭将军对弟兄们的厚爱,我孙玉波和弟兄们,愿与贵军里应外合,消灭王光夏第二支队陈儒和李守宽两个老贼,杀杀王光夏的威风,让这个祸首早上西天!"

"好!一言为定!"

孙玉波果然不食言,19 日,彭雪枫派二十六团与孙部,将陈、李部消灭。

八载喜逢,并肩作战,程道口枪声激

18 日,夜幕降临之时,彭雪枫策马终于赶到了军前线指挥所小李庄,在这里,他与阔别八载的陈毅,再次相遇了。

"陈军长,我来了!"彭雪枫走进院子,大声喊着。陈毅已走出屋外,朗声道:"雪枫,自 1934 年在中央苏区分手,光阴似箭,一别可是八年喽!"陈毅拖着长长的川音,兴奋地伸出双手。

"陈军长,长征一别,烽火连三月,真不知道你后来在南方是怎么度过来的?"

"哎呀,梅山被围,蒋介石差点要我的老命啊……哈哈,马克思不要我,要我继续和老蒋对着干……咱们又走到一起了!"

两人笑着互相打量着对方,烽火的磨砺,使双方的气质、举止都有了不小的变化。

陈毅后来回忆道:

十年重逢,长谈竟夜,我觉得他当年英锐之气收敛许多,人心所向正转向沉着老练方面,而严肃整饬,仍一如往昔……

"十年生死两茫茫"。故旧重逢,有说不完的话。小叙之后,陈毅当即任命彭雪枫为战役之参谋长,参与指挥程道口战役。

寨内,王光夏的部队有 3 个团,3000 余人。

陈毅决定用 5 个旅的兵力,以绝对优势兵力,来拔掉这个钉子。

四师的九旅参加了此战。

彭雪枫与陈毅重逢。

从 15 日黄昏到 18 日,参战部队分别攻克了史集、张庄、大兴庄等外围据点,然后转入近迫作业。

19 日晨,彭雪枫陪同陈毅察看地形。彭雪枫举起望远镜,只见几百米之外,阴沉沉的天空下,横竖着一片模模糊糊的土围子,炮楼上,几个夜游神似的哨兵,缩着脑袋,在来回走动。

寨下壕沟,纵横交错,湿冷的秋风飒飒地吹过,无数枯叶飘然落下,更增添了战场萧条的气氛。

"王光夏啊,王光夏,你这个秋后的蚂蚱,我看你是蹦跶不了几天了!"陈毅放下望远镜,呵呵笑道。

"对,再过几天,让他哭娘找不到门儿!"

……

一个豪放坦荡,一个爽快正直,两名儒将一唱一和,配合相当默契。

准备工作在紧张地进行着。当日晚,陈毅召开参谋工作会议,会上,陈毅对彭雪枫说:"此次战役,是新四军几个师之间的协同作战,为了取胜,必须制定战场纪律!"当即口述几条,彭雪枫整理后,定为《消灭王光夏战斗时奖惩军律》,全文如下:

一、奋勇先登者奖。

(一)奋勇砍铁丝网者;

(二)迅速越外壕者;

(三)不顾一切攀登围墙者;

(四)巷战获胜者;

(五)领导冲锋者;

(六)白刃决战者。

二、活捉王光夏者重赏。

三、临阵退缩者罚。

(一)观望不前者杀;

(二)擅自后退者杀;

(三)造谣惑众者杀;

(四)夸大敌情者严办;

(五)借故离开火线者严办。

陈毅看后,连声说道:"好!好!立即颁布!"

20 日下午,程道口的上空笼罩在一触即发的气氛中。

将道

5时许,突然,清脆的冲锋号声划破寂静的上空,顿时,枪声大作,突击队在炮火的支援下,迅速突进到寨围下。

这是一次典型的阵地战、攻坚战。

突击队分工详细,分破坏组、填壕组、运递组、手榴弹投掷组,一阵猛烈攻击之后,后续部队迅速跟上。

敌人困如兽斗,拼命地还击。晚上8点,三师七旅十九团(北伐时著名的第四团,长征时先锋团——红二师四团)占领了西小围子,当时,部队决心乘胜追踪,继续攻击大围子,但根据俘虏交代,大围子附近还有三道铁丝网,未能侦察清楚,加上部队连续攻击,相当疲劳,所以改为翌日总攻。

21日17时许,总攻开始了。在炮火的支援下,激战至20时,共毙伤俘顽军1400余人,火光中,王光夏早已吓得魂不附体,伪装成士兵率200余人,乘机逃之夭夭。

这是彭雪枫到路东以后打的第一次胜仗。愉快的心情,像夏日雨后的田野,生机勃勃。"独乐乐,与人乐乐,孰乐?"于是,提笔给心爱的人写下这封信:

裕群:

托谢胜坤同志寄你的两封信,不是说我要到前方去指挥作战吗?昨天——23日,亦即"我们的日子"的前一天,我"凯旋"了!胜利会使你为党为四师为你的伴侣而欢呼的!也许你已经听说了,就是王光夏被我们全部消灭了!

……

三年来,唯有这一次程道口战役较为壮烈,从红军时起经常打大仗,的的确确已经上了瘾,此次算是过了一次瘾,打游击战是不大有兴趣的,打运动战才会使人感到够味。古人说身经百战就好像了不起了,谁能数得过这些老的红军干部打了几百次仗了呢?

……

胜利的喜悦,一扫压抑在心头的阴霾,灯光下,眼前浮现出林颖甜甜的笑容,彭雪枫会心一笑,提起笔来,洋洋洒洒,让心湖的波浪自由荡漾开来……

肝胆相照，友情难觅，相见时难别亦难

相逢是欣喜的，相处是愉快的。

程道口并肩作战，短暂而快乐。但战地充满了杀气与凝重，与温情的友谊扯在一起，似乎是有点不合时宜。

8年了，多少个难熬的日子，就这样悄悄过去，生命的风景随风而逝，内心的欢乐与挣扎，有几人知晓？千金难买是友情，趁此机会，一则让军长对四师工作提些宝贵意见，二则与军长畅叙巴山夜雨情……彭雪枫意兴阑珊，诚邀陈毅到半城，检查四师的工作。

10月30日上午，彭雪枫抑制不住内心的激动，敞开心扉，给林颖写道：

今天接到电报，陈军长昨宿营于莫圩子，今天可到半城，我们正准备欢迎中。这样一来，短时间内恐怕不能东渡了！倘有机遇，八九天或一礼拜之后，亦许有到淮宝之条件，如陈军长最近赴二师时，我当伴之赴淮宝，我们八年没有见面了。

爱情、友情，皆是生命画中最灿烂夺目的一页啊！

30日下午，陈毅一行，由洋河镇以南的莫圩抵达半城，受到彭雪枫、邓子恢、张震等人的热情欢迎。这是陈毅第一次到四师。

面对这支从竹沟出发，在敌顽夹缝中发展壮大，已成为敌后的雄师狂飙，诗人气质的陈毅，被深深地感染了。

翌日下午，在欢迎会上，陈毅慷慨激昂道：

"没有党的领导，没有群众的拥护，个人的力量是不能发挥的。一个共产党员无论在什么境遇当中，他都有推翻全世界的勇气！"

……

黄昏后，洪泽湖畔。

沐浴着落日的最后一缕柔光，微波荡漾的洪泽湖，静悄悄的，深秋了，潮湿的清风裹挟着丝丝寒意扑面而来，让彭雪枫和陈毅泛起异样的心情。

二人肩并肩，边走边聊。

"陈军长，8年了，还记得在江西的情景吗？"

"当然记得喽，那怎么能忘记呢？你当政委，我当司令，一唱一和，还受到毛主席的表扬呢！回想起来，那可是一段美妙的时光喽——"陈毅拖着长长的乡音，神采飞扬，仿佛又回到了那段难忘的岁月中。

"雪枫啊,你好像这段时间很怀旧,爱沉默了,这可不是以前的你,怎么回事啊?"

"呵呵,没什么,只是……"

"只是什么,不要吞吞吐吐嘛!男子汉大丈夫,爽快点!"陈毅微笑着,扭过头来,目光中透出鼓励。

"陈军长,路西反顽失利,我有很大的责任,想起来,就感到内疚,请军长批评……"彭雪枫抬起头,一口气说完。

"哈哈,我以为啥子事吗,你呀,责己太重了,世上哪有常胜将军呢?"陈毅挥一下手,"这个,中央、华中局已开过会,作了定论。虽然受挫,但四师从小到大,你还是头号功臣嘛,过去的事就让它过去吧,以后,四师的发展还要靠你!"

陈毅赠送给彭雪枫的《战争论》一书。

"我不会忘记,"彭雪枫停下来,喃喃道,"但我要率四师打回路西去,为九泉之下的烈士们报仇!"

"严责己者必得益嘛!打回路西去,那是一定的事……"陈毅低下头,略微思索一下,抬头说道,"哎,雪枫,现在小日本不断扫荡盐城,苏北形势很紧张,要不,你去给我当参谋长吧?"

陈毅微笑着,用征询的目光望着彭雪枫。

"不,在哪里跌倒,就在哪里爬起来,磕掉了门牙,和血吞下去。不然,请组织批准去延安学习……"彭雪枫抬头望了一眼云霞燃烧的天空,声语有点哽咽了。

陈毅一看彭雪枫难过,觉得话语也有些不当,歉意地笑道:"哎,哎,这只是我个人想法,不算数的,你别当回事,还是安心工作为重!"说着,大大咧咧地拍拍彭雪枫的肩膀。

……

看着昔日的战友,渐渐成熟起来,陈毅打心眼里,暗生一种钦佩,从竹沟出发时的 300 多人,发展到今天的近两万人,成为驰骋在敌后的劲旅,有谁不感叹,作为一手的缔造者,这中间需要付出多少心血和代价呢?

路西反顽战斗中,面对 7 倍于我的顽军,凛然不惧,最后把主力打出包围圈,带回路东,不同样是一件令人钦佩的事吗?

虽然现在是自己的部下,但能有这样的朋友,真乃人生之幸事啊!想到这儿,他让警卫员取出一本书,递给彭雪枫后意味深长地说:

"雪枫啊,我看了好几遍了,这可是一本好书,是 19 世纪普鲁士军事理论家卡尔·冯·克劳塞维茨著名的《战争论》,对恩格斯、列宁、毛主席都有影响,送给你,希望你也喜欢!"

"谢谢军长,我一定熟读!"

借助暗淡的余光,陈毅写下"雪枫同志存阅"几个潇洒流利的大字。

不知不觉,暮色四合,两人向半城方向走去。

1941 年 11 月 12 日上午,陈毅应邀作团以上干部会议报告。这是在敌后奋战了三年的四师干部,第一次见到军长。

豪放坦荡的风采,有滋有味的川音,使在场的每一位无不动容。

会场不时报以热烈的掌声,最后,他深情地望着大家,拉长声音道:

"我这次到四师看望大家,特别是要看望彭雪枫同志。雪枫同志是我的老战友,是我军的优秀指挥员,在红军时期屡立战功。雪枫同志对自己要求很严,有着许多好的作风。四师的创建与发展,雪枫同志是头号功臣,四师离不开他,谁也代替不了他,今后,四师的工作还是要他来主持的!"

话音一落,会场上掌声雷鸣。

台下的彭雪枫,拍着手站了起来,眼睛里闪烁着晶莹的泪光,他感到肩上的责任和情重如山的力量……

在半城的日子,陈毅的心情是轻松的。

一天上午,在彭雪枫的陪同下,陈毅到《拂晓报》等报刊视察,陈毅随手翻看了几期,不一会儿,就皱起了眉头:"雪枫啊,这报纸可是文艺多于政治,政治多于军事啊,一定要注意报纸倾向,不能搞花架子!"在一旁的彭雪枫,不好意思地笑了,当即接受批评。

午饭的时候到了,彭雪枫把陈毅送到小灶上,径直和战士们要到食堂去,陈毅不解地问:"军部有规定,旅以上干部可以吃小灶,你们是怎么回事,怎么没执行啊?"彭雪枫呵呵一笑:"军长,我看和战士们在一起吃挺好的,同甘共苦嘛……"

"话是这么说,但规定还是要执行的嘛,各师都这样做了,你们为什么搞特殊?"陈毅眉毛一扬,抱怨中带着一丝关心。

后来,彭雪枫在给林颖的信中这样写道:

我近来在生活上有了一个大变动(请你先不要诧异,这在人家的确小得算不了什么,然而在我却的确是"大"了),党为了去掉"平均主义",使干部可以多活几年,早即决定旅以上干部在饮食上要好一些,然而总没实行,邓政委来说一说,大家没有理,搁下了,自陈军长来,旧事重提,而且非这样做不可,勉强之中,每人每天增加菜金四毛,共六毛了,司令部只有四个人,每餐是大米饭,白面馍,有时甚至还有饺子之类,两菜一汤,可谓阔气也哉!人谁不想吃好的呢?然而为了顾及影响,所以总是没有办,如今既然要成为制度,而且各师均早已实行,而四师则又何必与众不同呢?实行将近三星期,倒也听不见什么,其实在开头,"小厨房"三个字真不好听,我曾经禁止喊。固然也有好处,据说我近来红胖起来了,然而又有人说,理由尚不在此,乃因新婚之后,"心广"而后始体胖了云云,由它去吧。

……

看到军长整日辛苦,更需要一匹好坐骑,于是,彭雪枫让警卫员把自己的"火车头"牵过来。陈毅呵呵一笑,真的留下了。可是,过了两天,陈毅送了回来,原来,这匹马桀骜不驯,陈毅哈哈一笑:"还是留着你老弟骑吧!"

黄昏时分,操场上热闹非凡。

陈毅的夫人张茜,嚷嚷着去看热闹,彭雪枫高兴地陪同前往。原来,战士们正在举行足球比赛。

16日,张茜不等在二师检查工作的丈夫回来,执意要走,彭雪枫无奈,只好相送。临别时,拿出一张纸,挥笔写下:"相见时难别亦难!"

诤言润丹心,未雨绸缪;辞旧迎新谋未来,根据地里唱新歌

冬日的淮北大地,天阴沉沉的,阳光撒着欢儿,拥抱着风儿在田野里飞跑,凉意中透出一丝宁静、恬淡。几只鸟儿啁啾着,似乎在歌唱着什么。

这是1941年最后一天的下午。在半城南边的一片旷野里,到处插满了花花绿绿的标语:

"平时多流汗,战时少流血!"

"杀敌报国才是好男儿!"

……

战士们赤膊上阵,汗水四溅,呐喊声惊天动地,呈现出一片冬日里小阳春的景象。这是四师冬季练兵的一个场景。

彭雪枫和张震等,每天黄昏收操之前,总是来到战士们中间看一看,今

天,他照例来到这里。

战士们看到师长来了,马上列队完毕,等候师长检查。

"同志们,你们忘记没有,我们为什么到这里来?"

彭雪枫目光威严,不等大家回答,他郑重地说:

"我们是打了败仗,是被人家赶到这里来的!君子报仇,十年不晚!我们一定要打回去,为死难的烈士们报仇-路西的几百万父老乡亲,还在等着我们!"

"同志们,有没有信心?"

回声如海啸,滚过冬日的上空。

……

原来,不久前,陈毅视察四师时,点头赞许的同时,也会偶尔摇下头:"文化多于政治,政治多于军事。"

古兵书曰:"练兵之法,莫先练心。"彭雪枫非常重视,立即和张震等研究后,制定了一系列措施:

各单位创立"军事教育研究会";

加强《军事杂志》(该杂志是司令部的学术性刊物,创办于1939年6月);

加强《拂晓报》军事专版。

12月21日,彭雪枫还在《拂晓报》上发表了《马列主义者要学习军事》一文,吹响了全师开展冬季练兵的号角。

1942年的元旦。

夜幕,蹑手蹑脚地来到了半城,洪泽湖潮润的寒风,呼呼地吹来,透过镇中间三间空茅草房的窗棂,桌子上,一盏油灯的火苗,在风中狂舞。

四师1942年元旦晚会,正在这里热闹地举行。

拂晓剧团表演完节目后,从二师返回的陈毅,兴致盎然地作了《目前形势和今后工作方针》的报告,之后,他话头一转,提出一个很好的建议,即在华中地区建立成一个可以跨区行动的突击师,其余部队则地方化。

大家一愣,窃窃私语起来。随后,邓子恢站起来,提出要结合中央指示,强调精兵简政,共渡难关……

彭雪枫频频点头:"太好了,说到心窝里了。"

一切都是雷厉风行。彭雪枫和张震等旋即作出决定,确定九旅为师机动部队,十一旅取消了团,由旅直辖四个营……

1月21日,彭雪枫在《拂晓报》上发表《论精兵主义》一文。指出:"决定军队胜利的因素是人力（指战员加上广大群众），其次是物力（精良的武器加上善于使用武器的技术），加以科学的装备，灵活的战术，尤其能以弱抵强以少胜众，而后始可称之曰'精兵'。"

……

在政治工作、后勤工作等方面，彭雪枫抽出一定的时间，亲自检查。特别是对干部的培养方面，彭雪枫更是倾注了不少的心血。

抗日军政大学第四分校，原随营学校，是四师干部的摇篮。自1938年3月18日建校开始，彭雪枫就一直兼任校长。抗大分校共培养5000余人，为四师输送了大批血液。

种瓜得瓜，种豆得豆。在彭雪枫、邓子恢等努力下，根据地在一天天地巩固起来。

晨钟暮鼓，古刹月光书生情

古镇的月夜，是迷人的。

大地静穆，家家户户已进入甜甜的梦境。偶尔两声犬吠，更增添了冬夜的静谧。可是在镇东头一座小庙内，却是另一个世界。火红的灯苗，映着一张英俊清瘦的面孔，他，正专心凝神地看着什么，一动不动，仿佛完全忘记了周围的一切。

他是谁呢？他，就是彭雪枫。

少小离家，流离辗转，戎马岁月，又无暇读书。来到路东之后，战事相对平静一些。此时，读书的渴望像野草一般在心中疯长。读书，需要一个安静的环境，仔细比较，镇东头的两间破庙，成了他的"书房"。

这座古庙，是洪泽湖渔民祭祀水神、菩萨的庙宇，由于战祸连年，这里有两个和尚，除了诵经之外，来往烧香拜佛的人也较少。

警卫员帮助打扫干净，搬来一桌一椅，用门板搭了一张床，就成了简易书房。

晓风残月，晨钟暮鼓，颇有古刹的韵味，旁边就是美丽的洪泽湖，彭雪枫来过几次之后，便深深地喜欢上了这幽静的地方。

一位彭雪枫身边的战士，描述了当时的情景：

每每苦读至深夜，实在困倦极了，他就伏案迷蒙一下，当警卫员给他轻轻披衣因而惊醒时，他揉揉眼又继续读下去。有时我们劝他不要这样苦读，免得把身体搞坏了，他却笑着说："我还没有头悬梁锥刺股，算什么苦读？不抓紧时间读点书，会输给工作的。"

在给林颖的信中，彭雪枫娓娓道来，独到的读书心得，闪烁着智慧之光，穿越岁月的时空，即使今天看来，仍令人回味无穷。

对于古典名著《三国演义》，他这样评价：

《三国演义》也是一本必读的书（陈军长说不读三国和水浒的即不是中国人），如你愿看，我可按本送你看，那里有战术、有策略、有统战、有世故人情。

对于一代文豪鲁迅的文章，他这样评价：

鲁迅的文章简洁、尖刻，极有骨气，多读不仅在文字之技巧有益处，更可加强自己之修养。

对诺贝尔文学奖获得者，苏联作家肖洛霍夫的长篇巨著《静静的顿河》，他写道：

肖洛霍夫文笔隽永，描写细腻。我觉得第一部不如二、三部矛盾冲突高潮迭起，但也只有耐心了解第一部顿河上哥萨克民族风俗民情的意境，才能了解第二、第三部的因果关系。

对世界文豪托尔斯泰的《安娜·卡列尼娜》，他写道：

描写手段高超，故事生动细腻，对话漂亮俏皮，译笔流利通畅。

对于文学作品的妙处和选择，他对林颖这样介绍：

我劝你多看小说和文艺性作品，这不仅可以提高文化水平，而且可以增加社会经验（古人的）和修身养性。外国小说为主（旧俄和苏联的），中国小说也要读……

"埋头，埋头，再埋头！苦读，苦读，一百个苦读！"小屋内，高高悬挂着他的行草融为一炉的座右铭。

头枕洪泽湖的涛声,胸怀古今中外风云。在古庙内,他读了大量的书籍,至于多少,已无人考证,但从给林颖的信中,可以看到这些:

马列著作:毛泽东著作、《列宁选集》《资本论》等;

军事类:《战争论》《孙子兵法》《苏联红军内战史研究》等;

文学方面:《静静的顿河》《三国演义》《水浒传》《死魂灵》《红楼梦》等;

传记类:《列宁传》《斯大林转》《罗斯福传》等;

其他类:《什么是列宁主义》《各种政策》等。

……

共计 50 余本。

他爱书如命,特意托人给他刻了两个印章:新收到的书,盖上"书有未曾经我读",读过的书,扉页上则盖上"有书大家看"。

他自己爱书,对部下也同样如此要求。

1941 年 9 月的一天,四师九旅二十六团团长、老红军罗应怀,到师部半城汇报工作,结束之后,彭雪枫向他提出建议:"要抓紧时间,多读点书!"

罗应怀挠挠头,笑道:"师长啊,整天到晚,忙忙碌碌,哪有时间? 还有,找不到书啊!"

彭雪枫笑了,郑重道:"这不是理由,读书的时间只有一个办法,就是挤。把一点一滴的时间都用上。欧阳修读书还有'三上',就是厕上、枕上和马上。想必欧阳修肯定也忙,不然还用骑在马上,蹲在厕所里读书吗?"

说得罗应怀咧嘴一笑。他一边说着,一边拿出钥匙,打开箱子,取出三本,递给罗应怀:

"你先读读这本《水浒传》。这本书很好,很多章节写得很精彩。像'三打祝家庄',前两次为什么没有打下来,还牺牲不小,后一次为什么打下来了,这里面有学问,就是要注意调查研究,摸清情况,情况不明,决心就不能下,这和我们当前作战是一个道理。读《水浒传》既能提高文化水平,又能学到军事谋略。"

罗应怀笑着接过书,"啪"地敬个军礼,满意地离去了。

后来,彭雪枫也被战士们冠以"三上"的美誉:马上、庙上、船上。

彭雪枫给结婚后的林颖的第一个生日礼物,就是一本书——崭新的《斯大林传》,在扉页上,他这样写道:"我们忠诚坦白之对于爱,一如我们忠诚坦白之对于党!"

2008 年五一节,笔者在北京采访林颖老人,问道:"彭将军生前,最大的爱好是什么?"老人略微皱眉,笑道:"读书!"

她说,彭雪枫生前,不止一次地对她说:"一天不读书,不看报,就好像生活中丢掉什么东西似的。"

岁月滑落到 21 世纪的今天,一个重要的理念已深入人心:

——知识改变观念,观念改变行动,行动改变命运!

这才是读书的奥秘与真谛!

"读万卷书,行万里路,做万般事,成万家材。"

古老的信条,在彭雪枫身上处处闪光。

特别是新四军四师撤到路东以后,彭雪枫变得更加谦虚起来,他戒骄戒躁,虚心地接受批评,他要在书中寻找另一个世界,寻找精神的慰藉,使内心世界变得更加广阔、更加强大起来。

正像泰戈尔所言:"从别的日子里漂浮到我的生命里的黑云,不再落下雨点或引起风暴了,却只给予我的夕阳的天空以色彩。"

此时,在他 37 岁的人生历程中,生命之光绽放出最美丽、最耀眼的光环。

有人说,人生具备"三度"就成功了:一个人的品格是厚度,一个人的胸怀是宽度,一个人的境界是高度,而这三度,彭雪枫都具备了。

宝剑锋从磨砺出,民主政权得人心

1942 年 10 月 14 日。

已是秋高气爽季节,洪泽湖畔,正是草深鱼肥,到处洋溢着一片收获的喜悦景象。

在半城镇的一座四合院内,坐满了淮北苏皖边区的参议员们,他们正在聆听彭雪枫作《军事报告》。

彭雪枫戎装整洁,浓浓的河南口音,抑扬顿挫,听起来有一种刚劲有力的感觉。他饱满深情地望着台下,他们中,有的白发苍苍、美髯飘飘,有的西装革履、仪表不俗……他们伸长着脖子,专注地听着。

自刘少奇来到华中以后,解放区抗日民主政权按照"三三制"原则,逐渐组建起来了。

所谓"三三制",从党派背景上说,即共产党员占三分之一,非党进步人士占三分之一,中间派民主人士占三分之一。从阶级成分上说,地主资产阶级、小资产阶级、无产阶级各占三分之一。

"三三制"的目的,是建立各抗日党派、各阶级联合起来的政权,不使地主资产阶级专政,不是有钱则生、无钱则死的政府。

参议会，是抗日战争期间，根据地最高权力机关，相当于今天的各级人大委员会。他们对政府进行监督，是保证各阶层人有说话、办事、参政机会，发动各阶层共同抗日的一种办法。

参议员，自然相当于今天的人大委员，向人大作报告，广泛征求意见，是一种民主的表现。

根据地能够取得成功的主要因素，一是在根据地实行了民主改革，实行"三三制"原则和参议会制度。二是在军事上，形成了主力部队、地方武装和民兵自卫队三位一体的结构。

彭雪枫深知以前被刘少奇批评为"扛着枪要饭吃"的日子，是难以发展壮大的，到路东以后，他更加深刻地认识到，政权、根据地和"一个篱笆三个桩，一个好汉三个帮"的重要性。有了根据地，部队才有立足之地，才有兵源补充，才有粮饷的补充，正所谓：军民，乃鱼水情也！

建立根据地的中心环节，就是实行减租减息，把农民从封建桎梏中解脱出来。这是共产党区别于国民党特有的做法！

一个亲近农民，一个脱离农民，"君，舟也，民，水也，水能载舟，亦能覆舟"。

共产党赢就赢在这点上！

蒋介石依靠的是大地主、大资产阶级，"端人家碗，受人家管"，政权基础决定了嘴巴向谁说话。他们怎么瞧得起贫穷可怜的农民，一心抗战却报国无门的有志之士？

1949年蒋介石兵败大陆逃到台湾后，痛定思痛，方渐渐悟到共产党的"绝招"，于是效仿之，进行轰轰烈烈的土地改革，后来在台湾才慢慢地站稳了脚跟，这是后话。

因此，在根据地的建设上，他倾注了大量的心血，一首民谣在百姓中广为流传：

彭司令，真是强，谁提起来谁夸奖。
生活艰苦又朴素，关心群众像爹娘。
你种地，他帮忙；
你打麦，他扬场；
日本鬼子"大扫荡"，抗敌拿起刀和枪，
军民合作一条心，打跑鬼子保家乡。

他首先回顾了16个月以来，在淮北大地发生的可喜变化，他指出，四师作战 340 次,缴获各种枪支 3000 多,击毙日伪军 6000 多名……

振奋人心的消息,化作一丝丝快意写在一个个参议的脸上,特别是彭雪枫提到敌我发生的变化,大家群情振奋,他高声道:

"这喜人的变化,我用三句话来概括,第一句话,就是我们过去是夜间战斗,现在,可以白天战斗了!"

一阵掌声响起来。

"第二句话,就是过去是游击战,能打就打,不能打就走,'三十六计走为上策',现在,我们可以进行运动战了!"

大家的掌声更响了。

"第三句话,就是过去我们很少进行攻坚战,原因是我们底子薄,今天,我们强大了,可以攻坚了!"

接着,彭雪枫话头一转,笑意中带着严肃:

"这些成绩和胜利是怎么来的呢? 原因在哪里呢?

一些部队同志几个月没有解过子弹袋,更不要说脱衣服睡觉了,他们没有一天不在战斗。

后勤工厂的同志,制造炸弹炸药时,炸药燃着把眉毛都烧焦了,还继续干着。

同样,人民的支持功不可没。一位五六十岁的老先生,卖了 5 亩地,得了 600 多块,亲自送上门来,这种'解衣衣我,推食食我'的伟大精神,是值得我们永远感激和钦佩的!"

话音刚落,掌声如雷,一些参议的脸上,流下了两行热泪。

彭雪枫也被大家的情绪深深地感染了,他顿了顿,高声道,"江山易改,本性难移,狗是改不掉吃屎的习惯的,我们存在一天,他们就不安一天,敌人大规模的'扫荡'将有来临的那一天的,我们,同样也做好了一切准备!"

夕阳西下,对着东方,致它的最后敬礼。

整个小镇,笼罩在一片霞光之中……

第十二章　浴血奋战

故善战者,制人而不制于人。

——《孙子兵法》

临危不乱,巧施良计破夙敌

1942 年 11 月 7 日,一个特殊的日子。

太阳娇红的脸庞,在冬日的薄雾中,宛如快要出嫁的新娘,显得格外美丽、动人。

早饭过后,在抗大四分校驻地——姚祖庄的操场上,人山人海,鼓乐齐鸣,四师各单位人员六七千人,汇集在此,举行庆祝苏联 35 周年纪念日阅兵演习。

抗大四分校,是彭雪枫建立的。

从上午 8 点开始,一直到下午 5 点,操场上,杀声震天,掌声不断。快要结束时,参谋人员突然跑来报告,日寇开始向淮北根据地大举推进!

这就是历史上淮北根据地有名的 33 天反"扫荡"开始了。

淮北根据地(又分两块,津浦路以西,为豫皖苏根据地,俗称"路西"。以东为皖东北根据地,俗称"路东"。)是抗日战争期间中国共产党领导的全国著名的 19 个解放区之一。

打开地图,可以看到,它的战略地位是多么重要。

它位于豫皖苏鲁四省交界处,敌人的两大交通命脉——津浦、陇海铁路在此贯通,接近敌人的侵华心脏徐州、蚌埠、南京。面积 4.13 万平方公里,人口 617 万,北面是冀鲁豫和山东根据地,是八路军与新四军的联系枢纽。

东面是苏北与苏中根据地。南面是淮南根据地。是新四军东进苏北,西连中原的前哨。

所以日军千方百计进攻这一地区,掠夺这一地区,以实行"以战养战""以华制华"的毒辣政策。

采访中,林颖老人告诉我,那时四师的战事格外多一些,就印证了这一点。

鬼子果然来扫荡了。

由于日伪据点,不断地被拔除。唇亡齿寒,日寇感到惶恐不安,视根据地为心腹之患。

11月13日,驻徐州、蚌埠、嘉山一带的日军第17师团、第13独立混成旅团各一部及伪军,步兵7600多人,骑兵600人、汽艇19只、坦克6辆、飞机8架,以青阳、半城为目标,分5路向四师分进合击,企图聚歼四师于洪泽湖畔。

自程道口战役之后,边区出现了一时的"和平"环境,一些干部和战士产生了"太平"观念,甚至有人异想天开地认为,敌人不会来了。对此,彭雪枫多次提醒一些干部战士,要做好反扫荡准备。就是在一月前的参议会上,他还大声呼吁,时刻警惕日寇的到来,看来,有备无患,是多么有道理啊!

兵来将挡,水来土掩。

14日晚,在师部茅草房内,烟雾袅袅,彭雪枫手持香烟,和邓子恢等商量之后,他站在地图前,望着大家:

"这次日军,来势凶猛,我们要避其锋芒,我们采取的方针是:一、主力跳出敌人的包围圈,但遇到有利的目标也不放过。二、在敌人的侧翼和后方,与之纠缠,实行破击战。三、袭击、拔除日军在我根据地内建立的据点。"

彭雪枫顿了一下,接着道:"我国古代伟大的兵学家孙子在他的《军争篇》中说:'是故朝气锐(敌初来时势甚锐猛)',昼气惰(懈怠了),暮气归(情绪低落不愿徒劳再进了)。故善用兵者,避其锐气,击其惰归(乘其懈怠罢兵之际而聚歼之),此治气者也。'

"老子也曾说:'飙风不终朝(大风不过一个早晨),骤雨不终日(猛雨顶多下一天),孰为此者? 天也(自然界的规律)尚不能久,而况于人乎?'狂风暴雨尚不能久,而况于日本军阀乎?"

……

"雪枫同志说得有道理,此次反扫荡,只要我们军民一致,按照刚才雪枫同志布置的战术,就一定能粉碎他们的扫荡!"邓子恢站起来,带头鼓起掌。

后来,在给林颖的信中,彭雪枫披露了这一段不凡的生活:

十几天以来,我们过的是昼伏夜出的生活,恢复了路西时代的游击了,白天隐蔽封锁消息,夜晚行动,跋山涉水,淮河已经来往渡了三次,目前我们围绕着圩风嘉的小山地,童山濯濯,没树林,然而较之平地,总算较胜一筹了。我现在是在这个荒山之中的一个荒村里,在给你写信,心里不知道是一种什么滋味,到处是敌寇的烽烟,东望淮宝云天漫漫,高良涧岔河已被敌人占领了! 你到底是在淮宝或淮南呢? 我不知道,简直无法知道,我默默地为你祝福!

字里行间,流露出在炮火连天的岁月,对爱人的牵挂,对战争的独特体味……

由于师主力及时跳出敌人的包围圈,敌人是竹篮打水——一场空,19日,鬼子灰头土脸地被迫撤退,第一阶段的"扫荡"不了了之。

再接再厉,再破敌"扫荡"

可笑的是,敌人还掩耳盗铃,11月24日,在伪《徐州日报》上发表社论,大肆吹嘘:

现在此种匪共据点,既被友军攻破,匪共覆灭,殄夷几尽,大好湖田,将一变为良民之居住生产地带,共匪所失凭藉,便永无卷土重来之一日。

兹于大东亚战争将近周年纪念之际,友军竟将洪泽湖上之共匪巢穴粉碎,辉映时局,洵为极有价值极有意义之胜利!

"无耻! 可笑!"张震看后摇头笑道。

"敌人的阿Q精神胜利法,真是发挥到极点,让他们做梦去吧!"彭雪枫看罢,把伪报纸一揉,扔到了一边。

敌人是不会善罢甘休的,休息几天之后,25日,敌人第二次出动,从泗县分三路向中心区域推进,开始了第二阶段的"扫荡"。

对此,彭雪枫在给林颖的信中,这样写道:

泗县之敌约三千,坦克汽车各两辆骑兵四百,分三路进占上塘陈冲郑集,距我们二十里,夜里我们又不得不回圩风嘉,果然25日(即昨日)敌即经

将道

双沟到鲍集官镇,与我们是一河之隔,昨晚又返回竹沟,今晨各处情报敌有南渡进犯圩风嘉模样,大家又紧张了一个上午,圩风嘉太小了,怎么能经得起三千敌人的纵横驰驱呢?下午情报,敌人去双沟北区了,大家才放下了心,我们决定仍回泗南,与敌周旋,绕大圈子去。

反"扫荡"中在敌占区的我侦察兵。

彭雪枫运用"内线与外线相结合"的战术,在运动中寻找敌人弱点,打击敌人。

11月28日,骑兵团第三大队于泗东击毙日军小队长以下15人。

12月1日,十一旅三十二团一部夜袭进占我马公店之敌,毙伤日伪军140余人。

……

日寇在根据地内,处处碰壁,最后,不得不缩回巢穴,29日于泗县毫不知耻地召开所谓的"祝捷大会",第二次"扫荡"呜呼哀哉!

彭雪枫后来回忆道:

敌之"扫荡"锐气尽失,而进入"惰归"阶段,除掉了抢掠我根据地的牛驴鸡鸭之外,就是装满汽车的死尸了……

对此,溃回途中的伪军,编了一首歌谣自嘲:

去洪泽湖亮亮堂堂,
拐回来吊蛋精光,
谁要再去洪泽湖,
男盗女娼!

沉着应对,一鼓作气,反"扫荡"高奏凯歌还

常言道:"事不过三。"

狡猾的敌人,也深知中国这句古训的道理。两次失败之后,敌人开始改变战略,即采取稳扎稳打的方法,以建立据点、打通并巩固泗(泗阳)宿(宿迁)公路为目标。

12月初,敌人开始建立据点,控制青阳(敌300余人),马公店(200余人),金锁镇(200余人),归仁集(200余人),老韩圩(三四百人,金子联队司令部),新关、董圩子(伪军一个团700余人),黑塔(小本中尉一中队),赵庄(佐本一个中队及伪军两中队),以及侍卫圩、双蔡圩等据点,变进攻为退守,不时向我出扰抢掠,或奔袭合击。

在地图前,彭雪枫一手点着香烟,猛吸一口,用笔在地图上画了几个圈,笑道:"缩起头来,想当老鳖,没那么容易!敌疲我打,该咱们打他们了,让他们尝尝新四军的'果子'。"

这时,一道电波飞来,带来华中局的两个重要决定:一是批准邓子恢、彭雪枫、吴芝圃、刘子久、刘瑞龙5人为淮北区党委委员,邓子恢为书记。二是撤销淮北军区,由第四师兼淮北军区,彭雪枫兼军区司令,邓子恢兼军区政委。

从此,淮北军区实行党政军民一元化领导。

新官上任三把火。1942年12月1日,彭雪枫立即发表《慰问边区同胞书》。

一是组织民兵自卫队,洋枪、土炮、长矛、大刀、锄头等都是武器,打击敌人,放冷枪、截尾巴、捉哨兵……

二是打汉奸。

三是坚壁清野,使敌人处处碰壁。

民者,兵之本也。战争是双方综合实力的较量,而起决定作用的是觉悟的民众意志,人民,是不会为一个残酷压榨他们的政府而战的。

彭雪枫决定打一场军民联合战!

主力方面,决定以九旅一部歼灭金锁镇之敌,另一部袭扰归仁集、青阳镇之敌,十一旅主力再袭马公店,骑兵团一部阻滞泗县之敌对马公店的增援……

12月9日夜,驻青阳镇、归仁集、金锁镇等地的日伪军1500余人,分三路合击朱家岗,二十六团团长罗应怀率部扼守村落圩寨,与敌反复肉搏,血战竟日,后在韦国清旅长率领的骑兵团二大队策应下,杀出重围。

此战,共毙伤日伪军200人。

12月12日晚,伸手不见五指,巨大的夜幕像黑色的魔爪伸向大地,一切显得恐怖、阴森。

不一会儿，天下起冷雨，裹挟着一阵阵寒风吹来，战士们直打寒噤。十一旅三十二团第二营，准备第二次袭击马公店之敌。12月1日第一次袭击后，鬼子撤回了泗县城，仅留伪军300余人留在城内，强迫民工修筑据点。

二营组织了突击队，每人携带18枚手榴弹，经过激战，将敌人压入一座大房内，突击队员爬上屋顶扒洞，往下投掷手榴弹。轰隆、轰隆，爆炸声中，敌人血肉横飞，烧死的烧死、炸死的炸死。

这时，一股敌人"狗急跳墙"，也爬上房顶，于是，双方展开了肉搏战……

此次战斗，共毙伤敌人80余人。

三十二团二营两次主动袭击马公店，迫使敌人放弃在此安设据点的企图，战绩誉满淮北。

……

从11月14日至12月16日，33天打了37仗，彭雪枫指挥部队，采取袭击战、伏击战、破击战、守备战等方式打破敌人的"扫荡"。共歼灭日伪军700余人，粉碎了敌人合击我主力、蚕食根据地的阴谋。

有得就有失。对此，彭雪枫在给林颖的信中，他作了这样的总结：

此次扫荡，主力部队能机动地首先跳出合击圈，继而能各线打击敌人，总算是深可庆幸的事！但表现最严重的弱点是政府机关人员的不沉着，地方武装的无能。这都是往昔长期太平环境所赐的恶果，在实际战斗和苦痛中，应当会给予警惕的吧？这一次血淋淋的事实，比过去任何一篇文章和报告都要来得切实！

高尔基小说《母亲》中的主角伯惠尔说："人们是不信任赤裸裸的说话的，非吃苦头不可，非用血来洗练说话不可！"

胜利的消息，伴随着恣肆的寒风，吹遍洪泽湖畔的大地，村庄、商店、学校……锣鼓喧天、鞭炮齐鸣，到处传着一个声音——"彭师长，计谋高，打仗好，是诸葛亮

战斗在洪泽湖上的四师游击大队。

再世！把小日本打得屁滚尿流，这回咱们可以过太平日子了！"

夕阳红里的回忆是珍贵的。

晚年的刘瑞龙，回忆起在淮北那段刻骨铭心的岁月时，曾深情地对他的几个子女说，1942年底，在淮北抗日斗争史上，一次胜利粉碎日寇持续时间最长的大"扫荡"的战斗中，彭雪枫同志所表现出来的卓越指挥才能，给他留下了极其深刻的印象，使他永世难忘。

第十三章　军政双赢

> 我衷心地欢畅,吹过的风带着清香。
> ——泰戈尔(印度)

山子头战斗,活捉韩德勤

1942 年底,反"扫荡"结束后,四师司令部移驻半城西南的大王庄。

大王庄距半城四五华里,是一个有几百口人家的小村子,东边四五里处就是碧波荡漾的洪泽湖。

冬去春来,万象更新,1943 年的春天,已姗姗地来到了洪泽湖畔。

就在根据地沉浸在一片祥和、平静的气氛时,一股阴霾悄悄地走来了。

南京,夜晚,一座花园洋房内。

蒋介石一袭丝绸长袍,背着手,站在璀璨如银的灯光下,正听着广播。一条重要的消息,通过播音小姐甜甜的声音,使他沉醉其中了。

原来,欧洲大陆和太平洋战场,已发生了重大变化,盟军已开始转入反攻,德、意、日已处于不利地位……

蒋介石兴奋地来回踱着,嘴中喃喃有词,此时,他开始打起如意的小算盘。

一方面,他希望盟军在迅速战胜德国后,能集中力量打败日本,中国便会很快赢得抗日战争的胜利,另一方面,他担心在抗日战争胜利后,共产党的力量会壮大,使他的统治难以为继。为此,他准备发动一次新的反共高潮。

不久,蒋介石发表了《中国之命运》一书。在书中,他大肆鼓吹"一个主意,一个政党,一个领袖",并提出"制造内战、破坏抗战、危害国家"的罪名,把它强加在共产党的头上。

同时,他发出密令,对中共领导的各抗日根据地严密封锁,进行围剿,力求逐步消灭八路军和新四军。

魔爪开始悄悄伸开。

3月上旬,驻安徽阜阳、蒙城地区的国民党第三十一集团军王仲廉部,越过津浦路,东犯淮北抗日根据地。

与此同时,在33天反"扫荡"中,被日、伪军逼得无路可走,被新四军三师保护退入淮海根据地的国民党苏鲁战区副司令韩德勤,竟然背信弃义,以收复失地为名,突然率领国民党第八十九军、独立第六旅和保安第三总队共4000余人,西渡运河,进占淮北根据地的金锁镇、界头集、山子头等地区。并派第八十九军赶赴灵璧,接应王仲廉部。

这时,王仲廉先头部队3个团,越过津浦路日夜兼程向东进犯。

消息传来,激起一片怒潮。

"雪枫,我们对韩德勤仁至义尽,既然他不客气,咱们就狠狠地揍他一下!"邓子恢挥了一下拳头。

"对,按照中央有理、有利、有节的原则,教训他们一下,向军部建议,马上发起攻歼韩德勤的战役!"彭雪枫扭头向张震说道。

不久,陈毅来电,同意彭雪枫、邓子恢指挥四师第九、第十一旅和三师七旅等部,在韩、王会师之前,发起对韩战役。

17日夜,明月高悬,大地如昼,各部队迅速赶往预定地点,在山子头地区,把敌人围得水泄不通。山子头,是一条东北—西南走向的土岗,岗上有几个小村子,韩部就龟缩在这几个小村子中间。

一切箭在弦上。

18日零时,在炮兵的掩护下,总攻开始。我军势如破竹,战斗中,第二十五团第八连指导员孙长兴从俘房口中得知,韩、王龟缩在屋内,遂不顾头部负伤率4名战士冲入屋内,击毙在程道口战役中逃跑的王光夏,活捉了韩德勤。

到18日下午,战斗结束,全歼韩德勤部4000多人,缴获轻重机枪60多挺,大炮6门。

韩德勤绝食耍滑头,彭雪枫铁证如山

胜利了,战士们高兴地在打扫着战场,但接着就遇到一件麻烦事,对此,

旅长韦国清(1955年被授予上将军衔,曾任解放军政治部主任)后来回忆道:

韩德勤被我二十五团八连停虏后,在战地释放他,但他不走,自己承认是"副司令长官""江苏省主席",要求见四师领导人彭雪枫、邓子恢。但是,当我军战士要他离开战场时,他又要赖皮不走,反而责问我军战士:"你们为什么要打国军,是韦国清下的命令,还是彭雪枫下的命令?"

彭雪枫知道后,带着张震等来到界头集,他们来到一处农家小院,走进一间茅草房。只见昏暗的光线下,一个肥胖的中年男子,衣衫不整,神情沮丧地背靠着墙壁,一言不发。

"你就是韩主席吗?"

良久,韩德勤微微抬起头,有气无力地问道:"请问长官是?"

"彭雪枫!"

"啊!"韩德勤身子抽搐了一下,脸上露出惊愕的表情,接着平静下来,不服输地说:

"你们凭什么关押我?我是堂堂的苏鲁战区副司令、江苏省主席!你们这是破坏抗战,我要电告委员长!"

韩德勤摇身一变,反咬一口。彭雪枫和张震相视一笑。

"韩德勤,你率部入侵我边区,配合王仲廉东西夹击我四师,这,难道你还不清楚吗?"

"不要血口喷人!有何证据?"韩德勤像一只被激怒的狗熊,顿时露出狰狞面目。

"这是什么?"说着,彭雪枫从口袋里掏出几张发黄的电文纸。原来,这是战斗中缴获的韩德勤给蒋介石的预谋合击四师的电文。

"白纸黑字,还有你韩某人的签名,韩德勤,铁证如山,你还能说什么?请你认清形势,不要执迷不悟!"

韩德勤用颤抖的双手捧着那几张电文,顿时像霜打的茄子,直冒冷汗,一下子瘫软下来。

"好好招待'客人'!"彭雪枫甩下一句话,带着张震等人走了。

一波三折。没想到的是,韩德勤开始绝食了。

自从韩德勤被俘后,他感到很没面子,堂堂一个省主席,成了阶下囚,同时,也不想承认自己是反共的元凶,于是,吃起火柴头,试图自杀。

由于看守严密,韩德勤几次未果,只好作罢。

第三天，绝食两天的韩德勤，在彭雪枫等人的劝导下，开始吃点东西，也许是饿急了，吃起饭来，狼吞虎咽，但还是满嘴嚷嚷着："我要见陈毅，我要见陈毅！"

嘴里说着，嚼着，腮帮子鼓鼓囊囊的，样子看着有点滑稽可笑，自言自语道："你们不要同独六旅打，不然，你们新四军吃亏更大！"并说有一次，日军围攻六旅好几天，最后还是没办法……说着，还表现出一丝得意。

"独六旅长李仲寰已经阵亡，三个团长已被新四军俘虏！"正在这时，彭雪枫、张震带着被俘的韩的副官，走了进来。

"什么？"韩德勤先是一愣，接着号啕大哭起来。

"我历来是抗日的啊，就是蒋秃子从来就不信任我，不让我抗日，我实在是没办法啊……呜呜……你们不知道，那些当官的，就知道吃喝嫖赌，玩女人，取小老婆，我就一个女儿，没儿子，我亏呀……呜呜……"

再狡猾的狐狸，也难逃过猎人的眼睛。

看着韩德勤"表演"，极力为自己开脱，彭雪枫和张震都笑了。

彭雪枫清醒地认识到，山子头战斗，不光是纯粹的军事战，也是一场政治战，一旦让蒋介石知道新四军活捉了他的省主席，一定会抓住口实，污蔑新四军，重新发起反共高潮。

于是，黄昏时，彭雪枫等返回大王庄，以韩德勤的名义，用蒋、韩通报密码，向蒋介石报捷，蒋介石信以为真，复电慰勉，司令部一片欢呼。

几天后，当蒋介石知道反共分裂的铁证落入新四军手中时，恼羞成怒，大发雷霆："这个彭雪枫，狡猾得很，共匪不灭，誓不为人！"

义释韩德勤，一片赞誉

由于事关重大，加上韩德勤的一再要求，3月25日，应彭雪枫的邀请，陈毅从淮南的黄花塘来到了大王庄，亲自处理此事。

闻讯陈毅来到，韩德勤像变了个人似的，在屋内来回走动，惶恐不安。

原来，1931年9月15日，在中央苏区第三次反"围剿"时，在方石岭战斗中，韩德勤所属的五十二师被全歼，韩就做过俘虏。

"久闻将军大名，今日相见，惭愧，惭愧！"一见面，韩德勤红着脸，显出一副很内疚的样子。

"不打不相识嘛！抗日大计，你也是知晓的，你们夹击新四军，这可是不对呀！希望你回去好好想一想，是同室操戈，还是枪口一致对外？这个道理，我陈毅相信你韩主席是明白的！"

陈毅军长送韩德勤出境。前排左一为陈毅，左二为韩德勤。

接着，陈毅向韩德勤讲述了当前的抗战形势，共产党的政治主张和方针政策，以及国民党顽固派制造摩擦的罪行。

最后，陈毅厉色道："我们发起山子头战斗，是被迫的，是自卫的，王光夏被击毙是罪有应得，你韩德勤被俘虏也是罪有应得。不过，只要你能痛改前非，与我们携手抗日，不再围攻新四军，我们就既往不咎！"

一席话，说得韩德勤满脸通红，像小鸡啄食似的，频频点头："将军放心，以后绝不会和新四军搞摩擦了，即使是王仲廉东进，我也要制止他反共！"

彭雪枫在一旁笑道："那以后，就看韩主席的表现啦……"

4月1日，根据中央指示，为争取韩德勤与新四军合作抗战，阻止顽军进攻根据地，决定送还韩德勤300余人，以及电台、弹药、马匹等，划定其活动地区，并派牛车、骑兵大队礼送出境。

是夜，禁不住心头的喜悦，彭雪枫给林颖的信中这样写道：

至于韩德勤事件，当然是很大的，会给人以反共的口实。但在半月谈判中，双方得到互相谅解，他的实力已消灭殆尽了，他决无再行反共的力量，因之他表示今后不再反共，即便王仲廉（王是受他指挥的），他也要制止他东进后不反共，这当是很好的。而我们答应不再进攻他。于是在欢洽的空气中，今日为之饯行，送他出境了。

4月4日，彭雪枫代表陈毅与对方正式签署了《会谈备忘录》。从此，洪泽湖畔，又恢复了往日的平静。

第十四章　友情，亲情，鱼水情

夫将之所以战者，民也；民之所以战者，气也。

——《尉缭子》

酒香浓浓，大柳巷里，陈毅诗兴大发

"送走"韩德勤，彭雪枫长长吁口气，连日来的疲惫和忙碌，使他和邓子恢等身子仿佛散架似的。

晚饭后，彭雪枫、邓子恢漫步在大王庄的田埂上，不一会儿，就来到了洪泽湖边。

此时，正是桃花盛开，春意盎然。只见碧波如镜，渔帆点点，一道余晖，给一望无垠的湖面涂上了一层薄薄的彩装。

望着富有诗情画意的美景，彭雪枫感慨地说："军长在此，必定诗兴大发，吟出一首到处传唱的江南绝句！"

"雪枫，你也是才高八斗的，和军长比试比试，我为你们研磨。"

"呵呵，过奖了……现在正是春暖花开，何不邀请军长到大柳巷游玩，酒香景美，到此一游，消除疲劳，何乐而不为呢？"

"是啊，太好了！哎，喊上长江吧，他也是一个文人，大家在一起，凑些情趣……"

4月18日，碧空如洗，鸟儿啁啾。

陈毅、彭雪枫、邓子恢、范长江等，凌驾着骀荡的春风，在泗南县长张太冲的陪同下，一行策马西行。

双沟镇，是途中的必经之地。

这里濒临淮河，水旱码头，船来人往，格外热闹。一线长街，铺满青石，两边古朴的店铺，鳞次栉比，透出千年古镇的繁华与沧桑。

镇上，"贺全德"酒糟坊老板贺子谋，是一名开明绅士，任淮北边区的参议员，在张太冲的建议下，一行人到贺子谋家参观，以此激发贺的抗日热情。

品尝了双沟大曲，不久，一行乘一叶扁舟，来到风景宜人的大柳巷。

大柳巷，位于峰山脚下，洪泽湖畔，是附近淮河上的一个三角洲，四面环水，景色宜人。

放眼望去，小沙洲上，翠柳葱茏，梨花绽放，宛如缤纷的屏障，走近一看，却似一道绿色长廊。芳草萋萋，鸟儿啁啾，彩蝶翩翩，一片生机盎然。

"好景，好景，果然名不虚传，真乃世外桃源啊！"陈毅摘下帽子，双手叉腰，宛若孩子一般，高声嚷道。

"军长，咱们下棋吧！"彭雪枫在一旁笑道。

"好啊，拿棋来！"

在一棵花蕊坠满枝头的梨树下，陈毅、彭雪枫、范长江等席地而坐，开始厮杀起来。不一会儿，陈毅连胜几盘，心中怡然，此时，一阵微风吹来，银白色的花瓣，纷纷扬扬，悠然而下，幽香沁人肺腑。陈毅不觉诗兴勃然，仰望蓝天，轻轻吟出一首小诗：

围棋树下镇日闲，
君醉起舞我欲眠；
风动落英香满座，
拈花微笑更陶然。

"好诗，好诗！'风动落英香满座'，真是神来之笔，自然、生动，意境优美！再来一首！"彭雪枫站起来，大家都喝起彩来。

"你南阳老乡——唐朝诗人岑参，那可是写梨花的高手啊，'忽如一夜春风来，千树万树梨花开'，无人不知，无人不晓，那是千古绝唱呦，不过，老夫聊发少年狂，今天我陈毅要与他一比高下！"

为惜春残共举杯，
泥红难伴苦相摧；
人间好景随时在，
满眼梨花锦作堆。

接着，乘着诗兴，陈毅又在胡琴的伴奏下，唱了一段《空城计》，琴声袅袅,曲声悠扬,随风飘荡……

夕阳西下,一行人恋恋不舍地离开了大柳巷,沿淮河大堤向回走去。余晖中,几匹大马似乎也感奋起来,扬蹄长嘶。陈毅灵机一动,扭头笑道:

"雪枫,听说你骑术不错,咱俩比试一下怎么样?"

"好啊,能与军长在此地比试马技,我很荣幸!"

说着,二人翻身上马,马鞭一抽,宛如离弦之箭,二马奋蹄飞奔在绿荫成廊的大堤上,最终,彭雪枫技高一筹,陈毅大大咧咧地笑了:

"还是雪枫老弟厉害啊!"

一阵掌声响起来。

一位剧作家说过:"我们赏一幅画,看一出戏,听一曲琴,读一首诗,都是为逃避那空气紧迫、威严胁人的现实世界,来到一种悠然自如,耳目清新的另一世界。"

出外游玩,又何尝不是如此呢?

寸草报得三春晖

风,轻轻的,云,淡淡的,嫩草吐翠,花香四溢,一片恬淡、悠闲的景象。

宜人的景色总让人留恋。美酒、佳景、挚友,在四师的日子里,陈毅的心情是愉快的。

一天黄昏,晚饭后,陈毅和彭雪枫照例到村外散步。走到麦地边,看到一位老大爷吃力地挑着两桶水走过来,肩上的扁担"嘎吱嘎吱"的。

二人见状,连忙迎上前去。

"老乡,你们都在这里挑水吗?"陈毅皱着眉头问道。

"是啊!"

"这不太远了吗?"

老汉叹口气说:"远是远些,但全村,人老几辈,就这一口井啊!"

"为啥不打一口离村子近点的呢?"

老汉苦笑一下,摇头讲了事情的来龙去脉。原来,虽然大王庄距离洪泽湖较近,但地处湖畔岗陵,地下水位很低,打井很难,几百口人只有村南野地里的一口井,雨水充足时还好些,遇到干旱天,水位降低,全村人只好排队等水……

说完,吭哧吭哧地挑着远去了。

"走,过去看看!"不一会儿,两人来到了井边,陈毅若有所思道,"村上就这一口井,离村又这么远,影响群众生活呦!"彭雪枫微微点头:"是啊,群众

"新四井"近照。

帮助我们,我们也应回报他们……"

其实,自从四师司令部进驻大王庄以后,彭雪枫就发现了这个问题,决心为乡亲们打口井,但由于忙于反"扫荡",没抽出空来,现在,军长的话再次引起他的同感。

第二天,彭雪枫找来邓子恢、张震等,专门研究打井问题,他说:"大家知道,军民是鱼水情,老百姓有困难,咱们就应该帮助,群众事无小事,这关系到他们的切身利益,我们不能袖手旁观!"

打井并不难,关键是在哪里找块地方,因为占谁家的土地,谁都不愿意,毕竟,土地是农民的"宝",彭雪枫完全理解,最后,总算找了一块"官地"(即属于全村人共同所有的土地),才算解决。

动工那天,彭雪枫走在前边,挥锹铲土,军民合作,经过几天的劳动,一口新井终于打成了。

当清凌凌的井水提到地面上来时,全村人沸腾了,大家奔走相告,人群中,一位白发苍苍的老大娘颤颤巍巍地踮着小脚,走到彭雪枫面前,双手捧起喝了一口,啧啧称赞道:

"彭师长啊,俺活了一辈子,国民党的兵抢东西,共产党的兵送东西,喝着这水,俺心里就是甜,俺们忘不了你们新四军啊!"

位于江苏泗洪县半城镇大王庄的"新四井"。

一席话,将全场的人都说笑了。

滴水之恩,涌泉相报。朴实的中国农民,深深知道这句古训的含义。为了让后代铭记着新四军的恩德,大王庄的乡亲把这口井起名叫"新四井"。

2009年春天,笔者慕名前往大王庄采访。

踏上将军昔日生活的土

地,心头顿时涌起一股热潮。昔日的土路早已成了水泥路,低矮破旧的草房没了踪影,到处是一幢幢整洁漂亮的瓦房、平房。村子并不大,房屋稀稀拉拉的。岁月沧桑,人去物非,清风中,洪泽湖的涛声依稀可闻,走在乡间的小

今日的大王庄。

路上,我仿佛回到了那段峥嵘岁月,看到将军来去匆匆的身影……

采访中,当年彭雪枫的房东王家瓒先生,告诉笔者这样一件真实的"小"事。

一次,王家瓒家的麦糠放在了彭雪枫的住室,那是两间草房。警卫员看到后,心想,麦糠脏,师长是个爱干净的人,于是,趁彭雪枫不在,他把麦糠挪了。

彭雪枫回来后,一看麦糠由里屋挪到外屋,一问是警卫员动的,大发雷霆,最后,警卫员很委屈地把麦糠挪了回去。

当年还是懵懂的少年,今天已是古稀之年的王先生,说着说着,混浊的眼里闪烁着一丝泪光:"那时的干部啊!"

有诗为证:

咱们师长彭雪枫,
跨过铁路到路东。
好像太阳当头照,
人民心中一片红。

雪枫人马到半城,
人民心中挂红灯。
拿起长矛扛起枪,
跟着雪枫闹革命。

淮北屏障,华中干城

春去秋来,中秋节快要到了。

就在这时,洪泽湖一带,每天都是乌云滚滚,大雨滂沱,连续 20 余日,大雨不止,洪水如猛兽,在淮河兴风作浪,水位在急剧上涨。

8 月 28 日上午,师医务工作会议正在模范乡——大柳巷举行,坐在主席台上的彭雪枫,愀然地望着窗外的瓢泼大雨,忧心忡忡,突然,一名泗南县的干部闯了进来:

"不好了,大柳巷堤坝崩溃了,师长、政委,快去看看吧!"

"同志们,险情就是命令! 堤内 3 万多亩良田,1 万多名群众的生命面临洪水的威胁,时间刻不容缓! 走! 全体干部马上赶赴堤坝,十一旅马上出发!"彭雪枫立即发布命令。

刚一出门,一阵狂风裹挟着铜钱大小的雨点子,噼里啪啦地砸了下来,滚滚乌云中,不时闪过一道道蓝光,接着传来震耳的响雷,雨雾溟濛,分不清东西南北……

彭雪枫和战士们,踏着泥泞的小路,跌跌撞撞,不一会儿,赶到了圩堤最危险的地段大小李行,他亲自抱草、抬土,领导军民加固堤坝。

突然,在土名叫"老鼋窝"的地方,圩堤被冲开一道缺口,洪水奔腾而入,眼看圩堤就有被冲塌的危险,彭雪枫急忙喊道:

"同志们,快来呀,这里快决堤了,堵住它!"说着,抱起一捆儿麦秸,从两人高的堤上,纵身跳进缺口,用身体堵住水流。

战士们闻声赶来,看到师长跳下去,也纷纷跳进水中,形成一堵人墙。

浊浪一个接一个向彭雪枫袭来,身上、嘴里、鼻子里……他浑身湿透,脸色苍白,战士们劝道:"师长,您有胃病,时间久了,身体吃不消,还是快上去吧!"

"不,洪水就是敌人,不打败敌人,我决不上岸!"

附近的群众也抬来门板、稻草和泥土,从天黑一直干到天亮,才将缺口堵住。

经过 26 昼夜的奋战,大小抢险十余次,9 月 13 日,大柳巷新堤初步告成,堤长 40 华里。

一抹绚丽的阳光,穿过厚厚的云层,轻洒在大堤上。

人们欢呼着,挥舞着,让喜悦与激动的泪水,自由地流淌起来……

结束大柳巷筑堤的下午,边区民众敲锣打鼓,把一面鲜红的锦旗送到彭雪枫、邓子恢面前，只见上面写着："淮北屏障，华中干城"八个金色大字。

阳光下，八个大字熠熠生辉，远远望去，宛如一幅美丽的剪影。

彭雪枫将军牺牲后的 1945 年 1 月，淮北苏皖边区行政公署为了纪念他，决定将此段淮河大堤命名为"雪枫堤"，把大柳巷附近的村庄命名为"雪枫村"，并将将军安葬的半城镇更名为"雪枫镇"。

至今，泗洪县四河乡淮河沿岸的村庄，依然叫做雪一、雪二、雪三、雪四村……

无情未必真豪杰

彭雪枫和林颖结婚后，一个在湖西，一个在湖东，过着牛郎织女般的生活。只有星期六时，林颖才过来相聚。那时，根据地已实行星期天制度了。

大王庄村北头，一座茅草房小院里。

北屋两间，平时是彭雪枫和警卫员的住处，林颖来时，就是他们的爱巢。西屋一间是文书和平时开会的地方。

简陋的北屋，比较窄小，里间是"卧室"，除了一张方凳、一张书桌之外，还有一个用门板搭起的床。外间是"客厅"，空空如也。

在中国人的观念里，结婚就意味着成家了。家是人生的港湾，家是心灵的栖息地。彭雪枫军旅十几载，能有一片温馨宁静的小天地，格外难得。

采访中，林颖老人告诉我，结婚后，邓子恢准备把她调到四师司令部，以便在生活上好照顾一下彭雪枫，可是，个性要强的林颖没答应。

她不想让别人说三道四。

白天忙碌，晚上读书，只有晚饭后这段闲暇时光，才是彭雪枫心灵的"芳草地"。

彩霞满天的黄昏，二人漫步在大王庄村外，这是二人常常散步的地方。春去秋来，弯曲坑洼的田间小路上，撒满了爱的足迹。

看落日恋恋不舍远去的情景，听倦鸟归林掠过天空的翅翼声……富有诗意的时刻，令两人屏息驻足。两颗扑扑抖跳的心，似乎彼此都能听见。

每个人的心灵都是一个独特的世界。

看到爱人凝眸沉思，林颖歪着头问道：

"雪枫，你在想什么呢？"

"我在想，什么时候打回路西去，为死难的烈士报仇！"彭雪枫肃然地望着西方的天空。

林颖嘴角微微一撇,白了爱人一眼,柔声叹道:"路西、路西,做梦都想着路西,你们男人啊,整天就知道打仗!"

听到爱人有些怨气,彭雪枫有些不高兴了:

"战士们为革命牺牲了,难道我们不应该为他们报仇吗?"

林颖感到刚才的话有点不妥,不好意思地笑了:"仇是要报的,路西也是早晚要打回去的……"

彭雪枫一听,转过头来,呵呵笑道:

"算你明白,知我者,爱妻也!"

林颖也受感染了,向前一步,要挽着爱人的胳膊,不料,彭雪枫却推了她一把。

"怎么了?"林颖不解地瞪大了眼睛。

"你没看见后面的警卫员吗? 他们还没结婚!"

林颖扭头一看,小刘和小王跟在后面,正盯着他们。

林颖羞赧地低下头,俏美的脸上顿时飞起两朵红晕。不过,细细一想,丈夫说得有道理啊,念头一转,一股暖暖的细流涌上心头。

——她为丈夫的细心和替人着想而暗暗钦佩。

不仅如此,还有一件事让林颖"耿耿于怀"。

那是 1943 年的秋天,林颖被组织上安排到抗大四分校学习。

到了周六,林颖照例来到大王庄和彭雪枫团聚,可是,按照学校规定,学员必须星期天晚上返校。

夕阳西下,离开的时候到了,像无数家庭女性一样,林颖细心地把彭雪枫的衣服洗完晒干叠得整整齐齐,叮嘱爱人一番,准备出发。

可是,天公好像有意要挽留林颖似的。

突然,一声闷雷滚过,凉风从洪泽湖边肆意吹来,霎时,天空阴云密布,不一会,绵绵秋雨落下来了。

秋雨,沙沙的,似乎在和林颖作对,一直到晚,没有住点的意思。这可急坏了林颖,她一会儿扶着门框,朝天上望望,一会儿在外屋走来走去:"晚上回不到学校,要受处分的!"

林颖的喃喃自语,并没有惊动在里屋看书的彭雪枫。天色暗下来,他点着油灯,在昏暗的灯光下,如醉如痴,全然不知林颖的焦急。

"林颖同志,天快黑了,要不,骑着师长的马回学校吧!"这时,警卫员冒雨从屋外跑进来。

林颖微微一愣,目光中流露出一丝放松和喜悦:

"是啊,从大王庄到学校驻地姚祖庄少说也有 10 里路,天下着雨,路又滑,要想不迟到,最好的办法就是骑马!"

警卫员一听,马上就想去牵马。

"慢着!"林颖喊了一声,她皱下眉,摇了摇头,"这个,让首长知道了,恐怕不太妥当……"

知夫莫若妻。她知道,以爱人的脾气,说了也白说。

看到林颖有点担心,警卫员笑了:"还是我来说吧。"说着,兴冲冲地走进了里屋。

果然不出林颖所料。当警卫员把意思说完之后,彭雪枫放下书本,扭过头来,严肃地说道:

"天下着雨,没有马,难道我们就不能行军打仗了? 如果大家都这样,我们还干革命吗?"

一席话,说得警卫员脸红脖子粗,站在那里,干打愣。

站在外间的林颖,听了之后,有点后悔,也有点不高兴……但她转念一想,自己结婚时不就反对做首长太太吗? 怎么到关键时刻就耍脾气呢?

10 分钟过去了。眼看天快黑了,再等下去,就走不了了。

"你放心吧,我会准时到校的!"

也许有点怨气,也许本能个性的使然,不知哪来的勇气,林颖卷起裤管,拿起一把油伞,挎起小包袱,甩下一句话,跨出了门槛。

也许意识到自己的老脾气又犯了,彭雪枫站起来走到外屋,想解释几句,可是一看,人去屋空,不见了踪影。

风吼着,吹得院中槐树上的枯枝,吱呀作响。

天色完全黑下来了。

……

估计林颖快到学校了,彭雪枫跑到西屋,拿起电话,询问学校林颖到了没有,当得知林颖平安到校时,他欣慰地笑了。

可是,灯光下的他,心中总有点忐忑,他拿起笔,写下一封给林颖的信,信中向爱人解释了为什么这么做的道理,并表示歉意。

雨,沙沙地下着,夜色中,更加迷人。

律己的楷模

清朝诗人张潮曰:"律己宜带秋气,处事宜带春气。"这话形容在彭雪枫身上,可谓恰如其分,特别是到路东以后。

一次,彭雪枫到军部参加整风,白天开了一天会,晚上仍照样孜孜不倦地学习,这是他的习惯,无论工作多么繁忙,他都要挤出时间读一会儿书。

夜深了。

窗外的秋虫,轻轻地弹着琴,似乎在奏着一首催眠曲,可是彭雪枫越看越精神,丝毫没有睡意,警卫员从外屋走进来,关心道:

"师长,夜深了,明天再看吧!"

"你先睡吧,我再看一会儿。"说着,头也不回,又掀了一页。

可就在这时,彭雪枫坐在凳子上,身体突然摇晃起来,差点摔倒,豆粒大的汗珠从额头上滚下来。

警卫员被眼前的情景惊呆了,急忙上前,扶住彭雪枫,焦急地问道:"师长,师长,你怎么啦?"

彭雪枫扭过头来,镇定地看了一下警卫员,然后掏出手帕,擦去脸上的汗珠,若无其事地说:

"没什么,看把你吓的!"

"我,我……去找医生!"警卫员慌张地说着,转身欲要出门。

"回来! 深更半夜,医生同志已经休息了,以后再说吧。"彭雪枫拒绝了。

"这到底是什么病啊?"警卫员手足无措,急坏了。经过再三追问,彭雪枫才道出了实情。

原来,由于彭雪枫长期与战士们同甘共苦,工作繁重,患上了低血糖。这种病,一旦犯了,会心里发慌,头上冒汗,不过,吃一点东西,马上会好一些。

为了不给炊事员添麻烦,他总是暗暗地克制着,从来不对任何人讲,直到这次警卫员发现这一"秘密"。

这种病说犯就犯,不分时候。

那是初冬的一个夜晚。

彭雪枫在油灯下看书,忽然,"饿病"犯了,警卫员看到后,偷偷地让炊事员老王做了一碗面条,他知道师长是河南人,河南人爱吃面食。

当老王小心翼翼地端着一碗热腾腾的面条,走到彭雪枫的窗前时,他犹豫了,他知道,师长学习、办公时,是不让人打扰的,可是……想到师长整日操劳日益消瘦的脸庞,老王坚定了信心。

门"吱呀"一声开了。他硬着头皮,缓步走进里屋,将面条端到彭雪枫面前:

"师长,这是……"

望着眼前的情景，彭雪枫已全明白了。他放下手中的笔，严肃地问道："谁让你做的？同志们连面糊糊（稀饭）都喝不上，怎么能单独为我做面条?!"

彭雪枫口气严厉，目光中带着一丝怒气，老李还是第一次见师长发这么大的火。

"师长整日操劳，身体又不好，做碗面条，补补身体，这也是我的职责……"老王满脸通红，说着，眼圈红了……

彭雪枫也是外刚内柔的人，看到两鬓苍苍的老王眼里含着泪水，语气缓下来：

"炊事员同志，你的心情我能理解，可是你没想想，一个合格的共产党员应该吃苦在前，享乐在后。在革命队伍中没有贵贱之分，你为啥没给别的同志做面条，偏给我做呢?"

几句话，说得老王哑口无言。

室内，久久的沉默。

"哦，对了，邻居老大爷病了，你给他端过去吧！"

老王快快地端着碗出去了。

从这以后，每次遇到病情发作，他都要警卫员拿出在挎包里准备好的凉馒头，对付一阵。

除了患有低血糖病，彭雪枫还患有胃病。

那是在过草地时，因为吃草根太多，留下的后遗症。由于生活艰苦，他常常犯病。

老王看着师长消瘦的面容，心里非常难过。

一次，他到半城赶集，看到集市上的黑鱼非常多，心想，黑鱼不贵，老百姓都吃得起，这次，师长见了，该不会生气了吧。于是，就买了一些回去。

午饭时，当他把做好的黑鱼端上去时，彭雪枫的脸色马上变得难看起来："干吗加一个菜？战士们在吃什么？群众在吃什么？"

老王哑口无言，头低得像锄钩。

"是的，黑鱼并不贵，洪泽湖里多的是，可是，如果大家都讲究吃穿，这还是共产党的军队吗?"

一席话，让老王面红耳赤。

岁月无情人有情。

彭雪枫将军离开我们 65 年了，但他的许多传奇故事仍在民间广为流传，比如，枪毙爱犬"希特勒"；退掉棉服厂做的大衣；拒吃加菜餐……

2008年笔者在豫皖苏大地,在洪泽湖畔采风时,就印证了这一点。

心中明镜,智断冤案

桃李不言,下自成蹊。

清清延河水畔,歌声袅袅,骏马潇潇,敞情燃烧的抗日生活,吸引着四面八方的有志青年、知识分子,奔赴宝塔山下。摄影家吴印咸回忆道:

> 深厚坚实的黄土,傍城东流的延河,嘉陵山上高耸入云的古宝塔,以及那一层层、一排排错落有序的窑洞,这一切都使我感到新鲜。特别是这里的人们个个显得十分愉快,质朴,人们之间的关系又是那么融洽。我看到毛泽东主席、朱德总司令等人身穿粗布制服出现在延安街头,和战士、老乡唠家常,谈笑风生。我被深深地感动了。我觉得我已经到了另一个世界,这正是我梦寐以求的理想所在。

可是,风云突变,美好的生活,顿时被一团团阴云笼罩了:共产国际宣告解散;蒋介石在第三次反共高潮中命令他的得意门生胡宗南闪击延安;国民党的特务在边区周围活动频繁;康生又夸大事实,弄虚作假,制造混乱。

特殊的形势,对来到这里的青年审查历史,是必要的。但矫枉过正,就出现了一些偏差,1943年7月15日开始的"抢救运动"发生了。

"抢救运动"源自康生的一句话:"一个小孩子失足河中,如果是平时可以从容去救,如果是涨大水的时候,就要抢救。"于是,"抢救运动"在各个根据地轰然而起。

1943年8月下旬的"淮中案件",就是在这样的背景下发生的。

起因是淮北中学有个17岁的女中学生孙某偷了别人50元钱,被发现后,她捏造说,是一个有"特务嫌疑"的女学生胡某指使她偷的。淮北中

来自五湖四海的爱国青年奔赴革命圣地延安的情景。

学副校长张某和女教导员周某,信以为真,不做调查,就采取揭发案情、点名检查、煽动打骂、严刑逼供等手段,先后将 42 人打成特务分子。后来,案情像熊熊烈火,越烧越旺,女教师陈秉惠被诬陷成"特务组织"的主要负责人,以致"特务分子"增加到 56 人。

刹那间,一股阴风笼罩着淮北大地。

不料,事情又发生了意外。

1944 年 2 月中旬的一天,敌机窜到半城上空,恰巧把关在公安局里面的一名"重点对象"炸死了。在他身上,搜出许多写有"冤枉"的字条,公安人员一看,大惊失色。

案情进一步复杂起来。

恰巧此时,淮北边区行署主任兼公安局长刘瑞龙,因公去泗阳,区党委遂决定由彭雪枫审理此案。

没有调查,就没有发言权。

他首先调阅了大批有关材料,听了一些意见。然后,他用 4 天的时间,对主要人犯一一审问,结果,发现了几个重大疑点:

一、陈秉惠没有口供,没有铁证,淮中送来的证物不能成立,估计陈与淮中案件关系不大,甚至没有关系;

二、在审问过程中,发现存在严重的逼供信,在这样的情况下获得的口供,往往是不可靠的;

三、串供;

四、口供中有不合理的事实。

陈秉惠后来回忆道:

我当时还年轻简单,由于感到这个案件的荒诞无稽和对于逼供信的愤慨,在谈话激动的时候,曾拍桌子责问他(彭雪枫):

"共产党为什么干出这样的错事来!?"

他毫不动气,但严肃地回答我说:"共产党和国民党不同,如果确实是搞错了,我们可以纠正嘛。"

我又责问他:"照我看这是两天就可以弄清楚的事情,你们拖了这么长时间还解决不了!"

他回答说:"许多问题还需要到各处去调查,很费时间。你看,现在我不是已经在处理这件事情了吗?"

……

经过认真调查,仔细分析,核实材料,彭雪枫终于弄清了这是一起编造的假案,随后,淮北区党委为淮中冤案平了反。

细微之处见风范。彭雪枫实事求是、秉公断案的美名,迅速在淮北根据地传开了。

第十五章 大军纵横驰奔

战士们是利剑的响声，
白夜里永恒的乐曲。

——维森特·阿莱克桑德雷（西班牙）

黎明来了，彭雪枫心潮汹涌

风雨送春归，飞雪迎春到。

1944 年的春天似乎来得格外早，刚一立春，小鸟就整日立在枝头，唧唧喳喳，一展歌喉。冰冻的小河也早早地醒来，嘶鸣着，挣脱寒风的羁绊，欢快地投入洪泽湖的怀抱。

一切似乎都预兆着有喜事要发生。

果然，眺望遥远的欧洲战场，1944 年的春天，英勇的苏联红军，战无不胜，所向披靡，向希特勒的老巢柏林进军了。

太平洋战场，1942 年中途岛海战之后，茫茫大洋上，日军逢战必败，波澜壮阔的怒潮，宛如千万冤死的无辜者在向法西斯声讨。

多行不义必自毙——日军开始走向灭亡的坟墓。

但是，狗急是会跳墙的。

1944 年 4 月，为了打通大陆交通线，日军调集 35 万兵力，发动了豫湘桂战役。国民党军队不战而溃，望风而逃，8 个月损兵 60 万，河南、湖南、广东、广西大片国土相继沦陷。驻守在河南的汤恩伯 40 万大军，37 天丢掉 38 座县城，使河南广大地区沦入日寇之手，这是抗战史上国民党的又一耻辱。

鉴于时局变化，中央指示各解放区乘国民党溃败、日军在新占领区立足未稳之际，抓住时机，打击和牵制日伪军，扩大解放区，准备战略反攻。

彭雪枫和邓子恢、张震等率四师发起春季攻势,相继拔掉大店集、灰古集、归仁集、老韩圩子和盘踞了 6 年之久的张楼等据点。歼灭伪军 5000 余人,为不久的西进,开辟了巩固的后方。

大王庄的黄昏,知了声声,烟岚如带。

老乡们正在吃晚饭。忽然,一阵嚷嚷声从门外传来:

"俺要见彭师长! 俺要见彭师长!"

彭雪枫放下碗筷,迎出大门外,只见警卫员带来几个老乡,一问,是从路西过来的。

"彭师长,可不能忘记我们! 我们是天天盼,月月盼,真是盼得焦心啊!"

"日子实在过不下去,真是度日如年啊!"

……

几个月来,一批批来自路西的乡亲们,秘密来到路东,不断地向彭雪枫诉苦。

热诚的话语,怎能不触动彭雪枫的内心情感之弦呢? 望着几个大汗淋漓、满脸沧桑的老乡,彭雪枫紧紧拉着他们的手,激动得不知说什么才好,想着,想着,眼前不由得浮现出去年冬天的一幕:

反"扫荡"结束后,彭雪枫不顾多日的劳累,来到十一旅三十一团,看望战士们。彭雪枫正讲得起劲,忽然一个小战士举手道:

"报告师长! 我有个问题!"

彭雪枫微微一笑,问道:"小同志,有什么事,你说吧!"

"师长,我们什么时候收复路西的失地呀?"

彭雪枫哈哈大笑:"你问我,我还要问你呢! 你们准备好了没有?"

"准备好了!"部队齐声回答。

多么可爱的战士啊,善感的彭雪枫,心头一热,眼睛有点湿润了,自己何尝不是如此? 三年来,多少个夜晚,梦中飞到路西,在那片土地上,多少亲爱的战友长眠于此,鲜血染红的土地呀,承载着自己多少希冀、渴望……那是自己心头永远的痛。

他顿了一会儿,接着,又问道:

"你们这个单位准备好了,可其他单位准备好了没有? 你们思想上准备好了,物质上准备好了没有? 出发阵地准备在哪里? 当前的时机怎样? 这些我们都要全面地考虑啊。我同你们一样希望早一天收复路西失地,这就要求我们一起来创造条件。当时机成熟、条件具备了,我跟你们一路打回老家去,好不好?"

战士们齐声回答:"服从命令听指挥!"

……

黎明,是美丽的,因为它充满了人们对新一天的期待与向往;

黎明,是饱满的,因为它积蓄了万物苏醒后丰盈的激情与力量。

彭雪枫的心境,像满弓之箭,像黎明前鼓满飙风的风帆,蓄势待发了。

厉兵秣马,彭雪枫大手一挥:"我们报仇雪恨的时候来了!"

"虽有智能,不如乘势,虽有镃基,不如待时。"(《孟子》)

时机终于来了!

为了打击日军的攻势行动,收复豫皖苏失地,开辟豫南、豫中广大敌后地区,拯救中原沦陷区人民,将华北、华中、陕北三个战略区连接起来,中共中央作出了进军河南敌后的指示。

1944年7月25日,华中局下达命令:四师主力5个团执行西进任务,两个团配合地方武装和民兵坚持在淮北边区。

8月4日,彭雪枫、吴芝圃从华中局开会回来,向部队传达了中央的方针。顿时,部队上下,一片欢腾。"打回路西去!"的口号声绵绵不绝。

张震在回忆录中这样写道:

转眼之间,来到豫东已经3年多了,我们时时刻刻都在怀念着生死与共的豫皖苏边父老兄弟姐妹。3年前,这块根据地是从我们手中丢掉的,现在,我们要打回路西去,一举恢复豫皖苏边区。雪枫不止一次地与我交谈,说君子报仇,三年不晚。今天,这个时刻终于到来了,真叫人兴奋不已,彻夜难眠。

因部队中大都是路西人,所以,这宛如一把烈火,点燃了埋藏在心底的激动、思念、渴望……种种亢奋的情绪,与三年前刻骨铭心的一幕幕,交织在一起,凝结在无限的喜悦之中。彭雪枫何尝不是如此呢?

兵马未动,粮草先行。

8月13日,新四军军部送给四师200万元,以资西进之用。时间指日可待!

漫长的等待,终于迎来了这一天!

夕阳西下,倦鸟归林,彭雪枫静静地漫步在大王庄村外的田野里,天地间,仿佛只有自己在享用这夏日傍晚的平静。

邓子恢等为彭雪枫率部西征送行。
左起：刘瑞龙、彭雪枫、邓子恢、张震、吴芝圃。

这个世界仿佛是属于自己的。

自从那一刻起，生命的分分秒秒都在流泻着缤纷七彩，血液中翻滚着亢奋、冲动、激越，根根神经跳起欢快愉悦的舞蹈……

赭红的夕阳恋恋不舍，把最后一抹涂在彭雪枫微瘦而坚毅的脸上。稻田的小径旁，滋润杂草泥土的淙淙小溪，像无数灵巧的手敲打出博大而单纯的音乐……

他爱这片土地，因为它以博大的胸怀为他们遮风避雨；

他更爱那片土地，因为它是无数英雄健儿魂归大地的地方。

戎马一生的他，心从未像今天这样扑扑地剧烈地搏动，暮色朦胧，他陷入一片激动的神思恍惚之中……我们回来了，大娘，你还认识我吗？……往事怎能如烟，悲壮与苍凉在耳畔流淌……颖，明天我就走了，我爱你，但我更爱我们共同向往的革命事业，保重吧，我会给你更大的惊喜！

情与理的冲撞崩裂，在脑海间嘎嘎作响……

"师长，师长……"一阵急促的呼喊声，由远渐近。

警卫员上前一问，原来是政委有事要商量，派人找到这里来了。

夜深了，在两间矮矮的茅草房内，彭雪枫、邓子恢、张震等几个人你一言，我一语，一直到天亮才渐渐散去。

8月15日下午，半城镇的南广场上，微风徐徐，彩旗飘扬，早已成了一片欢乐的海洋，四师西征誓师大会在这里召开。

这是一个让四师健儿魂牵梦萦的时刻！

彭雪枫、邓子恢、张震、吴芝圃、刘瑞龙等淮北党政军领导人，精神焕发，来到主席台。

彭雪枫戎装整洁，腰挎左轮手枪，目光中带着一丝坚定和笑意，神采飞扬，威武而英俊，在热烈的掌声中，开始做出征动员讲话：

"同志们！今天是一个什么日子啊？"

"誓师西征的日子！"台下响起地动山摇般的回答声。

"对了，三年前，我们被迫离开了豫皖苏边区，至今三年三个月了，时间虽然不长，可是，无论是谁，都有一日三秋之感！三年来，我们无时无刻不在惦记着路西，谈论路西，念念不忘我们的父老兄弟姐妹！

自从我们撤出豫皖苏边区的那天起，路西的父老乡亲又陷入了水深火热之中，'上半天伪军催粮催工，下半天顽军催粮催款，一到夜晚又到了土匪世界！'如今，日寇占领我中原大地，汤恩伯、胡宗南的大军不战而溃。

最令人恨之入骨的是，汤恩伯在河南中部的叶县，大兴土木，占民田20余顷，建所谓的会场、公园，在我中原同胞遭受伪顽蹂躏之际，我四师奉命打回老家去！

我们要报仇！为路西人民报仇！骑兵团要把路东的威风带到路西去！同志们，我们报仇雪恨的时候来了！"

"大家准备好了没有？"

霎时间，广场上传来海啸般的回答声：

"准备好了！打回路西去！为路西人民报仇！"

……

彭雪枫看着眼前振臂高呼的人潮，心情无比激动，这口气他憋了3年了，终于等到了这一天。

会场的角落里，有一张熟悉的面孔——爱妻林颖，她满脸汗涔涔的，脸上洋溢着笑意。彭雪枫心头怦然一动。

"你怎么来了？"会后，彭雪枫走下台来，兴奋地说道。

"我来为你们送行……"此时此刻，千言万语涌上心头，一想到自己已身怀六甲，爱人又要远征，一丝难舍、依恋和感伤涌上心头，她开始抽噎起来。

女人的情感总是复杂和细腻的。

"哭什么，不吉利！等部队西征获胜的时候，我们的爱情就结出果实了。"说着，彭雪枫掏出手帕，轻轻地为她拭去脸上的泪水。

他深情地凝望了她一会儿。

"你多保重！"最后，彭雪枫跃上战马，和

西征前，彭雪枫与林颖留影。

警卫员消失在返回大王庄的小路上。

　　太阳像喝醉了酒,红红的脸,高粱笑弯了腰,青纱帐里传来沙沙的鸣奏声,仿佛为大军西征送行。

　　半城人民夹道欢送,队伍中响起雄壮的旋律《豫皖苏进行曲》:

　　　　豫皖苏是我们生长的地方,
　　　　豫皖苏是我们的家乡,
　　　　我们热爱着豫皖苏边区,
　　　　我们永远战斗在家乡。
　　　　涡河上岸,淮水两旁,
　　　　我们的兵马浩荡,军旗飘扬。
　　　　……

　　队伍像强弩之箭,一直向西插去。

　　经过几天的行军,20日黄昏,终于听到了火车的鸣叫声,显然,快过铁路了。

　　彭雪枫骑着银黄色的"雪里钻"走马(马在未经训练时,小跑时步伐较乱,一般称为颠马;马经过训练后,小跑时前后蹄能够有规律地交替前进,这时骑在马上,就不会颠簸,人马均很舒服,这叫做走马)也兴奋起来,"咻儿咻儿"地叫了两声,旋即飞奔起来,张震策马紧随其后。

西征时,当地群众积极支援部队,
这是用作渡河的工具。

　　夜色中,一条贯穿南北的铁路终于出现在眼前——那熟悉的影子——黑色的铁轨,高耸的电线杆,以及五线谱似的电线……哦,到路西了,彭雪枫勒住马,情不自禁地深深吸了一口久别土地上的空气,就像久别的孩子回到了家,激动之情溢于言表:

　　"我们盼了3年了!"

　　"是啊,我们终于打

回来了!"张震也很兴奋。

看到师长走在前面,战士们情绪极高,高兴地说:"这回师长和我们一起,准能打大胜仗!"

"近乡情更怯,不敢问来人。"他深情地凝望夜空,几颗星星兴奋地眨着眼睛,大地一片寂静,无数影影绰绰的影子在前行,十一旅三十一团为左路,三十二团为右路,九旅二十五团、萧铜独立团居中,骑兵团殿后。

大家谁也没有说话,唯有节奏的脚步声、马蹄声,在茫茫的黑夜里,轻轻地在回荡着。

20日夜晚,大军经桃山集附近的小店子,跨过津浦路,踏上了阔别三年多的豫皖苏大地。

8月小朱庄,王传绶插翅难逃

8月21日晨6时,三十一团前卫部队,在萧县白顶山遇到国民党顽军苏北挺进军第四十纵队王传绶部的阻击,三十一团当即发起冲锋,敌人溃退,退守到一个叫小朱庄的村子。

小朱庄位于萧县永固寨山口子上,东面是山,其他方向地势较为平坦,背靠大山的小朱庄,孤零零地,像一个狂傲的匪徒傲视着周围,炽热的阳光下,显得格外惹眼。

上午,侦察科长罗会廉驰马前来报告:

"盘踞在小朱庄的,是一个外号叫'王疤瘌眼'的司令王传绶(大概是眼上有疤难眨眼才叫这个名字的吧),他有两个团约2000人,迫击炮2门,轻重机枪36挺,是一个杀人不眨眼的家伙,为人十分凶残。"

彭雪枫淡淡一笑:"我就要看看你王疤瘌的盾厉害,还是我新四军的矛厉害!"

罗会廉接着道:"王传绶原籍安徽萧县,抗战开始后,他花钱买了一个杂八队队长的职务,把当地的土匪、流氓、恶霸都笼络在自己的手下,坚持拥蒋反共,得到王仲廉的赏识,很快被封为苏北挺进军第四十纵队司令,狂妄地夸下海口:'有我把住小朱庄这扇路西的大门,新四军插翅也别想飞过去!'气焰十分嚣张!"

……

午饭后,彭雪枫冒着酷暑,和参谋长张震、十一旅旅长滕海青等察看了小朱庄的四周地形。

隔着望远镜,只见无数纤细的热气流,蜿蜒着窜向云霄,白花花的太阳下，小朱庄四周有一道高 4 米、宽 1 米的围墙，四角有三层射孔的碉堡，外面还有宽、深约 3 米的水壕。寨外有鹿砦等障碍物。

四野，一片静悄悄的。

张震道："他凭借着坚固的工事，扼守山垭口上这个要道，妄图阻止我军前进，休想！"

兵贵神速，彭雪枫马上召集旅、团领导开会。

彭雪枫郑重道："这一仗能不能打好，是决定我们能不能恢复路西的首要关键！如果打不开，我们就要退回路东去。因此，一定要打得狠！敌人在围子里，由步兵解决；如果突出围子，由骑兵解决！"

滕海青插了一句："路西人民在盼望着我们首战告捷！"

"是啊，这是我们回路西的第一仗，虽然敌人装备良好，经营多时，貌似强大，号称'东方铁军'，但他们欺压百姓，是不得民心，内心是发虚的……"张震补充道。

接着，彭雪枫发布命令："三十一团担任主攻，三十二团担任助攻，二十五团打援，骑兵团隐蔽在小朱庄东南角 2 里路的干河道内，歼灭突围之敌！"

23 日早上 7 时许，进攻的战斗打响了。

霎时间，山炮带着愤怒的呼啸声，飞向敌人的碉堡，"轰隆、轰隆"几声，敌阵地顿时变哑巴了。

经过一上午的战斗，外围障碍被清除。

下午 1 时许，迫击炮、机枪声如暴雨般响起。但是，进展并不顺利，牺牲很大，张震也负了伤。彭雪枫见状，拔出左轮手枪，大吼一声："拿下小朱庄，为战士们报仇！"然后，亲自来到离寨墙只有 100 多米远的地方指挥战斗。

三十一团的战士们看到师长在火线上，劲头顿时冲天，呐喊着，像利剑一般插向敌阵。他们采用多路人梯的办法，首先从西南角攻入圩内。接着，三十二团从北面攻入。

王传绶见大势已去，下令突围。

这时，晴空万里，骄阳似火。守候已久的骑兵团团长周纯麟，用望远镜望去，只见小朱庄东南角上，一批只穿裤头的敌人，甚至有的连裤头也不穿，提着枪像丧家之犬，慌慌张张，爬过圩墙，窜向村外。

"上马！"周纯麟下达了命令。

"滴滴答！滴滴答！"冲锋的号声，催着战马嘶鸣着，像离弦之箭，冲向溃散的敌人。

一大队首先出击，他们用机枪一阵猛扫，将敌人打散。接着，二、三大队的勇士们挥舞着寒光闪闪的"雪枫刀"，呐喊着，旋风一般，冲向敌群，顿时，敌人血肉横飞,哭爹叫娘。

"不要放走王疤癞眼!不要放走缺耳朵的王传绶!"冲杀处,一片喊声。

老骑兵王长金,带着炊事员,挑着烙饼和稀饭,来给部队送饭。看到战友们左右冲杀,心头痒痒,跃上战马,拔出马刀,冲向敌阵。

正杀得起劲,忽然看到十几个拿驳壳枪的敌人,护着一个大个子敌人,伺机逃窜。

"大个子一定是个大官!"有人喊道。

说时迟那时快,王长金纵马闯到大个子跟前,对准大个子脑袋,猛砍一刀,大个子头一歪,刀砍在马屁股上,此刻,几个敌人猛地向王长金扑来,大个子侥幸逃脱。

王长金盯住不放,拔马就追。

"妈的,看你龟孙往哪里跑!"马到跟前,瞅准机会,他照着大个子的脑袋狠狠地劈下去。刀过头落,只听"啊呀"一声,大个子已人头分家。

这正是匪首王传绶。

战斗中,彭雪枫指挥步兵攻寨时,最近处距敌人仅 100 米,这时,他又来到小朱庄东南高处的一个大坟包上,用望远镜看到骑兵纵横驰骋,当得知王传绶被杀时,非常高兴:

"真的?在哪里?快抬过来让我亲眼看看!"

彭雪枫让师政治部联络部长任泊生拍了照片,并连声道:"好!骑兵团打得勇敢!敌人不过如此!"

此仗,共击毙王传绶等 300 多人,俘虏 1200 余人,迫击炮 2 门,轻机枪 30 余挺,步枪 900 支。

盛夏的余晖,格外迷人,宛如嫦娥的浣纱,给大地披上一层美丽的盛装。绿油油的田野里,蜻蜓乱舞,鸟儿歌唱,一片动人的景象。

胜利的喜悦,写在战士们的脸上,流淌在彭雪枫的心里……

风卷八里庄,铁骑滚滚惊敌魂

首战告捷的消息,像春雷一般,炸响了豫皖苏沉闷的天空:

"彭师长一来,王传绶的脑袋就搬家了,新四军真是神兵啊!"

"彭师长真厉害,率领部队又打回来了!"

……

宜将剩勇追穷寇,不可沽名学霸王。

小朱庄战斗胜利后,彭雪枫率部乘胜向西挺进。一路上,敌顽闻风丧西征部队在行进途中。

胆,纷纷逃遁,部队在彭雪枫等的率领下,横扫敌军如卷席,迅速收复了萧县、永城、宿县等广大地区。

昔日的政权又恢复了,老百姓一扫心头的阴云,拍手称快。

这时,盘踞在夏邑县八里庄的顽军二十八纵队第八十二支队李光明部,是集伪、顽、匪一体的家伙。这条地头蛇,四处骚扰,无恶不作,老百姓恨之入骨,成了威胁我西进途中侧后的一个心腹之患。

不除掉李光明,西征就会"后院起火"。

据侦察,为了阻止我军西进,李光明在八里庄修筑了围寨,并在寨西南角修了个小围子,在小围子中间又修了一座很高的碉堡,可以控制四周。

1944 年 9 月 10 日,彭雪枫等决定攻打八里庄,把任务交给九旅二十五团和骑兵团。

早饭后,彭雪枫骑着心爱的"雪里钻"骏马,亲自到二十五团布置任务。

……

是夜,22 时整,预定出发的时间到了。

这是一个凉爽的月夜,时值中秋,一轮明月,高挂在湛蓝色的夜幕下。皎洁的柔光,轻轻地洒向原野。田野里,秋虫嘶鸣,更增秋夜的寂静与凉意。

在几条大路上,步兵和骑兵迅疾前进。

彭雪枫骑着那匹"雪里钻"骏马,后边是骑兵团长周纯麟,行军中,他总是喜欢和骑兵在一起。

突然,部队停了下来,前边轻轻传来"原地坐下"的口令,这儿离八里庄已很近,围寨里传来敲梆声,在寂静的夜里,传得很远。接着有人喊:"来了!来了! 不要跑,打枪啦!"偶尔,也听到零星的枪声。除此以外,天空星光闪烁,地面寂静无声。向导说,那有喊声的地方就是八里庄。

彭雪枫勒住马,举起望远镜,只见夜幕下的八里庄,高高低低,错落有致,零星的灯火像夜游神,八里庄在酣睡之中。

"难道敌人发觉了吗？为什么二十五团没有动静呢？"彭雪枫小声地问道。

这时，几个模糊的黑影，自远而近走来，走近一看，原来是二十五团团长徐体三等。

"部队已经展开，敌人还没有发现，刚才那些喊声，是敌人害怕，喊着壮胆的。但情况有变化，白天侦察时四周没有鹿砦，现在有了，如果强袭不成，就必须攻坚，特来请示。"

"参谋长，你的意见呢？"彭雪枫扭头问了张震一句。

"我到前面看看，然后再做决定，如何？"

彭雪枫点了一下头。

不一会儿，张震回来说，那不是鹿砦，而是被风刮倒的树木。

"一切按原计划进行！"

11日凌晨2时许，一颗红色信号弹腾空而起，顿时，枪声如骤雨般响起，战士们越过了3米宽、1米深的外壕。从北、东两面同时突入，还在梦乡中的敌人大部被俘获。吓得魂飞丧胆的李光明率残敌逃往西南角的小圩子里去了。

3时许，外围战斗结束。

彭雪枫、张震等策马进入八里庄，师指挥部移驻到大圩子里一座教堂内。这座教堂，是10年前一位西班牙传教士来到豫东后修建的。赭红色的墙壁，圆圆的窗门，显出异域文化的风格，在村庄里格外惹眼。

在教堂内，彭雪枫不顾疲劳，亲自审问了被俘的两个大队长，得知小圩子的火力部署后，急切地说道："走，侦察一下地形去！"

"师长，您还是休息一下吧，小圩子敌人火力严密，还是让我去吧！"张震争着道。

"不要跟我讲价钱啦，前边战士们在流血，这算什么！"说着，一脚迈出了教堂，张震素知他的脾气，只好和警卫员一起快快地跟了出去。

八里庄战斗中外围的四师部队。

八里庄教堂。

将道

朦胧夜色中,他们一行深一脚浅一脚地来到前沿阵地。

"打小圩子是哪个连?"彭雪枫拿起望远镜。

"报告师长,是一营二连,为了减少伤亡,我们已组织了一个突击队,一共16人,每人配备一把大刀和4枚手榴弹,请首长指示!"徐体三团长道。

晨光熹微,彭雪枫望着眼前16名突击队员,激动地说:"好!这一仗,我们一定要打好,但是打得怎么样,就看你们突击队了。打好了,我们就可以在路西站住脚,打不好,就可能还要退回路东去!"

最后,彭雪枫深情地望了一下大家:"豫皖苏的父老乡亲们在看着我们,同志们,解决小圩子,有没有信心?"

"请首长放心,保证完成任务!"

之后,16人又分成两组,最先突击的是6名战士。

看到战士们士气高昂,像下山虎似的,彭雪枫高兴地说:

"拿酒来!《三国演义》中,有温酒斩华雄的片段,今天,我也为你们斟酒壮行!"说完,6人每人拿出一个小碗,彭雪枫亲自为6人倒酒、敬酒,"同志们,我祝你们成功,万一你们牺牲了,师里为你们立个纪念碑,你们就是头功,名字刻在最前面。"

接着,彭雪枫伸开双臂,一个一个地和6个人拥抱。

在场的突击队员盛英,后来回忆道:

当彭师长拥抱我的时候,我全身热血沸腾,浑身暖和和的,心想,我要坚决完成任务,决不辜负首长的期望……

张震、吴芝圃、徐体三紧随其后,一个一个与6名突击队员拥抱。

冲锋开始了。

夜色中,枪声、战士们呐喊声,交织在一起,战斗进入胶着状态。

彭雪枫通过望远镜看到,数名战士在碉堡下悲壮地倒下,原来,敌人居高临下,特别是有一个胖如肥猪的家伙,用轻机枪封锁了战士们前进的道路。

嗒嗒、嗒嗒嗒……

枪声仿佛是在挑衅! 在嘲笑!

"组织特等射手,干掉他!"彭雪枫愤愤地下了命令。

不一会儿,碉堡"哑口无言"了,原来,这个大胖子是李光明的参谋长,是个铁杆反共的家伙。

看到师长连续的行军和指挥,脸色有点倦意,张震关心道:

"师长,您几天几夜没合眼,还是休息一下吧,小圩子已经扫清外围,只等拂晓总攻了!"

彭雪枫想了一下,轻声道:"好吧,随时和前边联系!"说完,几人返回了教堂。

他随身取起一块油布,铺在地下,和衣而卧。正在这时,突然,远处枪声大作,警卫员刘书芳匆忙跑进来说:

"师长! 师长! 敌人开始突围了!"

彭雪枫迅速起身,"走!"随即拿起他心爱的左轮手枪,快步来到南边寨墙上。

"命令徐团长立即派部队追击! 让骑兵团截击!"

……

彭雪枫、张震站在围墙高处,举起望远镜,只见 5 里外的地方,晨光万道,尘土飞扬,银蛇飞舞,原来是骑兵团的勇士们挥舞马刀在砍杀敌人,敌人纷纷投降。

"打得好! 打得好!"

彭雪枫放下望远镜,不断地赞叹。

看到师长站在高处,目标太显眼,刘书芳一把将师长拉下来,于是,彭雪枫就和张震一起在寨墙上跪射散兵坑内,露出半截身子指挥。

他要亲自指挥最后的战斗。

第十六章　英魂永存

一年一度的春光呦,真的,你带给我三件东西:

每年开放的紫丁香,那颗在西天陨落的星星,

和我所对于我所敬爱的人的怀念。

——惠特曼(美国)

将星陨落八里庄

夜色渐去,旭日缓缓升起,天,慢慢地亮了。

此时,教堂边,成批的俘虏,被押送过来,偶尔,只听到远处零落的枪声。

胜利在望,彭雪枫放下望远镜,高兴地说道:"立即让骑兵团将敌支队长押来讯问!"

话音刚落,突然,"嗖"的一声,一颗罪恶的子弹,不知从何方呼啸而来,击中彭雪枫,刹那间,只见他身子摇晃了一下,倒了下去。

站在身旁的参谋长张震和警卫员刘书芳,急忙上前,一把抱起彭雪枫,带着哭腔喊道:"师长、师长,你醒醒、你醒醒……"

可是,任凭他们怎么呼喊,师长再也没有醒来。

对这黑色的历史性的一幕,后来,张震悲痛地回忆道:

我只看到他哼了一声,眼睛向我注视了一下,刹那间,瞳孔的光芒即刻消失了。我们急忙找医生替他注射了强心剂。可是,他的脉搏由微弱而渐渐消失了。

吴芝圃同志从寨墙上跑下来,他眼泪盈眶地说:"不要紧!不要紧!"我好像被一根针刺入心膛内似的难过地说:"已经不行了。"因为我找了好久找

不到他的伤口,只在他的左心房上找到一个被一根小刺扎破的伤痕。

原来,是子弹打中他的左心房还没有跳出来。

正像诺贝尔文学奖获得者,俄罗斯诗人伊凡·亚历克塞维奇·布宁的一首诗所云:

英雄迎头痛击疯狂的敌人,
英雄——是横扫帐篷的旋风,
他战死了——在殊死的搏斗中燃烧了,
如同光华四射的陨星。

生命的时钟突然停止了,时间定格在公元 1944 年 9 月 11 日凌晨 6 时许。

青山啜泣,大地哀吟。无数的江河,在滔滔轰鸣,像送来一首首沉痛的挽歌。

一代儒将走了,走完了他书香萦怀的一生。

一代名将走了,走完了他光辉灿烂的三十七个春秋。

据老战士回忆,当时对现场周围人员进行了审查,但没有结果。因为这一枪打得太准了,令人生疑,是否是躲在暗处的敌人的狙击手?或者特务?……这已成历史迷雾,无人能纠。

彭雪枫生前的最后一任警卫员刘书芳回忆,彭雪枫打仗有一个特点,就是爱上前沿。警卫员十分担心,可他泰然自若地说,一则随时发现情况,便于指挥,二则带头冲锋陷阵,鼓舞士气。

这也是我军许多指挥员的特点,正像《孙子兵法》上讲的:"道者,令民与上同意也,故可与之生,可与之死,而民不畏危

殉国亭,彭雪枫牺牲的地方。

也。"这就是说,治军最要紧的是要得兵心。而要得兵心,须身先士卒,这一点,彭雪枫做到了,而且做得很好。

笔者小时候看的老电影中,常看到国民党的军官在指挥部下冲锋时,大声吆喝:"给我上!",而共产党的指挥员说的是"跟我上!",一字之差,意思大变!

这个意外的打击,对大家来说,实在太突然了!面对残酷的现实,张震、吴芝圃泪如泉涌……

张震含泪让骑兵和警卫员找来绳床,把彭雪枫的遗体抬到教堂内。就在这时,骑兵团长周纯麟亲自押着李光明,向教堂走来。

"师长,师长,我给你们报捷来了!"

周纯麟高兴地喊着,可是,一脚踏进教堂,他就察觉气氛不对头,只见师长静静地躺在床上,上面盖着毯子,眼睛闭着,脸色苍白……

突如其来的打击,太猛烈了,周纯麟心如刀割,浑身发抖,两眼直瞪着师长的遗体,眼泪哗哗地流到地上。他不相信眼前的事实,昨夜行军,彭师长还同自己长谈,不料,竟成永诀!

张震含着眼泪道:"现在事关重大,要高度保密!绝对不能传出去!"

随后,张震和吴芝圃悲痛地向军部报告了师长牺牲的经过,并建议派人来统一指挥。

不久,军部复电,前方军事指挥由张震负责,政治领导由吴芝圃负责,要化悲痛为力量……

八里庄战斗虽获全胜,敌支队司令李光明、副司令李良玉和警卫营长王歪鼻子等统统被活捉,无一漏网,但大家一点也高兴不起来,心情沉痛极了,好像失去一家之主似的。

大家行动时,都神情黯然,沉默无语。骑兵团的同志,更像失去自幼抚育自己、体贴、关怀自己的亲爹娘一样,悲痛万分。

11日,彭雪枫的遗体,用担架秘密地从教堂抬到王白楼,停放在十一旅旅长滕海青的办公室。

是夜,月悬中天,星光闪闪。为庆祝小朱庄战斗胜利,十一旅政治部文工团要作慰问演出。演出前,滕海青向部队讲了几句话。不一会儿,任泊生走上台来。滕海青一阵高兴,笑道:"怎么样,八里庄仗打完了吧?师长来了没有?"

任泊生神色异样地看着滕海青,然后伏耳轻声道:"师长……师长牺牲了!……"滕海青瞪大了眼睛……后来,他这样回忆道:

我不敢相信自己的耳朵,猛转过头又问他:"什么!? 你说什么!?""师长牺牲了,绝对保密!"我脑袋"轰"的一声,面前的一切都模糊起来……但为了保密,我只好强自镇定,拼命克制不叫泪水淌出来,赶紧结束了我的讲话。

他奔回旅指挥部,一进门就看到,师长的遗体正停放在自己办公室的小屋内。只见师长安详地闭着双眼,微微锁着眉,仿佛在沉思。他扑过去,连着高唤他几声:

"师长,你不能走啊! 你不能走啊……"

这位师长的爱将,伏在师长的遗体上,声嘶力竭,痛不欲生,真情感染着在场的每一个人,满屋泣声一片……

在张震的带领下,大家双手哆嗦着,解开师长整洁的军装、衬衣。热泪,吧嗒吧嗒地滴落在师长的身上,最后,给师长擦净身体后,换上一身崭新的军装。张震含泪吩咐滕海青,迅速购买一副黑漆棺材,将师长的遗体入殓。

彭雪枫一生战功赫赫,战斗缴获和经手的金砖金条无数,他却一尘不染,清贫如洗。警卫员含泪在清理他的遗物时,马被里只有几本没有看完的书,两套整洁的旧军装,一床补了补丁的旧被子,两双常穿的草鞋和布鞋,一个装烟的帆布包,一个喝水用的搪瓷缸,全身上下没有一分钱。

除了根据地留下的书,这就是彭雪枫一生的"财产"!

"清贫,洁白朴素的生活,正是我们革命者能够战胜许多困难的地方!"我想起中国历史上另一个志士方志敏的话。

……

9 月 12 日,彭雪枫的灵柩,由骑兵团派一部,护送到津浦路东去。

13 日,中央军委电令张爱萍为四师师长,韦国清为副师长。

带着满腔怒火,10 月 8 日,四师发起了砀(山)南战役,19 日,在三师七旅的配合下,发起保安山战役,共歼灭敌人 4000 余人。

自 8 月 15 日半城誓师西进,历时 3 月余,四师共歼灭日伪顽军 1.3 万余人,恢复并发展了豫皖苏边区。

胜利了,夕阳中,张震独自一人,漫步在郊外的旷野里,此刻,他心潮澎湃,耳畔不断响起老师长的话:"路西根据地是我们丢的,一定要由我们的手把它夺回来!"

慢慢地,张震的眼睛红润了,回想自红军起,和师长相识近 10 年了,特别是抗战以来的 7 年时间,朝夕相处,并肩战斗,几乎形影不离的情景,张震心海激荡。

在师长牺牲后的日子里,他常常梦见和师长仍旧在一起战斗,有时,他甚至想,为什么打死的不是自己,自己情愿替师长去死,因为四师离不开他啊!

"师长,您的愿望,今天实现了,我们收复了豫皖苏,而且发展了豫皖苏,您在九泉之下安息吧!"

寒风呼啸,像是对师长的声声安慰……

冥冥之中不测生,黄花塘边,晴天霹雳

彭雪枫在淮北的影响太大了。牺牲后,华中局决定密不发表。

此时,林颖身怀六甲,为使她能顺利分娩,前方仍以彭雪枫的名义给她发了几封电报告安。写信,会暴露字迹的。

自彭雪枫率四师主力西征后,林颖每天黄昏都到大王庄的郊外,那是和爱人一起散步的地方,她希望在熟悉的田野小路上,寻找那份心灵的慰藉,拾寻昔日甜蜜的回忆。

立秋了,洪泽湖的风起来了,路西的战士们冷吗?雪枫的信什么时候到啊?一份牵挂,一丝忧虑。女人的情感是细腻的,多情的,宛如止水,微微轻风一吹,都会荡起细波、涟漪。

仿佛有第六感觉!

两个月了,难道真的没有一点消息吗?虽然邓政委每次见面总是笑眯眯的,说前方忙,但眼睛里总有一点说不清道不明的东西,朦朦胧胧、模模糊糊,躲在眼波的背后,让人捉摸不透,每次见面说完几句,就匆匆地低头走了,以前可不是这样啊!还有,大姐陈兰(邓子恢爱人),似乎比过去更热情了,如火的笑脸,让人感到有点像喝蜜糖,浓甜得让人受不了……

困惑之余,身子的反应也更强烈了。啊,小生命在欢唱,她一阵激动,如电波瞬间而过,她有点眩晕了,她抚摸着腹中躁动的婴儿,抚摸着她和彭雪枫相爱的结晶,心中涌起幸福的暖流……这多少减轻了她内心的一些不安。

10 月 28 日,军部来电,让林颖去军部黄花塘医院静养。

静悄悄的房间里,更增添内心的几许焦虑,几许挂念。正在这时,几封电报,让她心中有些释然:

前方甚忙!胜仗不断,可喜、甚慰!勿念!盼平安分娩!枫。

12 月 23 日。

在一间洁白的病房里,随着"哇"的一声响亮的啼哭,一个可爱的男婴来到了人间,后取名为小枫。

望着胖嘟嘟的婴儿,林颖露出甜蜜的微笑,幸福地接受着大家的一片祝福。可是,一缕遗憾涌上心头:要是雪枫在身边,那该多好啊!

新四军参谋长赖传珠。

时光在悄悄地流逝。1945 年的元旦,姗姗地走来了。

1 月 21 日,林颖满月出院,回到军部住下。而此时,淮北区党委已作出决定,近期要公开悼念彭雪枫将军。至此,事情已不能再瞒了。

早饭后,邓子恢约请军参谋长赖传珠,一起去看望林颖。10 分钟的路程,邓子恢觉得,仿佛走了几个小时。

二人轻轻敲门,林颖抱着小枫,开门迎了出来:

"二位领导驾到,欢迎,欢迎!"

"孩子还好吧?"

"好,好……"

说着,邓子恢接过来抱着,他仔细地端详着,亲了又亲,望着孩子红扑扑的小脸蛋,清澈如水的大眼睛,邓子恢的喉咙像被一股东西噎住了,良久不语,他的眼睛"出汗"了……

"将门虎子,雪枫后继有人啊!"赖传珠在一旁夸奖道。

看到邓子恢的表情有些异样,气氛有些凝重,林颖问道:"二位无事不登三宝殿,有话直说,但讲无妨!"

邓子恢满脸悲凄,忍着悲痛,示意三人都坐下,嘴里嗫嚅道:

"林颖同志,不得不告诉你一个沉痛的消息,雪枫……"说了一半,邓子恢说不下去了,慢慢地把头扭到一边。

"雪枫他怎么了?"林颖急切地问道。

"雪枫,他,他……他不在了!"

"什么?! 这不可能! 前几天不是还发电报,说平安吗?"林颖惊愕地望着邓子恢,眼睛瞪得大大的,站了起来。

"那是为了……让你……顺利生产……"

"不可能,不可能……"

"……雪枫去年在夏邑县八里庄战斗中,不幸被流弹击中,壮烈殉国了! 这是真的!"赖传珠低下头,难过地说道。

"这怎么可能?雪枫,雪枫,你不能走啊!……"这不亚于晴天霹雳,刹那间,林颖觉得天旋地转,失去知觉,自己仿佛从悬崖落下,掉进万丈深谷之中……

林颖接受不了突如其来的情感打击,泪水像山洪暴发一般,号啕大哭起来……

良久,邓子恢缓缓地说:"全军同志都在哀悼雪枫师长,请节哀保重!雪枫同志不在了,但他后继有人,一定要把雪枫的骨肉拉扯大,这是对雪枫的最好纪念……"

林颖仍在哭着……也许是最后一句话的提醒,许久,许久,林颖才从悲痛中缓缓回过神来,她泣声道:

"……放心吧……政委……我会做好的……"

"中央已决定隆重追悼雪枫同志,四师和淮北人民要举行追悼大会,我是特意接你回去的……"邓子恢最后哽咽道。

泪水在滑落,心头在淌血,无数的挽幛化作翩翩飞舞的蝴蝶,在林颖眼前闪现,雪枫,你在哪里,你在哪里啊……

几天后,一个寒风呼啸的早晨,泪水哭干的林颖,抱着小枫,随邓子恢政委踏上了返回大王庄的路。

山低头,水哽咽,大地同悲

1945 年 2 月 7 日。延安。

干冷的小北风,宛如小刀子,刮在干坼的童山秃陵上。

在一间宽敞明亮的窑洞内,一盆炭火,熊熊地燃烧着,火光映着毛泽东的脸庞,旁边坐着周恩来、刘少奇、朱德、彭德怀等人,大家一言不发。

毛泽东狠狠地抽着一支烟,眉头皱成了一个"川"字,袅袅的烟雾中,他不禁想起去年 11 日的一幕:

正在屋内办公的毛泽东,忽然,译电员匆忙赶来,报告说,新四军急电! 毛泽东信手一读,神色马上严肃起来,继而潸然泪下,胸脯一起一伏,不禁沉痛地一拍桌子大吼一声:"还我儒将彭雪枫!"

周恩来知晓后,几天没有合眼……

刘少奇、朱德等扼腕叹息,歔欷不已。

彭德怀,这位铮铮铁骨的汉子,禁不住热泪滚滚,军中有"大彭、小彭"之称,而今,小彭血洒疆场,先自己而去……

陈毅惊悉噩耗后,夜不能寐,在江西、在程道口、在大柳巷……一幕幕涌上心头,悲痛之余,写下《哭彭八首》的哀章:

淮北哀音至,灯前意黯然。
生平供追想,终夜不成眠。

吾党匡天下,得君亦俊才。
壮哉身殉国,遗爱万人怀。

整风事不易,自省为更难。
洗濯冒冰雪,佩君不畏寒。

雄气压陇海,英风断淮河。
荣哀知多少,大众泪滂沱。

吾人事革命,生死本寻常。
所痛风云急,中原丧栋梁。

服务人民事,廿年战血红。
知君无限恨,未得饮黄龙。

廿年老战士,今有几人存?
新生千百万,浩荡慰英魂。

君我成永诀,多年患难同。
我身惜后死,努力贯初衷!

上午,乌云低垂,朔风刺骨,延安笼罩在一片悲哀的气氛中。

10 时许,在延安杨家岭大礼堂门前,来自延安各界军民 1000 余人,怀着沉痛的心情,前来参加追悼彭雪枫大会。

礼堂门口,高悬着中央委员会挽联:

为民族,为群众,二十年奋斗出死入生,功垂祖国;
打日本,打汉奸,千百万同胞自由平等,泽被长淮。

会场四周,贴满了各解放区及延安部队、机关、学校、团体和个人的挽联、悼词。

主席台上,彭雪枫的遗像,高高悬挂:他凝眸直视前方,神态从容自然,英气逼人的脸上,微带笑意,显示对未来的信心。

雪白的花圈与黑色的挽幛,簇拥在遗像四周。

遗像下,左侧是毛泽东的亲笔挽词,它代表了全党:

雪枫同志在与敌人斗争中牺牲了,全民族和全党都悲痛这个损失。为了补偿这个损失,应该学习雪枫同志的英勇精神,更加努力扩大解放区,扩大八路军、新四军,促成联合政府和联合统帅部,使日本侵略者在有效的联合打击下早日消灭,使独立民主的新中国早日实现。

右侧是朱德的挽词,它代表着八路军、新四军等全体将士:

雪枫同志在中国人民抗日救国的前线上,身先士卒,英勇牺牲,这是雪枫同志个人的无上光荣,也是中国共产党、八路军、新四军和中国人民的无上光荣。我全军指战员将永远纪念他的牺牲,坚决为他复仇,打倒日本帝国主义,消灭法西斯,解放中国。

哀乐低回,催人泪下,在主祭朱德,陪祭彭德怀、陈毅的主持下,全体向雪枫遗像默哀、敬献花圈,随后,诵读了中央和十八集团军总司令部的祭文:

雪枫同志!

你自十九岁献身革命,到现在已整整二十年,在这二十年中间,你不曾离开过斗争一天。一九三〇年你加入了红军,十五年来,你经历了无数考验,证明你不仅是英勇的战士,而且是天才的指挥员。身先士卒的你,曾三次负伤,但就在伤病中你也不顾自身的安全,继续率领着队伍和敌人作战。一九三八年你带三百人挺进豫东,马上把华中敌人的后方变作前线,扩大了抗日武装,建树了民主的政权,从此毛泽东的旗帜,光辉地插在淮河北岸。

当去年夏天汤恩伯弃甲曳兵，豫西一天丢一县，你却从津浦路东勇猛出击，解放路西的同胞二百五十万，使新四军的声威震动了河南，惊碎了敌伪汉奸的狗胆。敌人越是恨你，人民越是爱你，他们正期待你解除深重的灾难，光复沦陷的中原。啊！谁想这时倒下了你，你永远辞别了人间！雪枫同志，你太早的倒下了，最后胜利你还没有看见，但是你放心吧，这一天已不再远。你创造的队伍更壮大了，为了替你和一切死难者复仇，他们战斗得更勇敢。全党全军痛悼你的牺牲，将学习你的模范，工作得更好，团结得更坚，万众一心，勇往直前，直到敌人完全消灭，中国完全解放，你和一切死难者的愿望完全实现，你的事业将迅速发展，你的功绩将被全国的人民永远地纪念，纪念于永远。

祭文对彭雪枫光辉的一生，做了高度评价。

毛泽东站在第一排，流露出痛惜的表情，他木然地听着陈毅、朱德、刘少奇、彭德怀等致悼词……

悲凄的气氛，沉重的哀乐，笼罩、盘旋在会场的上空。

最后，雄壮的《国际歌》缓缓奏起，全场起立，向彭雪枫遗像再度致哀！

层层挽联中，格外醒目的是：

陈毅和刘少奇，代表新四军，送了挽联：

淮上哀音，痛毁长城，忆杀敌中原，革故鼎新，解放人民三千万；
全军素缟，永识典型，念服务群众，出生入死，致力革命二十年。

彭德怀的挽联是：

为革命奋斗，替人民服务，英勇牺牲，无愧共产党员伟大称号；
痛壮志未成，誓倭寇必灭，途程艰苦，愿随全军同志努力反攻。

"两把菜刀闹革命"的贺龙，代表西北联防军，献的挽联是：

奋战中原，功在史册；
壮志未竟，我们复仇。

延安追悼会之后，祭奠将军的活动，随之在各解放区轰轰烈烈地展开。

归来兮,洪泽湖畔泪纷纷,两淮人民欲断魂

　　1944 年的冬天,湖泽湖一直阴风怒号,浊浪滔天,人们纷纷说,这是洪泽湖为将军在啜泣,在哀鸣。

　　噩耗传到淮北大地,如晴天霹雳,数百万淮北军民,沉浸在无限悲恸当中,肝肠寸断,泪雨滂沱,人们悲痛的心情到了极点!

　　乡亲们茶饭不思,悲恸欲绝,每到晚上,家家在自家的院子里烧香祈祷。

　　1 月 5 日,中共淮北区委作出《关于追悼彭故师长雪枫同志的决定》。

　　2 月 2 日,淮北各界 7000 余人,冒着凛冽的寒风,前往洪泽湖畔,恭迎师长灵柩。

　　那是去年将军牺牲后,灵柩在一个警卫排化装护送下,经新四军第五、第六、第七等地下兵站,安放在魏嘴八大家一只停泊在淮河上的木船上。灵柩上覆盖着红色布幔,由警卫部队日夜守护。

　　一路上,沿途两侧,乡亲们摆满桌案,案上点燃香、烛,摆上杀好的猪、羊、鸡、鹅等祭品,男女老少冒着刺骨的寒风,恭立在泥泞中失声痛哭,哭声响彻云霄。

　　大地在抖动,天空在默哀。

　　……

　　在大王庄西南的一片空地上,军民含泪用木柱搭起了师长的灵堂,灵堂正面,横悬着"彭故师长灵堂"六个触目惊心的大白字。

　　灵台正中,悬挂着彭雪枫遗像,像上面横匾是:

淮北群众自发为彭雪枫将军送行。

留取丹心照汗青

　　正面两侧木桩上,左右粘贴着 10 个用棉絮制成的大字:

功勋垂千古,
浩气壮山河。

　　灵堂四周,围着灰色步幔,堂内堂外,

将道

摆满了挽联、挽词。

两边悬挂着毛泽东、朱德、刘少奇、彭德怀、陈毅共挽的挽联：

二十年艰难事业，即将彻底完成，忍看功绩辉煌，英名永在，一世忠贞，是共产党人好榜样；

千万里破碎河山，正待从头收拾，孰料血花飞溅，为国牺牲，满腔悲愤，为中华民族悼英雄。

在灵台两旁，赫然摆放着华中局、新四军各师、华中各抗日根据地，以及邓子恢等人的挽词、挽联。

中共中央华中局的挽词是：

雪枫同志，不管在苏区工作与白区工作中，都有很大成绩，不管在内战时期与抗战时期，均建立辉煌功勋。他是一个智勇双全与英明能干的军事家和政治家，他是一个对党对革命对中国无产阶级与中国人民解放事业无限忠诚的布尔什维克。雪枫同志英勇殉国。不但是我党的重大损失，也是我中华人民与中华民族的巨大损失。

彭雪枫的继任者——第四师师长兼淮北军区司令员张爱萍的挽联是：

恨敌寇夺取吾战友；
率全师誓为尔报仇。

淮北各界群众团体敬献的挽联是：

生为斯民，死为斯民；
功满淮北，泪满淮北。

无数白色绣球在灵堂上空迎风飘荡，仿佛是为将军轻轻叹息……

从2月4日到6日，在彭师长灵前举行了公祭仪式。在公祭期间，30把横笛竹笙，奏起哀乐，其音悲壮，催人泪下，令人心碎。

四师各旅、团代表，淮北民兵代表，路东、路西各民主政府代表，各界人士代表，胸前佩戴白花，满含热泪，来到灵前，一一祭奠。

参议会两鬓苍苍的老先生们，个个热泪盈眶，脱帽向将军遗像鞠躬致礼。

路西开明士绅吴老先生率沦陷区民众代表,冒着生命危险,前来为将军行礼谒灵。

各地难民代表数百人来到灵前,跪倒在地,泣不成声。

妇救会的老太太、老大娘们身着重孝,手持清香,跪在灵前,哭成一团……

"淮中案件"中56名被冤屈的师生,是将军给他们洗去不白之冤,今天,他们头裹白布,长跪不起。口中高呼"恩人",泪如雨注,悲恸欲绝。

人群中,一声声稚嫩的哭声,让人揪心,那是儿童团的孩子们,晶莹的泪水哗哗而下,他们手捧一碗碗老酒,洒在将军的灵前……

还有一群外国人士:日本反战同盟、朝鲜独立同盟淮北支部的国际友人,也来了。

将军的伴侣,亲密战友林颖,在几位女战士的搀扶下,哭喊着,跌跌撞撞地来到了将军的灵前:

"雪枫,雪枫,你怎么撇下我和孩子走了啊……你走得太早了……"

声语凄厉,哭声感天动地,几度晕倒。

灵堂前的人们,目睹此景,无不肝肠欲断。

……

其实,早在1月25日,中共淮北路西地委,在萧县西面的洪河集,就举行了彭故师长追悼大会,共有万余人参加。彭雪枫昔日战友——地委书记吴芝圃,代表路西地委敬献的挽联是:

为国家,为民族,为共产主义,流最后一滴血,极目中原山河碎;
恨日寇,恨汉奸,恨顽固分子,压胸前千种愤,放眼神州楚天哀。

彭雪枫的老战友——四师参谋长兼十一旅旅长张震,敬撰的挽联为:

日寇侵华千万里,破碎河山,正等待从头收拾,溘然长逝,公目不瞑;
禹甸蛮荒十数载,驰驱附骥,方相期痛饮黄龙,毅而永诀,我心何堪。

夏邑县彭沟洼村民代表彭光鼎率族众,来到师长的灵前,沉痛宣读四言体祭文,他们代表了广大民众:

苦哉雪枫,寒薄门庭,青灯毂读,拳拳服膺,百折不挠,学识精通;

壮哉雪枫,坚强英明,献身祖国,此志靡穷,无产阶级,立所大同;
勇哉雪枫,百战百功,所向披靡,顽敌无踪,力挽危局,大厦扶倾;
公哉雪枫,淡泊一生,不贪功利,不慕虚名,不知奢侈,不居尊荣;
惜哉雪枫,壮志未终,庚界三八,抗战陨星,合族饮泣,涕泪零零;
叹哉雪枫,歔歑哽鸣,事业未就,将星忽冲,山河皆悼,谁挽颓风。

2月7日早晨,愁云密布,朔风凛冽。

前一天晚上,洪泽湖畔下了一场千年不遇的大雪,田野、树枝、乡村,披上了一层洁白的银装,老百姓说,这雪是为彭师长下的。

乡亲们热泪滚滚,仰天长跪……

天鼓响,将星陨落;树头凌,草木挂孝。

上午,淮北各界1.6万人举行了隆重的追悼大会,追悼会在21响鸣炮声中开始。国旗徐徐降下,与会者俯首肃立,哀乐响起,凄婉低沉,歌词是张爱萍为将军所做:

二十年来,为了人民为了党,
你留下的功绩辉煌:
首战长沙城,八角亭光荣负伤;
乐安事变,荣获红星章。
雪山草地,百炼成钢。
在豫东,燃起抗日烽火;
在淮北,粉碎敌人扫荡。
对党坚贞,为民赴汤;
英勇善战,机智顽强,
是我们的榜样。
雪枫同志,你把最后一滴血,
献给了人民,献给了党。
多年同患难,长别在战场。
我们一定为你报仇,
完成你未竟的事业,
争取全中国的解放!

中共华中局组织部长曾山,首先致悼词。

接着,新四军代表邓逸凡、新华社华中分社代表范长江致祭,治丧委员会宣读淮北区委、行政公署、四师兼淮北军区政治部《祭文》：

> 呜呼，师长往矣，将军成仁，光荣千古，遗忠于国，复仇万民！ 遗爱于党，复仇一心。天地为仇，草木凄悲……

此时，会场内泣声一片……

接着，张爱萍、刘瑞龙等相继致辞，各界也都发表了沉痛的悼言。

将军的堂弟彭修强，代表亲属，在会上作了刚毅激昂的讲话。

> 风萧萧兮易水寒，英灵一去兮不复还！
>
> 淮北大地，笼罩在一片撕心裂肺的悲痛之中！
>
> ……

归来兮，将军的墓地选在半城西边，这是一片他熟悉和热爱的土地。

下午2时，将军灵柩缓缓抬起，从大王庄到半城的四五里的路上，两万余人，列队相送。

走在前面的骑兵，人、马皆戴黑纱，高举"为彭故师长复仇！"的白布横标，治丧委员会的成员，分列左右，亲自执绋，左边是张爱萍、邓子恢、刘瑞龙，右边是曾山等。

林颖、彭修强跟在灵车后边，痛哭不止。

后边是三路纵队的送灵大军。

这一天，半城街上，家家摆起香、烛、供果，户户人们伫立门前悲泣。曾几何时，1944年3月30日，日寇飞机轰炸半城，将军挨家挨户看望、查问："家中有无人受伤？有无房屋倒塌？东西损失多少？需要帮助什么？……"凡此等等，半城人心如明镜，亲人今天要走了，怎能不送上一程？

在将军的墓穴前，送灵队伍俯首肃立，在《安息歌》声中，邓子恢、张爱萍等把中共党旗覆在棺上。

接着，泪如雨下的邓子恢，发表了四师历史上著名的"墓前演说"：

> 同胞们，同志们！
>
> 现在我们已到了彭故师长的墓前，彭故师长的灵柩马上就要入土了。彭故师长一生的斗争生活，已从此结束了。假如照盖棺论定来说，那么今天我们就可以为彭故师长下一个严正的定论。
>
> 首先就国家民族来说，彭师长是一个保卫国家的民族英雄，是国家的忠臣。

就人民来说,彭师长是为人民服务而又为人民热情爱戴的群众领袖。

就我们部队来说,彭师长是一个文武双全智勇兼备的军事家和政治家。

就党内来说,彭师长是一个模范党员,是一个布尔什维克。

……

这段深刻的评价,穿越岁月的时空,放到今天,仍散发沁人的馨香,因为它是中肯的,同时,它将是永恒的。

拂晓剧团的团员们,在哭泣声中强忍着悲痛,领唱《安息歌》:

"感受不自由莫大痛苦,你光荣的生命牺牲在我们艰苦的斗争中,你英勇地抛弃头颅! 英勇,你英勇地抛弃头颅! 英勇……"

送别的最后时刻到了。

当邓子恢、张爱萍、刘瑞龙等抚棺与战友诀别,将军的灵柩开始徐徐安放到墓穴时,全场哭声一片,无限的悲痛化作惆怅的泪水,挥洒着,飞舞着,撕心裂肺的悲呼,令山河动容。最后,当林颖哭喊着"再也见不到了"时,全场的人心都碎了……

……

暮色朦胧,无数刚刚从路西赶来的乡亲们,伏在墓穴旁,失声痛哭。

哭声如诉,回荡在暮霭笼罩的淮北大地,那是为一个与父老乡亲生死相依的不朽灵魂! 那是为心中伟大英雄的早逝而伤心!

……

英灵已归九泉去,丹心红枫照千秋!

正像一位外国诗人所云:"当你把明灯举在空中,灯光洒在我的脸上,阴影却落到你的身上。"

这让人想起《钢铁是怎样炼成的》的主人公保尔的名言:"人最宝贵的是生命。生命对于每个人只有一次。人的一生应当这样度过:当他回首往事的时候,不会因为虚度年华而悔恨。这样,他在临终的时候,就可以说,我的整个生命和全部精力,都献给了世界上最壮丽的事业——为人类的解放而奋斗。"

从这个意义上说,彭雪枫确确实实做到了,因此,如果说他是中国的"保尔",那也是名副其实的。

有人说,即使彭雪枫不牺牲在战场上,以他和彭德怀的关系,在1958年的庐山会议上,也难逃一劫。

历史当然不能假想。但以他的个性与脾气,事情会"凶多吉少"的。据张爱萍回忆,在三军团,真正与彭德怀亲密的,深受彭德怀赏识的是彭雪枫。

这也许是个注脚吧。

今天,我们怀着钦敬的心情,小心翼翼地打开《彭雪枫文集》和《彭雪枫军事文选》时,密密麻麻的字眼,洋洋洒洒地记录了彭雪枫光辉足迹的 200 余篇文稿,成为我们打开将军一生和内心世界的一把钥匙。

这其中,有文采飞扬、灼见深刻的地域风情散文,如《塞上琐记》《说太原》等;

有对友人深切怀念的情感悼词或碑文,如《陈光勋烈士碑碑文》《痛悼亲密的战友鲁雨亭先生》等;

更多的是足智多谋、文韬武略的军事家思考的结晶,如在竹沟时《目前在河南应该做些什么》《游击战术的几个基本作战原则》。

……

在短短 37 载的生命历程中,他给后人留下了一份份宝贵的精神遗产。

正像一位四师老战士的评价:"他是一手拿着枪杆,一手拿着笔杆,向敌人冲锋陷阵、战斗了一生的布尔什维克战士……"

1940 年 9 月 14 日,他在抗大刊物《抗大生活》中题词:"为了革命,为了事业,立志铸个政治的军事家,军事的政治家。"

可以说,这是他人生的真实写照。

当胜利者登高望远,回望新民主主义时期这段波澜壮阔的历史风云时,慨然而自信地总结出三条至理的经验:党的领导;武装斗争;统一战线。

而这三条,竟然完美地在彭雪枫身上闪烁着永恒的耀眼之光——

一个对党的事业坚定而忠诚的布尔什维克!

一个纵横驰骋的卓越的军事家!

一个浑身是胆游刃有余的统战高手!

雏凤清于老凤声,将门虎子彭小枫道:"爸爸,我们想念您!"

时光如白驹过隙。

当岁月的长河浩浩荡荡,漂流到公元 1945 年 8 月 15 日时,横行一时的小日本,不得不低下那高傲的头颅,在南京扬子江畔,签下了投降书。

在这场持续八年之久的民族战争中,彭雪枫将军同 3500 万优秀的炎黄儿女一样,在这胜利的前夜,遗憾地倒下了。

将军更没有看到,经过国共三年的内战,雄师狂飙的中国人民解放军,以秋风扫落叶之势,将国民党反动派赶到了南海一隅的小岛上。

萧瑟秋风今又是,换了人间。

激动人心的时刻终于到来了!

1949 年 10 月 1 日,在雄伟庄严的天安门城楼上,面对全世界的目光,一个浓浓的湘音,宣告了一个新政权的诞生。中国人民推翻了压在头上几百年的三座大山,从此站起来了!

您和无数共产党人一生为之奋斗的夙愿终于实现了!九泉之下的将军啊,您若在天有灵,该是多么欣慰啊!

1955 年 9 月 27 日,北京,中南海怀仁堂,一场盛大的庆典正在这里隆重举行。

一代伟人毛泽东,微带笑意,伸出扭转乾坤的大手,向为建立共和国赴汤蹈火、九死一生的战友们,颁授军衔。

这是跟随毛泽东打天下的英雄们,一生最为荣耀的时刻!

您的领导与战友,彭德怀、陈毅,被授予元帅军衔。您的战友张爱萍,部下韦国清、张震、滕海青等,分别被授予上将、中将军衔。

……

您若健在的话,以您赫赫的战功,跻身于共和国将军之列,您是有这个资格的,也是众望所归的。

从竹沟到淮北,您一手缔造的英雄部队,后来被编入山东野战军第二纵队、华中野战军第九纵队,解放后,分别被编入第十八集团军,第二十一集团军,第二十三集团军,第三十八集团军等部队。

现在,无论在茫茫的雪域高原,风沙滚滚的戈壁荒漠,还是在坦荡无垠的华北要隘,它已成为守护在祖国大地的一支支劲旅战神。

滚滚长江东逝水,浪花淘尽英雄。

英雄从来不是自封的。在短短的 37 个春秋里,您的生命像一条闪光的河水,闪烁着永恒而迷人的光彩,也如原野上燃烧的火苗,绽放出璀璨的光焰。

为了心中的梦想和信仰,您挥洒了,燃烧了,您无怨无悔!

的确,生命在每一个个体身上,表现不尽相同。

有的比较漫长,犹如深山中的古树,春去秋来,花开花落,是一种缓慢而有节奏的律动,平平淡淡。

有的则比较短暂,来去匆匆,但却是人类历史的浩瀚夜空中,拖着长长河南省镇平县彭雪枫纪念馆一瞥。

光焰的流星，让灿烂群星黯然失色。

将军您，就属于后者。

"桐花万里丹山路，雏凤清于老凤声。"您的儿子，1944年12月出生的小枫，沐浴着党、亲情的关爱，随母亲林颖，先后辗转至大连、北京，读完了小学、中学，1963年9月考入哈尔滨军事工程大学（即著名的"哈军工"）。

自从他懂事起，您的战友们，就不断地向他讲述关于您可歌可泣的故事。

您，笃诚而坚定的人生信念，浴血而闪光的人生足迹，儒雅而醇厚的赤子情怀……激励着他在人生历程中不断奋进。

岁月如歌。他从某集团军政委、兰州军区副政委、国防大学副政委，中国人民解放军第二炮兵政委，一路走来，已成长为我军的高级将领。

2006年，他被中央军委主席胡锦涛授予上将军衔。

2010年，他因年龄原因从二炮政委卸任，走上了全国人大常务委员会财经委员会副主任的岗位。

江苏省泗洪县半城镇彭雪枫墓地。

"居高声自远，非是借西风"，您虽然离开这片辽阔的土地已65个春秋了，但您的嘉言懿行、不朽的功勋已深深地镌刻在人民的心中。

今天，在您出生的七里庄故居，在镇

平县城、河南夏邑县八里庄、安徽宿州、江苏泗洪半城镇,都建起了陈列您戎马一生建立不朽功勋的纪念馆,每年清明时节,都有无数游人前来参观,瞻仰您的丰功伟绩。

特别是在江苏省泗洪县半城镇雪枫墓园,每年这个时候,来

江苏省泗洪县半城镇雪枫墓园大门。

自天南地北、五湖四海的炎黄子孙、国际友人,怀着虔诚的心情,默然来到这里,在鲜花翠柏环绕的您的墓前,献上一束束鲜花,颔首默哀……

微风细雨中,小枫带着您的儿媳李维莉、孙女彭芄,千里迢迢,来到您的灵前。

他们献上花环,深深地鞠躬。然后俯下身,轻轻地抚摸着鲜红的挽联和"彭故师长雪枫之墓"八个大字,用低沉的语调说:

"爸爸,我们看您来了,我们想念您!"

……

牺牲的将军啊,您听到了吗?您安息吧!

第十六章 英魂永存

后　记

　　2009年隆冬的北京，天气格外寒冷。

　　一个月光清冷的夜晚，当我为本书圆满地画上句号时，窗外已是鸟儿啁啾、霞光一片了，此情此景，望着电脑里密密麻麻的字眼，我的眼睛湿润了，我想起了三年来难忘的日日夜夜……

　　这事还要从头说起。

　　我是20世纪70年代出生的，那还是一个英雄主义和革命主义继续燃烧的年代。清楚地记得，公社的电影队一来，就是我们一帮孩童欢呼雀跃的时刻，《南征北战》《闪闪的红星》《侦察兵》《地道战》《智取华山》等电影，对沐浴血雨腥风在炮火中诞生的新生政权和对英雄们的礼赞，如轻风细雨吹拂滋润着我稚嫩的内心世界。至今，每每忆起，那些故事场景、细节台词，仍历历在目，难以忘怀。

　　1984年，我上小学四年级时，南阳地区团地委向全区中小学生发起了"为彭雪枫将军纪念馆捐款"的号召，这时，我才知道离我们故乡不远的镇平县还有一位著名的将军。从那时起，"彭雪枫"这三个字走进了我幼小的心灵。

　　"骑马挎枪走天下"几乎是每个孩童的梦想，只是被"学而优则仕"的传统观念颠覆了，经过无数次考试，从小学到大学，从乡村到城市，我的人生轨迹并没有像当初想象的那样，走上从军的道路，但对烽火硝烟中叱咤风云建立不朽功勋的英雄们的崇拜与向往，仍一如既往，成为我心头挥之不去的情结。

　　大学毕业后，我曾一度辗转不定，苦闷之余，热爱文学创作的我，总是写上几笔，聊以自慰。此时，彭雪枫将军的形象又浮现在我的眼前……

　　为什么？难道仅仅是因为童年的那个情结吗？

事情并不那么简单。

拨开历史的迷雾和当下浮躁的社会氛围,不难发现,彭雪枫身上体现了中华民族"富贵不能淫、贫贱不能移、威武不能屈"的大丈夫精神,体现了"参横斗转欲三更,苦雨终风也解晴"的乐观主义,体现了共产党人"咬定青山不放松,任尔东西南北风"信仰坚定的情怀,体现了共产党人身上廉洁自律、热爱群众、关心群众为他人着想的崇高境界……彭雪枫已成为一个在中华民族进行伟大复兴道路上理想人格的符号和象征!

这才是穿越历史的时空,彭雪枫岿然屹立在无数人们心头的原因!

于是,我作出了一个大胆的决定——

我要为将军树碑立传!

说干就干,2007年五一节,我前往将军的故里——河南省镇平县七里庄,从此,踏上了漫漫的采访征途。

奔竹沟、走夏邑、赴天津、下泗洪……三年来,我忘记了多少个节假日是在旅途中度过的,饿了,啃口干粮,渴了,喝口矿泉水……寒来暑往,我终于收集了一些鲜活的第一手资料。

历史人物,只有放到他(她)当时所处的历史环境中去,才能理解他(她)的所作所为,也就是历史唯物主义的态度。秉着这个理念,我在写作过程中,"不虚美,不隐恶",实事求是,力求客观公正,还历史本来面目,还将军成长经历、内心世界、青春爱情、挫折教训……呈现在读者面前的是一个活生生的、立体的"这一个",而不是扁平的脸谱化人物。黑格尔说:"历史题材中有未来的东西,找到了,作品就永恒。"是否做到了,我拭目以待。

"采得百花成蜜后,为谁辛苦为谁甜。"在写作过程中,我数度潸然泪下……将军书案店卖马度饥荒,战士们冬天在雪地里光脚行军打仗……男儿有泪不轻弹,只是未到伤心处,当然,这不是伤心的泪水,是感动的泪水。共和国的确来之不易,一位伟人曾经说过,"忘记过去就等于背叛",所以,当今天人们享受着太平盛世的天伦之乐时,更不能忘记那些为共和国建立而倒下的先烈们!

春去秋来,历经三载的采访、写作、删阅,《将道》一书即将付梓了,面对着这厚厚的文稿,一股难以抑制的冲动和感恩之情在胸中荡漾开来……

首先要感谢彭雪枫将军的生前伴侣林颖老人,她不顾年迈体弱,接受笔者采访,让我感激不尽;彭雪枫将军之子彭小枫上将亲切关怀,才使本书终于面世;中国人民解放军军事科学院研究员、博士生导师耿成宽,河南省社会科学院冯文纲等老师,指点迷津,使我在写作的羊肠小道上多了几分勇气和力量,少走几分弯路;中国青年出版总社韩亚君副总编辑、中国青年出版

将道

总社中青人分社总编辑、本书责任编辑林栋老师，独具慧眼，拨冗阅示，使本书渐臻完美，我感佩不已；向北京新四军研究会四师分会张淮流会长和著名作家陈廷一先生致敬！他们不顾花甲之年在百忙之中欣然作序，向读者隆重推荐，他们那提携新人的长者风范让我钦敬难忘；还有四师研究会赵黎明、徐维国、王玲、宫桂香等叔叔阿姨们，提供资料，牵线搭桥，那种古道热肠、鼎力相助的侠风，使我感念终生；同样，我的二姐——南阳市第三中学的陈玉兰老师、姐夫朱兆华先生，家兄陈玉周，慷慨解囊，解我后顾之忧，倘若不然，此书也是不敢想象的。

还有泗洪县半城镇四师老战士耿超、七里庄彭禹廷之孙彭廷林、汇文中学崔亚兰、桑梓作家赵大河、镇平县彭雪枫纪念馆魏晓瑞、镇平县工艺美术学校翟丰朝、徐州市计生委杨洪涛、夏邑县民政局李毛权、商丘作家欧阳华、北京某旅游公司徐连博等诸君，也是我要敬志感谢，时刻铭记的。

知恩图报，是做人的本分，我忘不了他们的隆情厚意，在此，请接受我诚挚的谢意！当然，我的感谢也是言轻意重的。

囿于诸多因素，拙作在成书过程中难免存在一些瑕疵、纰漏等，敬希读者朋友们批评斧正！

侯玉强

2010 年 10 月 1 日夜于北京南城